知困书系

杨 洁 ◎ 著

教师专业成长

机 理 研 究 及 培 养 路 径 建 构

上海教育出版社
SHANGHAI EDUCATIONAL
PUBLISHING HOUSE

上海教师教育丛书编委会

总　序

　　教育改革的步伐已经进入了关注教师发展的新阶段。不是因为课程改革已陷于制度性疲倦，不是因为评价改革终将受制于社会发展的瓶颈，也不是因为我们拥有超过千万的中小幼教师队伍，每年有数十万的青年人正在进入这个领域。课程也好，评价也罢，根本上它们都内在于教师。拥抱"教师的年代"，不在于讨论有多少以教职为生计的人，而在于如何拥有师者的内在品质，值得学生效法，使自己从一名教者成长为一名真正的师者。

关注教师是国际教育改革的普遍趋势

　　制度化教育确立以来，课程长期占据着学校教育的中心地位。直到20世纪60年代，国际教育界才开始把视线转向教师。这是由于课程、教学、评价、管理这些学校层面的所有改革，最终都离不开教师。尽管半个世纪以来，教师职业到底算不算专业还存有不同的看法，但关于教师的专业化问题持续受到广泛关注。

　　中国向来具有别于西方的教育传统。中国古代教育有重教师、轻课程的传统，唯这种传统并未演化成现代意义上的教与学的机制，更未形成制度化的学校，因此循着传道授业解惑的路径发展教师素养的希冀，愿望虽好，但缺少登梯之阶，难以形成规范。近年来，随着教育国际交流的增进，尤其是上海学生在PISA项目中的表现，引来国际社会对中国教师组织化程度经验的关注，其中教研组和集体备课被认为是两大亮点。因为在西方，教师的教学行为被认为是从属于个人的专业行为，即便是同行也不得任意干预，可以想见，其结果便影响到授业与指导经验的传播。问题是，中国学校教研组的形式究竟以怎样的方式引导教师提升专业能力，尚缺乏充分的论证和公认的成果。理论上来说，一个组织如果确实发生了影响，既有可能是正面积极的，也有可能是负面消极的。教研组对于教师的影响，既未被证实也未被证伪，能否成为经验尚待科学论证。至于集体备课，不久前在上海对近8000名中小学幼儿园教师所进行的问卷调研显示:面对庞杂的课程事实和众说纷纭的教师要求,一大批成长期的教师从茫然不知所措,到随波逐流;而所谓"成熟期"的教师则顾影自怜地停留在自我经验的世界中,真正知识讲授型教师则难觅踪影。教师发展的局限已成为深化课程改革的短板,这样的局面不改变,教育质量有大滑坡的风险。

教师的成熟需要积累丰富的社会实践

在汉语中,我们把师者称为"老师",一般解释其中的"老"无义,表尊敬。其实《荀子·致士》中强调了做老师有四个条件,其中一条曰"耆艾而信,可以为师"。古人把 50 岁的人称为"艾",把 60 岁的人称为"耆",把 70 岁的人称为"老"。这或是"老师"称谓的早期由来。可见,年龄本是成为教师的一项先决的基本条件。只是在制度化教育出现以后,尤其是以分科为特征的知识传授成为学习的基本形式形成以来,这种年龄的限制才被取消。

古人为什么会对为师者设置年龄限制,是因为教师的职业属性是一名"杂家",这样的"杂家"不经过长期的、丰富的社会实践积累,是难以炼成的。在今人眼里,"杂家"似乎意味着专业程度低人一等。其实,无论是在古代中国还是在近代西方,强调的都是社会中的个体应具备多方面的才能。孔子所谓的"君子不器"不是在谈"杂家"吗?而马克思关于人的全面发展又何尝不是在谈"杂家"呢?及至当代,"把一个人在体力、智力、情绪、伦理各方面的因素综合起来,使他成为一个完善的人,这就是对教育基本目的的一个广义的界说"(《学会生存》)。这句话表明"杂家"较之于"专家"更近于"完善的人"。教师面对的是多姿多彩的学生,每个学生都有各自的阅历,他们的家庭、他们的生活、他们的所见所闻都不尽相同,每个学生都是一个完整的世界,每个学生又都是一个独特的世界。教师要想成为学生精神生活的指引者,自己必须是一个精神生活丰富的人。而精神生活丰富的基础就是有渊博的知识,不仅是专业知识,而且是与之相关的各方面的知识。

岗位成长已成为教师专业发展的共识

我们拥有成熟的师范教育体系,拥有完备的教师任职制度,是否就意味着我们拥有了优秀教师的培养机制?想要回答这一问题,须明了教师是师范院校培养的吗？教师资格认证制度是从教的当然资质吗？

教师知识与技能的习得途径主要有三种：一是书本阅读，二是课堂知识传授，三是实践体悟。前两种可以通过岗前培养与训练获得，后一种则需要在岗锻炼习得。这就意味着，一名真正合格的教师无法在职前培养中完成，亦无法依靠教师资格认证制度自然解决。这也可以解释为什么近年来相当数量的示范性高中多从综合性大学招收新任教师，是示范性高中教学要求低，还是这些学校无视教育的专业属性？答案显然不是。教师的专业性主要不在于"知"，而在于"行"，即一名教师在从教岗位上的实践、探索、体验、反省和觉悟。可以认为，教师是在岗位实践中自我型塑的，师范院校也好，综合性大学也罢，都不过是为一名教师从教所做的预判性准备。

所谓教学，不是教师从书本上把知识搬家一样送到学生面前，它必须融入教师自己的透彻理解，没有教师的透彻理解很难有学生的透彻理解，"以其昏昏，使人昭昭"的事在教育上是难以发生的。在教师透彻理解的基础上，还必须考虑知识传授的方法。采取什么样的方法，除了教师的个人喜好外，还涉及知识的难易程度、学生的接受程度以及教学资源的承受能力等因素，取舍之间，包蕴着非常丰富的个性化知识。一名真正的优秀教师拥有丰富的个性化知识，犹如中医问诊中的察颜把脉。这种知识无法仅仅通过书本研读和知识传授获得，需要通过实践不断揣摩，从而得到一种内化了的知识。显然，它是一种非常个人化的特殊知识，需要教师在对每个学生"辨症"施教中不断积累，其习得主要依赖于教师的个人努力。由此，可以得到一条简单而又明确的结论：帮助一名从教者，使之成为一名真正的师者。可以说，帮助数以千万计的从教者，使其早日成长为师者，这是今日中国教师教育领域的一项重大课题。

助推教师成为教育的思想者、研究者、实践者和创新者

国家兴旺，教育为本；教育优先，教师为基。持续了半个世纪的教育改革浪潮把教师发展推到了历史的前台。在当代教育的历史进程中，教师不是单纯的任务执行者，而是教育的思想者、研究者、实践者和创新者。在专业发展的路径上，教师的主体地位、精神和意识得到了时代的推崇，教师专业化发展和对教师的重新发现将对教育产生重大影响。可以说，教师问题的重要性已无须讨论，

而应考虑如何实践。

新一轮课程改革呼唤着教师创造性地施行教与学的行为。吊诡的是,一大批被应试熏陶出来的青年走上讲坛,他们却被要求培养有创新能力的学生。面对变化了的教学材料和教学要求,是施教者的一脸迷茫和不知所措。英国教育家沛西·能曾说过,教师是学生学习的最大动力。问题是,迷茫中的施教者如何才能让自己成为学生学习的动力呢?

基于上述认识,由上海市师资培训中心主持,联合上海师范大学、华东师范大学以及上海教育出版社等单位,倾力研发并打造了这套"上海教师教育丛书"。本丛书由"知会书系""知新书系"和"知困书系"三部分构成,分别聚焦新教师的教学规范、校本的教师研修经验以及优秀教师的成长启示,旨在从岗位上助推有资历和创造性的教师成长,这是我们的理想和愿望。

鉴于本书系不仅是上海也是国内自改革开放以来第一次全面系统开发的教师在岗培训教材,限于能力和水平,在编写过程中尚有诸多局限和不足,乞教于方家,不吝批评指正!

上海教师教育丛书编委会

2017 年 4 月

序

　　教师是教育的第一资源。提高教师素质,促进教师专业成长,是践行立德树人根本任务的有效途径,是有效促进学生德智体美劳全面发展的先决条件。世界各国的教育改革都把教师素养提升和专业发展置于教育改革的前端。尊师重教,注重教师队伍建设,一直是我国教育政策制定和教育改革发展的重要落脚点。习近平总书记多次在重要场合表达了对教育事业的重视和对教师职业的尊崇,强调要发挥教师在立德树人中的特殊作用,对教师提出了"四个引路人""四有好教师""四个相统一"等要求,这为新时代教师队伍建设和教师专业发展描绘了新图景。

　　教师专业发展是指教师在教育教学实践中不断完善自我和发展自我。这一过程的实现,既需要教师的专业自觉,即围绕其专业成长积极主动地开展自我反思和自我变革,也需要各个层面、不同主题与类型的教师培训作为支撑。改革开放以来,上海在教师职后培训发展道路上进行了一系列行之有效的探索,打造了教师队伍建设的上海经验。特别是20世纪90年代以来,经过30余年的持续发展,上海的教师培训体系和教师队伍建设聚焦三个转变,实现更新迭代,即从注重育分转变为注重育人;从注重教师如何教好转变为注重如何使学生学好;从注重教师站稳课堂转变为注重提高教师的专业境界、专业能力和专业知识水平。上海教师队伍建设将围绕上海教育综合改革,创新教师管理体制机制,以师德和专业能力建设为重点,全面加强教师队伍建设,为上海教育改革与发展提供强有力支撑。

　　本书作者具有多年的教师培训研究和实践经验,在教师队伍建设宏观决策与咨询、教师专业发展、教师评价等方面有较深入的思考和积淀。在攻读教育博士期间,她又将原有的实践经验在更深层次的教育理论支持下进行更好的挖掘、整合和提升,不断拓宽教育视野,厚实教育情怀,涵育专业素养。本书就是她在博士学位论文基础上融合而成的专著,是对新时代教师队伍建设和专业发展问题的系统性思考。在我看来,本书具有以下两方面特点。

　　其一,注重理论建构和实践推进的结合。本书既有对教师成长阶段理论、需求理论、动机理论和教师学习理论的系统阐释和思考,在甄别教师需求、激发教师学习动机、尊重教师主体学习规律等方面揭示了教师专业发展的内在机理。同时,本书对不同阶段、不同教师发展样态中的成长策略进行了较为深入的设计,如对角色适应期教师,提出了临床式培养模式,综合运用入职培训、合作发展、伴随指导等方式;对经验积淀期教师,提出了浸润式培养模式,综合运用专业学习共同体建构、人文关怀、合理规划等方式;对专业成熟期教师,提出了引领式培养模式,综合运用项目引领、著书立说和专项提升等方式。这种理论阐释与实践推进相融合的思路,较为系统地回答了教师职后成长的一系列机理与机制性问题。

其二,注重国际视野和本土行动的结合。本书在充分借鉴国际教师教育改革发展经验的基础上,对教师专业发展研究的内涵、相关理论、教师成长模型等进行了深入的探讨,结合上海教师发展特征和愿景,构建了教师专业发展的研究场域和基本主张,彰显了教师专业发展的本土自信。本书从国际视域中考察和分析了英国英格兰、芬兰、新加坡等国家或地区的教师培训、教师专业发展特征与经验,也融入了我国新时代教师队伍建设的时代特征,结合习近平总书记对新时期教师队伍建设的指示精神,根据上海的教师调查、访谈、课堂观察等,建构了横向"五要素"、纵向"三阶段"、链轴"双动机"的教师专业成长模型,实现了教师专业成长的理论构思、行动路径与推进策略。这是一次体现上海教师教育改革与发展的制度自信、文化自信的有益尝试。

在新的历史发展时期,党中央、国务院已经将教师工作摆在前所未有的重要地位,教师队伍建设迎来了新的历史机遇和发展契机。我们必须抓住机遇,直面挑战,在新的历史起点上取得更大突破和跨越式发展。要实现这一宏伟愿景,离不开每一个教育工作者扎扎实实的实践、省思和奉献。期待更多像本书作者一样的一线教育工作者能投身教师教育改革与发展的大潮,不断涌现出立行、立言、立派的教师队伍建设佳作。

上海师范大学教授、博士生导师　

2023 年 3 月

目　　录

图 目 录

表　目　录

第一章

绪论

【本章导图】

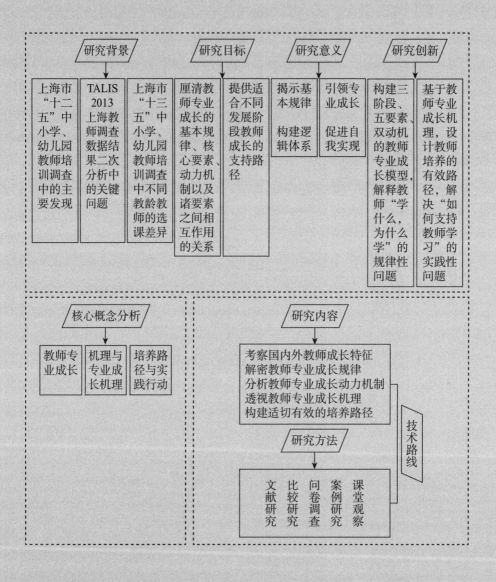

研究背景

- 上海市"十二五"中小学、幼儿园教师培训调查中的主要发现
- TALIS 2013 上海教师调查数据结果二次分析中的关键问题
- 上海市"十三五"中小学、幼儿园教师培训调查中不同教龄教师的选课差异

研究目标

- 厘清教师专业成长的基本规律、核心要素、动力机制以及诸要素之间相互作用的关系
- 提供适合不同发展阶段教师成长的支持路径

研究意义

- 揭示基本规律 构建逻辑体系
- 引领专业成长 促进自我实现

研究创新

- 构建三阶段、五要素、双动机的教师专业成长模型，解释教师"学什么，为什么学"的规律性问题
- 基于教师专业成长机理，设计教师培养的有效路径，解决"如何支持教师学习"的实践性问题

核心概念分析

- 教师专业成长
- 机理与专业成长机理
- 培养路径与实践行动

研究内容

考察国内外教师成长特征
解密教师专业成长规律
分析教师专业成长动力机制
透视教师专业成长机理
构建适切有效的培养路径

研究方法

- 文献研究
- 比较研究
- 问卷调查
- 案例研究
- 课堂观察

技术路线

第一节　研究背景与价值

教师是立教之本、兴教之源,是教育质量和人才培养质量的重要决定因素。教师专业发展水平也是衡量教育发展水平的重要指标。[①] 自 20 世纪 50 年代"教师专业发展"命题明确提出以来,如何通过有效的理念、制度和路径设计促进教师专业成长,越来越成为教育研究的热点问题,成为上至国家、政府,下至每一个区域、每一所学校政策制定和实践变革的重要出发点。叶澜教授等人认为,没有教师生命质量的提升,就很难有高的教育质量;没有教师精神的解放,就很难有学生精神的解放;没有教师的主动发展,就很难有学生的主动发展;没有教师的教育创造,就很难有学生的创造精神。[②] 这充分表明,教师队伍质量是决定教育质量的基石,最终决定学生发展水平的关键要素在于教师自身的专业成长,这也正说明了教师专业成长研究所具有的意义与价值。应该指出的是,教师专业成长有其内在的阶段性和规律性,只有充分认可和尊重这些规律,并基于这些规律设计促进教师专业成长的针对性路径,教师专业发展的实效性才能得到保障,而这正是本研究的初衷和所要解决的核心问题。

一、研究背景

教育研究是一种理性活动,理性既指人的行为能力,即形成概念、进行判断、分析、综合、比较、推理等能力,也指思维主体对外部存在的观念性掌握,对人的行为具有指导作用。[③] 因此,真正有价值的教育研究活动兼具理论价值与实践价值,特别是要注重解决实践中的教育问题,通过研究实现从对"是"的认识延伸至对"应该"与"做"的全面把握。由此可以认为,从本质上看,教育研究不是一种学院化的职业,其核心使命不在于某种知识体系的完善,而在于实践性问题的解决。本研究主要关注上海市基础教育领域教师队伍的建设情况,研究的核心问

---

① 李秀霞.新时代教师专业发展研究[J].宁夏大学学报(人文社会科学版),2018(6):174-181.

② 叶澜,白益民,王枬,等.教师角色与教师发展新探[M].北京:教育科学出版社,2001.

③ 李太平,刘燕楠.教育研究的转向:从理论理性到实践理性——兼谈教育理论与教育实践的关系[J].教育研究,2014(3):4-10,74.

题是"教师专业成长机理及培养路径"。提出这一研究命题主要是基于三项重要的调查,其目的是要通过系统地研究和实践,有针对性地解决调查中发现的核心问题。

(一) 上海市"十二五"中小学、幼儿园教师培训调查中的主要发现

为贯彻落实《关于大力加强中小学教师培训工作的意见》《上海市中长期教育改革和发展规划纲要(2010—2020年)》和上海市基础教育工作会议精神,促进教师专业成长,完善教师培训体系建设,上海市教育委员会、原上海市师资培训中心等机构共同开展了上海市"十二五"中小学、幼儿园教师培训调查。根据此次调查的相关数据,有如下几方面的结论值得重视。

其一,教师学习动机水平整体较高,但强度逐年下降。总体来讲,教师队伍的平均动机强度较高。调查分析显示,新教师的研修动机最高,但同时也是下降最快的,这表明前5年为关键发展期。其次是6—10年教龄的教师,这表明前10年为教师成长的储能期,如果没有在教育教学、教科研等方面打好基础,后面的学习动机将会快速下滑。

其二,不同教龄段教师参加培训的主要原因存在差异。其中,对60.0%左右的21年以上教龄的教师来说,完成学分要求是他们参加培训的主要原因之一,而对职初教师来说,这一比例仅为30.0%左右。对0—5年教龄的职初教师来说,他们参加培训更多的是为了获得新理念、新知识和解决教学实践中的问题。

其三,不同教龄段教师对培训内容的需求有差异。其中,0—5年教龄的教师非常需要学科教学思想与方法、培训者专业技能、教学设计与实施、基于标准的教育教学评价、差异化教学方面的培训;6—10年教龄的教师正处于迷茫期,对于各类培训内容的选择都不如其他教龄段教师;对16年以下教龄的教师来说,班级管理、班团队会仍然是较为需要的培训内容;对21年及以上教龄的教师来说,课题研究、论文撰写是非常需要的培训内容。随着教龄的增长,教师更加关注身心保健以及国际教育改革与发展趋势。

(二) TALIS 2013上海教师调查数据结果二次分析中的关键问题

教师教学国际调查 (Teaching and Learning International Survey,简称 TALIS) 是由经济合作与发展组织 (Organization for Economic Cooperation and Development,简称 OECD) 开展的迄今为止参与国家(地区)最多、规模最大的国

际性教师调查项目,主要调查初中阶段的教师。[①] 全球共有 38 个国家(地区)参加了 TALIS 2013 调查。正如 TALIS 国际报告中指出的,通过提供可靠的、及时的和可比较的信息,TALIS 希望帮助不同国家(地区)反思和制定高质量的教育政策,以构建一支高质量的教育专业队伍。[②] 上海地区参加了 2013 年度的 TALIS 调查,相关的数据在官方渠道已经公开,显示了上海在教师队伍建设中取得的骄人成绩。

对 TALIS 2013 上海教师调查数据进行二次分析,从促进和保障教师专业成长的角度发现了需要关注和解决的核心问题,即不同发展阶段教师获得专业支持的程度并不均衡,这一问题具体表现在三方面。

其一,教师专业发展持续性的不均衡。TALIS 2013 上海教师调查数据结果显示,上海教师在最近一年中参与专业发展的平均天数为 62.8 天,显著高于国际平均水平(27.6 天)。通过对不同教龄教师进行分类分析后发现,3 年以内教龄的教师、3—5 年教龄的教师、6—10 年教龄的教师和 10 年以上教龄的教师在最近一年中参与专业发展持续的天数分别为 72.6 天、57.6 天、61.2 天和 62.9 天。其中,3—5 年教龄的教师在最近一年中参与专业发展持续的天数显著低于上海平均水平和其他教龄段的教师。

其二,教师专业发展支持方面的不均衡。首先,在固定时间支持方面,87.0%的 6—10 年教龄的教师认同工作中获得固定时间支持用于专业学习,而该项比例低于上海均值(87.8%)和其他教龄组教师群体;其次,10 年以上教龄的教师群体认同获得资金和非经济方面支持的比例显著低于上海均值和其他教龄组教师群体。在资金上,9.1%的 10 年以上教龄的教师认同工作时间以外获得工资补贴用于专业学习,该比例显著低于上海均值(10.7%)和其他教龄组教师群体;在工作时间以外非经济方面,5.6%的 10 年以上教龄的教师认同获得了用于专业学习的支持,该项比例显著低于上海均值(6.3%)和其他教龄组教师群体(见表 1-1)。

---

① 刘丹.从芬兰的基础教育看其教师教育大学化发展[J].教育与教学研究,2010(4):41-43.

② 朱小虎,张民选.教师专业发展的可能路径——基于 TALIS 2013 上海和芬兰的比较分析[J].中国教育学刊,2017(9):1-8.

表1-1 不同维度的教师专业成长支持统计表

	工作中获得固定时间支持用于专业学习	工作时间以外获得工资补贴用于专业学习	工作时间以外非经济方面获得用于专业学习的支持
OECD均值	54.9%	8.6%	14.0%
上海均值	87.8%	10.7%	6.3%
3年以内教龄	87.7%	16.7%	9.9%
3—5年教龄	88.3%	13.7%	7.3%
6—10年教龄	87.0%	13.3%	6.9%
10年以上教龄	87.9%	9.1%	5.6%

其三,教师专业发展障碍方面,除了在工作时间和参加专业发展活动方面外,3—5年教龄的教师群体相较于其他群体更多地认同或非常认同自身在专业发展上存在障碍。具体包括:23.1%的3—5年教龄的教师认同或非常认同"我不符合参加的基本要求",而该项比例的上海均值为19.4%;52.8%的3—5年教龄的教师认同或非常认同"单位没有参加专业发展活动的激励措施",而该项比例的上海均值为51.6%(见表1-2)。

表1-2 不同维度的教师专业成长障碍统计表

	我不符合参加的基本要求	专业发展和我的工作时间有冲突	单位没有提供参加专业发展活动的机会	单位没有参加专业发展活动的激励措施
OECD均值	11.4%	49.5%	37.8%	47.1%
上海均值	19.4%	58.6%	28.5%	51.6%
3年以内教龄	24.1%	53.8%	20.1%	40.3%
3—5年教龄	23.1%	58.1%	27.9%	52.8%
6—10年教龄	25.0%	66.8%	31.7%	57.8%
10年以上教龄	17.1%	57.4%	28.7%	51.1%

(三)上海市"十三五"中小学、幼儿园教师培训调查中不同教龄教师的选课差异

上海市"十三五"中小学、幼儿园教师培训方案指出,每位教师在5年内累计培

训不少于 36 学分,其中师德与素养课程不少于 12 学分、知识与技能课程不少于
12—14 学分,实践体验课程不少于 10—12 学分。同时,原则上要求每位教师参加
市级共享课程学习不少于 4—7 学分。通过对市级层面培训中教师选课情况的分
析可知,不同教龄教师在课程内容、实施方式等维度上均呈现一定的差异。

其一,入职 2 年内的新教师、2—5 年教龄的教师、5—10 年教龄的教师、10—15
年教龄的教师和 15 年以上教龄的教师在课程选择上均青睐在线课程(比例分别为
98.0%、97.4%、97.1%、95.7%、90.0%)。选择比例虽然随着发展阶段呈下降趋势,
但并不存在显著差异。

其二,不同教龄阶段的教师群体在师德与素养课程选择上存在差异。15 年以
上教龄的教师更强调文化、自身素养;10—15 年教龄的教师更青睐理念的更新、素
养的提高;5—10 年教龄的教师更关注家庭教育、自身素养;2—5 年教龄的教师更
关注自身素养;入职 2 年内的新教师则更青睐如何成为一名合格教师。

其三,不同教龄阶段的教师群体在课程体验方面存在差异。如在学习共同体
建设上,教龄越长的教师对学习共同体的感知越敏感,说明 10—15 年教龄和 15 年
以上教龄等阶段的教师更有交流和倾听的意愿,也有与他人分享自己所思所想的
意愿。

综上所述,基于实证研究和大型国际调查结果可知,有必要围绕处于不同发展
阶段教师的专业素养及其背景特征,对其专业成长进行有针对性的、分阶段的深入
研究,尤其要从专业成长机会、专业支持力度及强度着手,为每一名教师的专业成
长搭建个性化的发展路径,这也正是本研究所期望达成的核心价值。

二、研究目标

本研究的核心目标是通过多种调查研究方法,全面厘清教师专业成长的基本
规律、核心要素、动力机制以及诸要素之间相互作用的关系;探寻教师专业成长机
理下现有教师培养体系的匹配程度,进而构建基于教师专业成长机理和学习特点
的教师培养路径。着力回答不同成长阶段的教师其专业成长的内容要素与关键影
响因素是什么、教师专业成长模型理路及运行方式如何、不同发展阶段的教师支持
其专业成长的路径是怎样的等问题。

三、研究意义

教师专业成长是一个整体性的发展过程。教师作为学习的主体,并不是培训

内容的旁观者,而是将所学知识与实践需求相互渗透的主动构建者。从目前我国该领域研究来看,有关教师素养、教师专业化、教师专业发展方面的研究成果较多,而从教师专业成长视角进行研究的不多,对教师专业成长机理的研究则更少。在知网上查找主题为"教师专业发展"且篇名含"机理"一词的文献后发现,其中与中小学教师专业发展相关的观点有:微课的实践过程与教师专业发展密切相关,教师在微课实践中得以实现螺旋式专业发展;①校长领导力与教师专业发展关系密切,教师专业发展是校长领导力发挥的沃土,而校长领导力是教师专业发展的动力;②教师课程决策是教师专业发展的内在机理。③

（一）揭示基本规律,构建逻辑体系

本书以教师专业成长机理为切入点,在了解教师成长动力、熟悉教师发展需求、遵循教师学习特点、掌握教师成长规律的基础上,立足教师整体素养的协同发展,探讨建立在教师成长及其学习本质的新认识与新理解上的教师职后培养路径的有效架构。其理论价值主要体现在通过研究阐明教师专业成长的诸多问题,形成教师专业成长的系列概念,揭示教师专业成长的基本规律,构建科学的教师专业成长逻辑体系。

（二）引领专业成长,促进自我实现

教师专业成长既是一门理论学科,又是一门蕴含于教育教学实践中的应用学科,其研究的最大价值在于对教师专业成长的启迪和引领。因此,本研究的实践价值为,既有利于完善区域教师培养培训体系,增强教师教育实效性,同时也有利于促进教师个体的自我实现,推动我国实现发展一流教育与培养一流教师等目标。

四、研究创新

第一,透视教师专业成长过程中的重要影响因素,分析这些影响因素在不同成长阶段的变化,以及这些影响因素之间相互作用的方式。厘清教师专业成长的阶段特征、核心要素、动力机制,解释教师"学什么,为什么学"的规律性问题。

---

① 李慧方,罗生全.论微课促进教师专业发展的实践机理[J].教育理论与实践,2014(35):27-29.

② 马焕灵.校长领导力促进教师专业发展的机理与策略[J].中国教育学刊,2011(3):41-43.

③ 车伟艳.教师课程决策:教师专业发展的内在机理[J].集美大学学报(教育科学版),2011(2):7-9.

第二,探索教师专业成长影响因素对教师成长与发展的具体推动作用,以及这些影响因素的推动作用是如何催化发生的。根据从中推导出来的教师专业成长机理,构建适合不同发展阶段教师成长的科学实效的培养支持路径,解决"如何支持教师学习"的实践性问题。

第二节 核心概念分析

概念是人类在认识过程中,从感性认识上升到理性认识,把所感知的事物的共同本质特点罗列出来,再将其加以概括,是自我认知意识的一种表达,是人类所认知的思维体系中最基本的构筑单位。核心概念的界定是基础性工作,既反映了研究关注的核心问题,也体现了研究者对这些核心问题的基本认识。

教师既是指一种社会角色,又是指这一角色的承担者。广义上的教师是指传授知识、经验的人。狭义上的教师是指受过专门教育和训练,在学校中向学生传递人类科学文化知识和技能,发展学生的体质,对学生进行思想道德教育,培养学生高尚的审美情趣,把受教育者培养成社会需要的专业人员。[①] 本研究的对象是基础教育阶段的中小学专任教师。

一、教师专业成长

对于"专业"一词理解的多样化和教师工作的特殊性使得教师专业成长日渐成为一个复杂的系统概念。"专业"一词在初期被认为强调权利多于责任。若一个职业要争取成为"专业",则被看作是在争取提高地位和收入,改善工作条件。教师这一行业以体现奉献为特色,就其专业成长和教学改进而言,如果追求自利,则比较容易遭到反感。埃里克·霍伊尔(Eric Hoyle)提出,可以从专业主义和专业性两个角度界定教师专业成长,前者有助于谋求教育工作和教师职业应有的地位和待遇,后者则强调教育工作特定的知识和技能。[②] 之后的教师专业成长研究中往往融合了教师专业化、教师专业发展、教师素养等概念,这也促使教师专业成长的概念日渐丰富。

---

① 中国法制出版社.中华人民共和国教育法 中华人民共和国义务教育法 中华人民共和国教师法[M].北京:中国法制出版社,2021.

② 王晓莉.教师专业发展的内涵与历史发展[J].教育发展研究,2011(18):38-47.

（一）对教师专业化的内涵研究

通过比较教师专业化、教师专业发展、教师专业成长这三个概念后发现，出现最早的是教师专业化。对于教师专业化的本质内涵，有学者在进行系统深入的文献分析的基础上，归纳出以下三个观点。①

第一，主张从动态和静态两个视角来界定教师专业化的本质内涵。从动态角度来看，教师专业化是指教师在严格的专业训练和自主研修学习的基础上，逐渐成长为一名专业人员的发展过程；从静态角度来看，教师专业化是指教师职业真正成为一种专业，教师成为专业人员并得到社会的公认。教师专业化的标准主要包括教师自身素质和客观环境两大内外标准。在教师专业化发展过程中，这两方面都是必不可少的，如果仅仅强调教师自身素质的发展，或只重视创设良好的外界环境，都无法真正实现教师专业化。只有内外标准的相互渗透和相互促进，才能促进教师的专业成长。

第二，主张从专业出发和聚焦个体两个视角来审视教师专业化。从专业出发界定教师专业化，存在静态与动态两种考察方式。静态论者参考专业特质学者的观点，认为教师专业化的指标包括专业知识和能力、专业训练、专业组织、专业伦理、专业自主、专业服务、专业成长，用这些指标来评价教师职业是否达到专业水平。动态论者把专业化看作是某一职业逐渐达到专业水平的过程，认为教师专业化必须具备社会地位和教学能力提升两大标准。聚焦个体视角来研究教师专业化的学者则认为，教师专业化是教师个体成为教学专业人员，并在教学中具有越来越成熟的作用的转变过程。

第三，从教师专业化经历的发展阶段来解读教师专业化。其一是组织发展阶段的观点，关注教师整体素质和教学工作质量的提升，出现了以谋求教师专业社会地位提升的"工会主义"和强调教师入职高标准的"专业主义"两种不同的价值取向。其二是专业发展阶段的观点，不仅有理智主义价值取向，即强调教师专业化既要有知识、技能、价值观等，又要有学科知识、教育知识等，还有实践反思价值取向，即注重实践，通过多种形式的反思，加强教师对自身教育教学实践的认识，并在此基础上提升教育教学实践和探究自身专业化，更有生态价值取向，即关注教师专业

---

① 蒋竞莹.教师专业化及教师专业发展综述［J］.教育探索,2004(4):104－105.

化的方式或途径,注重通过小组教师的相互沟通、合作与交流,确定教师自身专业化的方式,进而形成一种合作型教师文化。

（二）对教师专业发展的内涵研究

教师专业发展的概念是从教师专业化的研究浪潮中发展而来的。

1980 年,以"教师专业发展"为主题的《世界教育年报》指出,教师专业化存在两个目标:其一,把教师视为社会职业分层中的一个阶层,因此专业化的目标就在于争取专业的地位与权力以及力求集体向上流动;其二,教师亦是一个在教室内教导学生及提供教学服务的工作者,因此他们必须以提高教学水平和扩展个人知识及技能为发展方向。[1]

为了与教师专业化分开,将以发展教师专业能力（professional competence）为目标的取向称为专业发展。专业发展既包括增进人的专业知识、技能和态度的过程或活动以及必要的条件支持,也包括学校如何重新设计教育结构和文化。值得一提的是,教师专业技能的更新被认为是发展的根本。[2]

从国外现有的研究来看,研究者对教师专业发展的界定是多种多样的。霍伊尔等人认为,"教师专业发展是指在教学职业生涯的每一阶段教师掌握良好专业实践所必备的知识和技能的过程"[3],强调的是教师专业发展的过程与内容。迈克尔·富兰（Michael Fullan）和安迪·哈格里夫斯（Andy Hargreaves）指出,他们在使用教师专业发展这一词汇时,既指通过在职教师教育或教师培训而获得的特定方面的发展,也指教师在目标意识、教学技能和与同事合作能力等方面的全面进步。[4] 佩里（P. Perry）认为,就其中性意义来说,教师专业发展意味着教师个人在专业生活中的成长,包括信心的增强、技能的提高,对所任教学科知识的不断更新、拓宽和深化,以及对自己在课堂上为何这样做的原因意识的强化。就其最积极意义来说,教师专业发展包含更多内容,它意味着教师已经成长为一个超出技能的范

---

[1] 张建平.文化学视野中的教师专业成长[J].教学与管理,2008(6):26-28.

[2] Guskey T R, Huberman M. Professional development in education: New paradigms and practices[M]. New York: Teachers College Press, 1995.

[3] Hoyle E, Megarry J. World yearbook of education 1980: Professional development of teachers[M]. New York: Nichols Publishing Company, 1980.

[4] Fullan M, Hargreaves A. Teacher development and educational change[M]. London and Washington DC: Falmer Press, 1992.

围而有艺术化的表现、把工作提升为专业、把专业知能转化为权威的人。① 威迪恩 (M. Wideen)指出,教师专业发展有以下五层含义:(1)协助教师改进教学技巧的训练;(2)学校改革整体活动,以促进个人最大成长,营造良好的气氛,提高学习效果;(3)是一种成人教育,增进教师对其工作和活动的了解,不只是停留在提高教学成果上;(4)是利用最新的教学成效的研究,以改进学校教育的一种手段;(5)专业发展本身就是一种目的,协助教师在受尊敬的、受支持的、积极的氛围中,促进个人的专业成长。②

从国内的现有研究来看,有学者对教师专业发展的界定进行归纳后得出以下三类:第一类是指教师的专业成长过程;第二类是指促进教师专业成长的过程(教师教育);第三类是指以上两种含义兼而有之。③ 还有学者把教师专业发展理解为教师的专业成长或教师内在专业结构不断更新、演化、丰富的过程。依据教师专业结构,教师专业发展可有观念、知识、能力、专业态度和动机、自我专业发展需要意识等不同侧面;根据教师专业结构发展水平,教师专业发展可有不同等级。④

总体而言,对教师专业发展主要有两种理解:一种是"教师专业·发展",另一种是"教师·专业发展"。前者可以理解为教师所从事的职业作为一门专业,其发展的历史进程;后者可以理解为教师由非专业人员成为专业人员的过程。⑤ 由此,教师专业发展主要涵盖两方面:一是指教师要关注课堂教学的复杂性,要研究特定的教学法、课程改革的实施,以及如何学会教学和如何获得知识并走向专业成熟;二是指影响教师教学成效和学习动机的社会条件、组织保障等。

概览国内外对教师专业发展的有关研究,教师专业发展应当包含以下三层意思。首先,教师专业发展强调的是教师整个群体的发展过程,因此作为成人教育的主要方向之一,是持续的、系统的,包含了社会、文化、组织保障等全部条件在内的动态的过程。其次,教师是专业人员,教师专业发展是指教师个人从事教育教学所需的专业性发展。教师作为专业人员,其专业发展涉及教师专业知识、专业技能、

---

① 蒋竞莹.教师专业化及教师专业发展综述[J].教育探索,2004(4):104-105.

② 刘河燕.教师专业化的内涵、实质及标准[J].西南民族大学学报(人文社科版),2005(5):380-382.

③ 赵新云.论促进初任教师专业发展的学校管理策略[J].教学与管理,2006(15):18-19.

④ 叶澜,白益明,王枬,等.教师角色与教师发展新探[M].北京:教育科学出版社,2001.

⑤ 同④。

专业情义、专业理想的全面发展与提升。最后,教师是终身学习者、研究者、合作者。教师是终身学习者,因此教师专业发展既是一种认识,更是一个奋斗过程;既是一种职业资格的认定,更是一个终身学习、不断更新的自觉追求。[1] 教师是研究者,教师的成长历程主要涉及专业判断、批判性反思、系统的自我分析。因此,教师专业发展的计划必须包括理论研究和实践反思,以便进行特定背景和环境下的学校革新。[2] 教师是合作者,因此"教师专业发展代表了一种更为宽广的思想,它不仅是教师与学生一起改进实践的途径,还意味着在学习中建立一种相互合作的文化。在这一文化中,教师之间相互学习的行为受到鼓励和支持"。

(三) 对教师专业成长的内涵研究

教师专业成长是教师队伍建设中的重点话题。田慧生认为,教师专业成长的核心内涵有三方面:一是价值观引领下的教育理念与专业精神的不断重构与塑造,这是对教师专业成长的定向;二是基于广泛学习的专业和非专业知识的不断拓展,这是教师专业成长的根基;三是在反思学校日常生活基础上教育智慧的不断提升,这是教师走向卓越和优异的催化剂。[3]

另有学者也对教师专业成长做出自己的解读,认为教师专业成长是价值观引领下教育理念与专业精神的不断构建与塑造,是基于广泛学习的专业和非专业知识的不断拓展,是在反思教育教学日常活动基础上教育智慧的不断提升。[4]

教师专业成长与教师专业发展的差异就在"成长"二字,而"成长"一词在《现代汉语词典》(第7版)中的解释是"向成熟的阶段发展"。有人认为,教师专业成长是教师从职业新手成为专家型教师,不断建构自身教育理念、完善知识结构、提升教育教学能力和形成教育教学风格的过程。[5] 也有人认为,教师专业成长是指教师从不成熟到相对成熟的发展过程,既是其专业结构不断趋于合理、不断提升和丰富的过程,也是教师在不间断地学习、实践、探索和总结反思中,使其教育思想、教育

---

[1]　教育部师范教育司.教师专业化的理论与实践[M].2版.北京:人民教育出版社,2003.

[2]　Pink W T, Hyde A A. Effective staff development for school change[M]. Norwood NJ: Ablex Publishing Corporation,1992.

[3]　田慧生.教师专业成长的核心内涵[J].中国民族教育,2009(3):1.

[4]　赵玉岐.对教师专业成长核心内涵的再认识[J].品牌(理论月刊),2011(Z2):69.

[5]　刘绍怀,王菊.谈教师专业成长及教学能力的提升[J].中国高等教育,2011(Z2):44-45.

教学经验、技能由低层次向高层次日趋进步、成熟、完善和提升的过程。①

从这些关于教师专业成长的各种表述中不难看出,教师专业成长是教师个体内在专业特性和职业成就感不断提升的过程。相较于教师专业发展来说,教师专业成长更加强调内在性、自觉性和生长性。② 从广义的角度说,教师专业成长与教师专业发展都是针对加强教师专业性提出的。从狭义的角度说,它们的区别如下。首先,专业发展包含对教师生命本体的关注,对教师的社会地位、生活环境、组织氛围等外部因素的关注较少,而专业成长的内涵更为丰富,既包含对教师生命本体的关注,也包含对教师外部因素的关注。其次,专业发展的研究对象多为个体,对群体的关注较少,而专业成长的研究对象既包括个体,也包括群体。最后,专业发展侧重结果,对过程的关注较少,而专业成长更侧重过程,但也包含一定的结果。③

由此观之,教师专业成长更多是从教师队伍建设的角度去思考教师的成长问题,将其视为教师队伍建设的重要内容,因此更多地关注教育教学质量的提升,关注教师个体发展的结果,强调发展的主动性。

（四）教师专业成长相关概念研究的启示

对教师专业成长相关概念的梳理可以形成三方面的基本结论。其一,教师专业成长就其内涵而言是多方面、多维度的,指向的是教师系统性能力与素养的提升。这些能力与素养既包括外界对教师职业的期望,也包括教师为胜任自身工作而产生的自觉需求。只有认识到教师专业成长在内涵上的复杂性,才能设计多元化的教师专业成长支持体系。其二,对于教师专业成长的界定尽管是多元化的,但是这些不同的界定方式背后隐含的核心价值是相似的,即教师专业成长就其本质而言是一个动态的过程,它强调教师通过职前职后一体化的成长路径,不断实现专业领域的自我发展与突破,体现的是教师从"不完美"到"相对完美"或者"完美"状态的不断变化和积累。因此,注重过程性的分析和支持是保障教师专业发展有效性的重要条件。其三,对于教师专业成长内涵的分析具有鲜明的时代特征,并且与

① 郑艳,张燕,张占朝.促进农村教师专业成长的路径探析[J].教育理论与实践,2014(23):31-32.

② 洪早清.教师专业成长认同、养成、生发[J].课程·教材·教法,2013(12):99-105.

③ 贾亮亭,张秋杰.教师专业发展与教师专业成长的差异及促成策略探究[J].教育导刊,2012(10):65-68.

当时社会教育发展水平以及人们对教育工作价值、定位的认知有关。因此,教师专业成长无论是从静态的能力素质构成的角度看,还是从动态的理念、路径和方法看,都应该呈现出与时俱进的特点,要注重将时代发展的最新元素融入教师专业成长的内涵与路径体系,让教师专业成长成为与时俱进的动态行为。

二、机理与专业成长机理

(一) 机理

机理是一个源自机械学的概念,原意是指机器的工作原理。目前,对机理的界定有两种解释:一是指为实现某一特定功能,一定的系统结构中各要素的内在工作方式,以及诸要素在一定环境下相互联系、相互作用的运行规则和原理;二是指事物变化的理由和道理,包括形成要素和形成要素之间的关系两方面。

(二) 专业成长机理

成长是指个体朝着一个期待的方向或者成熟的阶段不断靠近的变化过程。成长的维度和内涵是多元的,对教师而言,至少包括知识体系的完善、教育教学技能的提升、教育情感与智慧的积淀等。

通过对已有研究的梳理发现,关于教师成长、教师生涯发展、教师专业发展的研究成果非常丰富。例如,有学者从纵向视角将教师成长过程、生涯发展过程和关注任务变化分为四阶段、八阶段等若干阶段,有学者从横向视角描绘教师成长过程中的专业知识、专业技能、专业能力等素养。但这些研究大多属于静态研究,呈现教师成长过程中的外显特征。然而,教师职后成长过程中存在"多因素的碰撞",它是一种动态发展过程。在教师职后成长的不同阶段中,诸多要素的影响比重会发生变化,而且不同要素之间也存在类似于摩擦力的相互作用关系。

因此,本研究认为,专业成长机理是指教师入职后的不同发展阶段中,促进教师成长的诸多因素占比变化、多因素碰撞状态,以及诸因素之间相互联系、相互影响的规律与原理。

三、培养路径与实践行动

(一) 培养路径

路径在《现代汉语词典》(第7版)中有两种解释:一是道路(指如何到达目的地说),二是门路。根据本书的研究内容,路径特指"完成某件事所需要的方法和途径"。培养是指在终身教育思想的指导下,按照教师专业成长的不同阶段,对教师进行入职教育、职后培训等工作的统称,本书中的教师培养不涉及职前培养。基于路径的定义,教师培养路径是指为保障教师高质量发展及实现专业成长目标而构建的促使合格教师成为优秀教师的方法和途径。

教师培养路径的研究重点是探索教师职后成长影响因素对教师成长与发展的具体推动作用,以及这些影响因素的推动作用是如何催化发生的,再根据从中推导出来的教师专业成长机理逐步构建科学、有效的教师职后培养方法与途径。

(二) 实践行动

本书是着眼于解决现实问题的实践研究,研究分析所使用的数据信息绝大部分源自对上海的基础教育教师调查、访谈、观察等获得的数据,回答实践意义上教师成长机理是什么,以及怎样才能有效促进教师专业成长等问题。研究设计与笔者从事工作业务密切关联,笔者长期从事上海市基础教育师资队伍建设工作,经历"十一五"到"十三五"教师培训工作管理、制度设计、政策起草等,对教师专业成长和培养有自己的理解与思考。对新时代如何为教师专业成长提质增效,需要总结和分析其中的规律,强化应用实践的成效。

第三节　研究内容与技术路线

一、研究内容

本书是一个理论与实践相结合的综合性研究。培养体系的建设离不开培养理念、培养目标、培养内容和培养方式等重要组成部分,但其基础还是要先理解教师的成长规律。本书选择"教师专业成长机理"为切入点,旨在通过多种调查研究方法,基于教师专业成长规律与学习特征等,透视机理,解密学习,了解动机,搭建培养路径。具体研究内容包括以下几方面。

其一,考察国内外教师成长特征。使用 OECD 开展的 TALIS 2018 的数据,选取具有较高水平教育体系且具有东西方典型代表性的英国英格兰、芬兰、新加坡和中国上海作为重点分析对象,分析不同成长阶段教师群体特征呈现出哪些具体样态与不同,以及这些国家或地区支持教师高质量发展的政策制度及可借鉴的经验有哪些等问题。

其二,解密教师专业成长规律。梳理角色适应期教师(从入职到合格)、经验积淀期教师(从合格到教学能手)、专业成熟期教师(从教学能手到学术专家)等不同专业成长阶段的教师作为职业人进行主动学习、自我发展的内在需求,剖析每个阶段教师群体在职业认同、学科专业、教学能力、师生关系、专业学习方面的专业表现和学习特征。

其三,分析教师专业成长动力机制。从横向上考察不同学段教师专业成长动机的特征差异,从纵向上分析不同发展阶段教师专业成长动机变化的影响要素,在此基础上,提炼教师专业成长动力机制的构成,提出促进教师专业成长动力的对策建议。

其四,透视教师专业成长机理。通过实证研究,透视立体式教师专业成长模型。一是分析角色适应期教师、经验积淀期教师、专业成熟期教师的专业成长内涵;二是分析内在和外在动力因素对教师专业成长的影响效应。

其五,构建适切有效的培养路径。基于教师专业成长模型,研究适合不同发展阶段教师专业成长路径,如角色适应期教师的临床式发展模式、经验积淀期教师的浸润式发展模式、专业成熟期教师的引领式发展模式。

总之,本书以探究教师职后成长机理为切入点,解释"教师学什么""教师为什么学""教师如何学"的规律性问题。同时在遵循规律的基础上,开展教师培养的实践探究,使理论思考在教师培养的实践中落地生根,并通过调查与实践,探寻"教师学得如何""如何支持教师学习"的实践性问题。

二、研究方法

设计一项课题或者开展一项研究,研究者应该为选择样本、收集数据、分析数据制订一份适切的计划,并选用合适的方法,如果计划的设计和方法的选择存在问题,那么研究结果将很难或者不可能得到解释。[①] 从这一角度出发,研究方法的选择是重要的基础性工作,对研究成果的取得及其合理性的保障具有重要价值。

本书拟采用量化研究和质性研究相结合的混合型方法。通过比较研究,在国

---

① 　[美]梅雷迪斯·M. 高尔,沃尔特·R. 博格,乔伊斯·J. 高尔.教育研究方法导论[M].许庆豫,等译.南京:江苏教育出版社,2009.

际视域中考察国内外不同成长阶段教师的群体特征;通过问卷调查,获得不同发展阶段教师的职业动机和培训需求;通过案例研究、访谈研究、课堂观察,对具有代表性的样本教师进行具体描述和有针对性的分析,探寻教师成长过程中的核心要素结构,以及不同成长阶段教师的成长规律、专业成长动力特征与变化机制,进而尝试搭建基于教师专业成长模型的培养路径。

（一）文献研究

文献研究也称情报研究、资料研究或文献调查,是指对文献资料的检索、搜集、鉴别、整理、分析,形成事实科学认识的方法。[1] 文献研究是一种古老的研究方法,在社会学研究的历史上有广泛的运用,特别是 20 世纪 20 年代左右,在芝加哥学派的倡导下,产生了一批有重要影响力的用文献研究法写出的社会学著作。[2] 文献研究由于其运用的便利性和广泛性,几乎被所有的社会科学研究所使用,在今天依然有强大的生命力。本书通过系统查阅大量已有的关于教师成长机理和教师培养路径建设的国内外文献,并对其进行分析,既可以直接审视教师成长机理的研究现状,以及已有研究成果和存在的问题,也可以间接地了解教师成长的一般规律、国内外各级各类教师专业成长的系统实践,进而提供教师专业成长研究的理论起点和启示。

（二）比较研究

比较教育中的比较法是根据一定的标准,对不同国家或地区的教育制度或教育实践进行比较研究,找出各国教育的特殊规律和普遍规律的方法。[3] 比较研究的突出优点在于可以显现出研究对象的特质。本书在考察国内外不同成长阶段教师的群体特征时,基于 OECD 开展的 TALIS 2018 的数据,选取具有较高水平教育体系且具有东西方典型代表性的几个国家或地区作为重点对象进行分析。

（三）问卷调查

问卷是指对所有的抽样调查对象提出若干个相同问题的书面调查材料。在教育研究中,问卷调查被广泛应用于收集那些不能通过直接观察而得到的信息资

---

① 杜晓利.富有生命力的文献研究法[J].上海教育科研,2013(10):1.

② 肖军.教育研究中的文献法:争论、属性及价值[J].当代教育理论与实践,2018(4):152-156.

③ 吴文侃,杨汉清.比较教育学[M].北京:人民教育出版社,1999.

料。[1] 本书对上海市中小学、幼儿园具有师训号的在编在岗教师(含校长、书记)进行问卷调查,旨在以大数据为基础,获得不同发展阶段、不同学科教师的职业动机及其对教师培训的真实感知、个性化发展需求分布信息,为研发教师专业成长助推路径提供基础。

(四) 案例研究

案例研究不是某一种单一的研究方法,而是一种综合性的研究策略。它是在真实生活环境中对当前现象的实证研究,能处理具有多个变量而不仅仅是一些数据点的特定情况,它的结果也依赖于多种证据,适应于那些现象和背景之间界限不是很清楚的研究。本书选取幼儿园、小学、初中、高中 4 个学段的不同教龄且处于不同发展阶段的 12 位样本教师进行个案叙事研究,目的在于横向上考察不同学段教师专业成长动力的特征差异,纵向上分析不同发展阶段教师专业成长动力机制的变化情况。同时,对上海市 40 位青年教师和 20 位市级骨干教师进行访谈,总结梳理不同发展阶段教师的专业成长内涵和专业成长特点。

(五) 课堂观察

自 19 世纪末,埃德沃德·迈布里奇(Eadweard J. Muybridge)将视频作为信息载体引入人类生活后,视频录像成为社会科学研究的数据来源。[2] 在教育领域,课堂教学录像研究也逐渐成为课堂教学质量分析和教师专业素养评价的重要手段之一。它通过重复、慢速、多人的观看方式,结合分析焦点,探索教师教学、学生学习和师生互动的机制,为教师的课后自我诊断和专家的评课指导提供资源储备及技术支持。特别是微格教学、基于弗兰德斯互动行为分析系统(Flanders Interaction Analysis System,简称 FIAS)的兴起和广泛应用,使课堂教学录像分析成为教师教学评价研究的理想工具。[3] 本书采用同课异构录像课的观察分析方式,选取 4 位来自 H 区的不同发展阶段的高中思政课教师,研究样本教师同课异构课堂中所呈现的专业特征。

---

[1]　[美]梅雷迪斯·M. 高尔,沃尔特·R. 博格,乔伊斯·J. 高尔.教育研究方法导论[M].许庆豫,等译.南京:江苏教育出版社,2009.

[2]　肖思汉,[美]德利马.基于视频的学习过程分析:为什么? 如何做? [J].华东师范大学学报(教育科学版),2017(5):55－71,160.

[3]　金文.基于 Nvivo 的课堂视频分析[D].上海:华东师范大学,2012.

三、技术路线

本书遵循以下技术路线图开展研究,见图1-1。

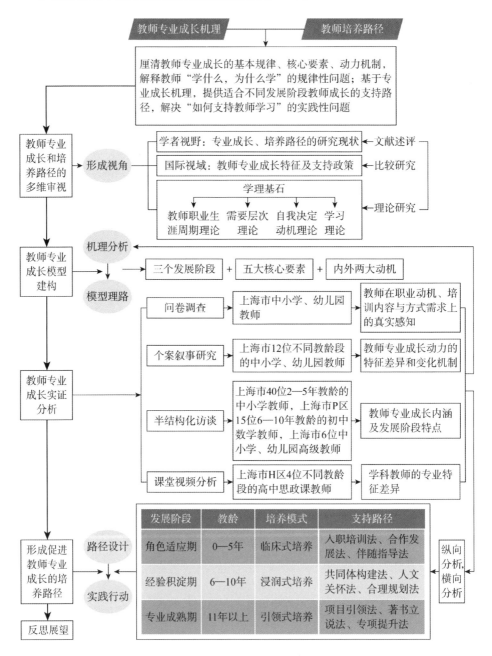

图1-1 技术路线图

第二章

现状概述：教师专业成长特征与支持研究

【本章导图】

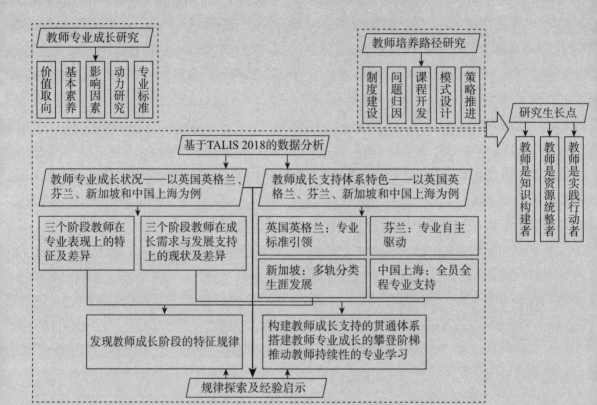

教师专业成长研究

| 价值取向 | 基本素养 | 影响因素 | 动力研究 | 专业标准 |

教师培养路径研究

| 制度建设 | 问题归因 | 课程开发 | 模式设计 | 策略推进 |

研究生长点

| 教师是知识构建者 | 教师是资源统整者 | 教师是实践行动者 |

基于TALIS 2018的数据分析

教师专业成长状况——以英国英格兰、芬兰、新加坡和中国上海为例

教师成长支持体系特色——以英国英格兰、芬兰、新加坡和中国上海为例

三个阶段教师在专业表现上的特征及差异

三个阶段教师在成长需求与发展支持上的现状及差异

英国英格兰：专业标准引领

芬兰：专业自主驱动

新加坡：多轨分类生涯发展

中国上海：全员全程专业支持

发现教师成长阶段的特征规律

构建教师成长支持的贯通体系
搭建教师专业成长的攀登阶梯
推动教师持续性的专业学习

规律探索及经验启示

第一节 教师专业成长研究

教师专业成长是一个复杂的系统工程,涉及的教育元素众多,需要研究和破解的问题也不少。笔者梳理现有的教师专业成长研究体系后发现,除了作为本研究理论基础的教师专业成长阶段性特征研究外,教师专业成长的相关研究还聚焦于价值取向、基本素养、影响因素、动力研究、专业标准五方面。

一、教师专业成长的价值取向

关于教师专业成长价值取向的研究,中外学者都进行了不少尝试,基于不同的视角也提出了许多不同的观点。其中,比较有代表性的是美国学者哈格里夫斯和加拿大学者富兰的观点。他们认为,教师专业成长可以从三方面来理解:知识与技能发展(knowledge and skill development)、自我理解(self-understanding)和生态变革(ecological change)。在这一分析框架的基础上,国内有学者将教师专业成长价值取向划分为三种:理智取向、实践反思取向和生态取向。[①] 三种不同的教师专业成长价值取向有其关注的不同重心,在教师专业成长的实践进程中持续发挥着相应的独特价值。从总体上看,自 20 世纪 80 年代以来,关于教师专业成长价值取向的研究由理智取向、实践反思取向向生态取向转变。

"理智取向"的教师专业成长理论出现时间最早、持续时间最长、影响相对最大,其核心观点是认为教师专业成长是教师知识的增长与能力的提升。[②]"理智取向"的教师专业成长理论强调专业知识与技能对教学的重要性,认为教师只要具备坚实的知识基础,掌握教学的一般技能,进而培养教学专长,便能应对复杂的教学环境,做出有效的教学行为,提升学生的学业成就。因此,该理论主张教师专业成长便是对专业知识与技能的习得,并且认为主要途径有接受教师教育机构的培训、听取权威专家的指导意见或建议和个体的着意训练,注重教师个体知识的获得、技能的提升和行为的变化。[③] 在教师专业成长的进程中,"理智取向"的教师专业成长理论有着启蒙作用,第一次让学界和社会以一种专业的视角审视教师专业成长

---

① 黄显华,朱嘉颖.一个都不能少:个别差异的处理[M].上海:上海科技教育出版社,2003.
② 刘军豪.幼儿园教师专业发展理论取向的分立与融合[J].基础教育研究,2019(21):29-31.
③ 靳玉乐,王磊.理智取向教师专业发展的理念与策略[J].教师教育学报,2014(6):24-31.

问题。这一理论强调教师行业的专门性与独特性,主张教师具有可以与医生、律师等行业相媲美的"专业知识与技能",教师教学应成为一门理智的职业。同时,该理论坚信教师专业知识基础的实在性,主张要不断探寻有效教学的知识基础,发掘教学的一般规律,这对夯实教师的专业基础、提升教师的实践教学能力具有直接价值。① 但是也应该看到,教师专业成长是一个复杂的系统,知识与技能只是支撑教师专业成长的某一特定领域,不能涵盖教师成长的全部内容。这一取向在某种程度上忽视了教师的主体性和生命自主性,不利于教师个体的身心和谐发展及专业素质的全面提高。

"实践反思取向"的教师专业成长理论将教师专业成长的重心由外在的专业知识习得和专业能力提升转向教师个体的自我成长与自我发展,不再致力于寻求教师专业普遍的知识基础和能力结构,而更多地强调教师作为一个人的完整性和作为一个独立个体的丰富性。② 该理论关注实践,强调反思,支持教师主动获取知识,通过实践和反思来了解自身专业成长的不足。③ 决定教师发展的是内隐于教师实践的缄默知识,这种知识必须通过经验学习、探究反思的方式来获得,但是这一过程却忽视了教师专业成长是一个互利共生、动态平衡的发展生态系统。有研究指出,"实践反思取向"的教师专业成长理论有深厚的理论基础,包含哲学、心理学、知识论等领域的知识。一是随着后现代主义哲学的发展,其对现代性的反思、批判和解构呼吁人们从科技理性中解放出来,唤醒崇尚个体自由和自我意识,反思被认为是一种思考,目的是获取事物的真正意义。二是心理学在经历行为主义和认知主义后出现人本主义和建构主义取向。这两种取向相结合所产生的学习观认为,知识不再是客观的存在,教学不再是知识的灌输,而是在人的心灵与外界客体相互作用的过程中从内部生成的,它强调人的主观能动性和学习者在学习过程中的主动建构。④ 三是随着当代知识论的发展,迈克尔·波兰尼(Michael Polanyi)揭示了知识的类型不仅包括能系统表达的显性知识,还包括不能通过语言文字说明和正规形式传递的隐性(缄默)知识。⑤ 后者虽不容易被察觉,但是事实上却为人

① 靳玉乐,王磊.理智取向教师专业发展的理念与策略[J].教师教育学报,2014(6):24-31.
② 靳玉乐,陶丽.反思取向教师专业发展的理念与策略[J].教师教育学报,2015(1):8-14.
③ 陈藏.叙事:教师专业发展的途径——从实践—反思取向的角度[J].科教导刊(中旬刊),2011(24):25,44.
④ 张华.课程与教学论[M].上海:上海教育出版社,2000.
⑤ [英]迈克尔·波兰尼.科学、信仰与社会[M].王靖华,译.南京:南京大学出版社,2004.

们的认识活动提供了最终的解释性框架和知识信念,这也从某种层次上解释了为什么纯教育学理论的灌输对一线教师的作用是微弱的,同时肯定了真正影响教师教学实际内隐知识的价值,而察觉并完善这种知识最好的途径则是反思。^① 基于"实践—反思"的基本模型,有研究者认为,实践是教师专业成长的基础,反思是教师专业成长的有效方式,但是教师的反思往往难以主动发生,其有效性有时也难以得到保障,因此,在实践和反思中增加引导环节,能拓展"实践反思取向"的教师专业成长的实践价值。反思是引导的直接目标,实践则是引导与教师反思的起点和终点,在这一新的模式中,引导是指"使一个过程或者活动的发生更加容易"^②。在"实践—引导—反思"取向的教师专业成长路径中,强调第三方介入教师教学反思过程的重要性,肯定了教师作为教育者在教育实践和反思过程中的引导和促进角色。基于这样的认识,这种教师专业成长路径不仅关注教师反思能力的培养,还关注如何把教师培养为卓越的反思引导者。因此,教师作为教育者,尽管不可能给所有学科教学提供有效指导,但其角色可定位于引导者,即通过有效引导,唤醒一线教师为追求专业成长而不断自我完善的信心和发展动力,培养教师对教学实践的深入反思能力,从而使教师自己能在教学中主动做出积极的改变,逐渐成长为自觉的、能动的、批判的和探究的教育实践者。^③

"生态取向"的教师专业成长理论是生态理念在教师专业成长领域的集中体现,其继承了生态观中的系统思维和复杂思维,采取更宏观的视角审视教师专业成长的话题,不再局限于"发展什么"的内容性问题,而更多关注"如何发展"的策略性问题。^④"生态取向"是指将教师的成长植根于教师发展的"生境"中,通过教师个体学习、实践与反思,强化教师专业意识,提升专业技能,增强职业认同感,形成良好的个体专业成长生态环境和群体成长生态圈。^⑤"生态取向"的教师专业成长理

① 石君齐,叶菊艳.论"实践—引导—反思"取向的高校教师专业发展路径[J].教师教育研究,2017(6):81-87.

② [英]霍恩比.牛津高阶英汉双解词典[M].王玉章,等译.7版.北京:商务印书馆,2009.

③ 同①。

④ 刘军豪.幼儿园教师专业发展理论取向的分立与融合[J].基础教育研究,2019(21):29-31.

⑤ 朱伟,王跃平.生态取向的教师专业发展的四种路径[J].教育理论与实践,2012(20):24-27.

论追寻教师作为一个整体的人的发展理念和动态平衡的生成性发展理念。①"生态取向"的教师专业成长理论主要是在对传统教师职前职后培训中存在问题的系统反思基础上建立的新理念,认为在传统教师教育过程中,职前采用固定化、封闭式的培养,导致个体生态失调、教师生态系统失衡,影响了教师专业成长进程;在职中,由于种种原因,缺乏竞争、合作和交流等,导致教师群体生态失序,在一定程度上阻碍了教师专业成长进程。因此,在教师培养培训的过程中,必须回归到教师专业成长的应然生态环境中,才有利于促进教师专业更快发展与成熟。② 该理论认为,要着力构建一种外部环境与个体内在的生理和心理环境相协调的社群互助生存机制,形成教师专业成长的良好个体生态,以一种更加仿真的环境促进教师有效的专业成长。具体而言,要摒弃教师专业成长的观念痼疾,树立生态取向价值理念;要破除教师专业成长的制度陈规,构建合理的教师流动机制;要冲破教师专业成长的生存钳制,营造适宜的生存生态环境。

二、教师专业成长的基本素养

教师素养是教师具有的素质和修养。顾明远主编的《教育大辞典(增订合编本)》对素质的定义是"公民或某种专门人才的基本品质"③。素养是建筑在先天遗传基础上,由后天的养育、个体所受的各级各类教育、人生经历、个人已有生命实践积淀而成。④

林崇德认为,教师素养可以理解为教师在教育教学活动中表现出来的,决定其教育教学效果,对学生身心发展有直接而显著影响的心理品质的总和。⑤ 有研究者认为,教师素养首先包括教师作为一个公民的基本品质,其次包括教师从事教育工作所需的专业知识和技能,它是教师从事教育教学工作的前提条件。⑥ 教师素养的高低直接影响着教师的质量,更影响着其所培养出的人才的质量。叶澜提出,教师素养包含教师基础性素养、教育专业素养和复合型专业素养三大类。

---

① 肖正德.论生态取向教师学习内容的层级设计[J].教育研究,2011(12):73-76.
② 殷世东.生态取向教师专业发展的阻隔与运作[J].教师教育研究,2014(5):36-41.
③ 顾明远.教育大辞典(增订合编本)[M].上海:上海教育出版社,1998.
④ 叶澜."新基础教育"论:关于当代中国学校变革的探究与认识[M].北京:教育科学出版社,2006.
⑤ 林崇德.教师素质的构成及其培养途径[J].中小学教师培训,1998(C1):10-14.
⑥ 郭少英,朱成科."教师素养"与"教师专业素养"诸概念辨[J].河北师范大学学报(教育科学版),2013(10):67-71.

苏霍姆林斯基说:"教师素养是由什么构成的呢？这首先是指教师对自己所教的学科要有深刻的知识。"对于教师的学科专业素养,他认为有三方面要求。第一,专业知识方面:一是热爱该学科并关注该学科正在探讨的问题;二是精通该学科,能分辨清楚该学科中最复杂的问题;三是了解该学科的发展情况,能分辨清楚那些处于科学思想前沿的问题;四是具备该学科的独立研究能力。第二,精神方面是教师具有广博的文化修养,以及刻苦钻研、自主合作、勇于创新的教学精神。第三,技能方面是教师还应具有多方面的兴趣和技能。[①]

从广义上讲,教师成长的基本素养是教师发展的基础内容。有学者强调,人的发展是教师专业成长的基础,它有三个重要维度:一是人的发展进程具有阶段性;二是人的生命周期蕴含着其所处生命阶段的个性发展特征;三是教师本身蕴含着特定的个人发展问题。因此,教师成长的基本素养包括教师专业知识(教育专业知识、了解学生的知识等)、教师专业技能(设计教学活动、实施教学活动、教学监控与评价技能等)、教师专业沟通能力(与学生沟通的能力、与同事合作的能力、与家长沟通的能力等)。[②]

过程理论视域下的教师素养是指教师在学校共同体中进行的修习涵养活动,即教师在学校政策、制度和文化氛围的现实条件中,围绕学习、工作、研究课题中遭遇的困难,与同事、学生、专家展开交流、主动建构,不断丰富知识经验、提高学识修养的过程。由于教师构建的经验内容和品质不同,教师素养的结构内容和发展水平也因人而异。[③]

综观对教师素养的研究,主要集中在教师的个性品质、教学能力、知识结构和教育观念四方面,其中个性品质是教师自身原发性的素质条件,因此在教师培训领域则聚焦教学能力、知识结构和教育观念三方面。

三、教师专业成长的影响因素

教师的成长总是发生在一定的外部环境中,换言之,成长的场域也是教师专业成长机理的重要构成要素。场域是近年来社会科学研究中经常被提及的概念,这一概念最早由法国社会学家皮埃尔·布迪厄(Pierre Bourdieu)于 1975 年在《科学

---

① 牛实华,白晶.多元智能理论与教师素养形成[J].继续教育研究,2011(4):59-60.

② 康晓伟.发达国家教师专业标准的构成要素研究综述[J].教育学术月刊,2011(6):60-63.

③ 梁军萍.过程理论视域下的教师素养[J].教学与管理,2013(6):39-41.

场域的特殊性》一文中正式提出。一个场域可以被定义为在各种位置之间存在的客观关系的一个网络①,或者一个关系结构系统,这个关系结构因为人的行动而存在,又同时会对人的思想和行为产生重要影响。一般而言,任何一个人都不会孤立地生存于社会之上,都需要参与一定的社会生活,也就必然会进入不同的场域。对个体而言,进入某一个特定场域后,其思想和行为会受到场域的影响。这种影响或大或小,但是无论大与小,场域的影响是客观存在的,尽管这种影响有时候表现为直接影响,有时候表现为间接影响。

对教师的成长而言,场域的价值主要体现在两方面。其一,场域提供了对教师的职业角色期待,进而会影响教师的成长动机。角色期待是社会学研究中的一个重要范畴,是指与人们的社会地位、身份相一致的一整套权利与义务的规范和行为模式。② 无论是宏观的社会环境,还是具体的学校环境,外部对教师的角色期待大都是正向的、积极。这些期待一旦被教师内心所认同和渴望,就会激发出教师巨大的成长动力,形成教师专业成长的强有力的精神引领。其二,场域提供了教师成长的重要他人。回溯历史,学界对教师专业成长的认知经历了一个长期的、动态的变迁过程。研究初期,个人主义一度被认为是教师专业成长的重要表现,正如美国学者丹·劳蒂(Dan Lortie)所言,教师文化的一个重要特征就是个人主义,教师羞于与同事合作,不愿接受同伴的批评,教师之间没有合作互助的习惯。③ 然而,随着社会的发展和教育的进步,特别是教育复杂性的日益彰显,教师普遍认识到要真正实现专业成长,必须打破个人主义文化的壁垒,构建专业共同体,发挥成长过程中的同伴互助作用。在这个过程中,教师的发展与成长离不开重要他人的影响。从专业成长的视角看,重要他人是指对教师专业成长有重要影响的个人或群体④,这些个人或群体的存在能为教师成长提供榜样的引领。教师只有在一定的场域中才能与这些重要他人进行互动交流,进而汲取成长的多种元素,形成专业成长的持久动能。

教师的成长既发生在一定的社会环境中,也发生在具体的学校中,因此,影响

① [法]皮埃尔·布迪厄,[美]华康德.实践与反思:反思社会学导引[M].李猛,李康,译.北京:中央编译出版社,1998.

② 奂从清.角色论:个人与社会的互动[M].杭州:浙江大学出版社,2010.

③ 马玉宾,熊梅.教师文化的变革与教师合作文化的重建[J].东北师大学报(哲学社会科学版),2007(4):148-154.

④ 彭云.重要他人:教师专业发展的促进者[J].当代教育科学,2012(15):20-22.

教师专业成长的外部因素主要是社会环境和学校教育。1944 年,心理学家库尔特·勒温(Kurt Lewin)提出了一个非常著名的公式 B=f(P,E)。在这个公式中,B 代表人的行为,P 代表个人,E 代表环境,这一公式表明人的行为是随着人与环境的变化而发生变化的,环境对人的行为方式有着重要影响[1],这种影响在教师专业成长中同样适用。如果整个社会环境是重视教育的,是尊师重道的,教师就能感受到被尊重、被认可,也就能形成更多的专业自豪感和使命感。这种情感作用于其专业成长过程中,就能产生积极的推动力量,成为促进教师专业成长的有利因素。反之,如果整个社会是忽视教育的,是不尊重、不认可教师工作的,教师因为环境因素导致的挫折感、失败感就会占据上风,其专业成长的积极性就会受到压制。因此,社会环境是影响教师专业成长的重要外部因素,要想有效促进和保障教师专业成长,就要在全社会形成尊师重道的良好氛围,让教师的幸福感、获得感得到提升,让教师成为受人尊重、受人认可的职业。随着社会的发展和教育的变革,整个社会对教育发展和教师队伍建设的期望在不断提升,经济社会发展带来的教育变革红利也在不断显现,相关的外部政策、制度配套在不断完善,因此,从总体而言,教师专业成长面临的外部环境在不断改善。

学校既是教师成长的最直接"土壤",也是影响教师专业成长的最直接外部因素。教师是一种社会存在,学校作为教师存在的社会组织,能为教师在专业成长过程中提供相应的资源和保障,提高教师专业成长的质量,为教师专业成长的良性发展保驾护航。如果把教师专业成长视作一个从宏观到微观的生态系统,学校就是连接宏观和微观的重要"中间层",其在实践中能调节和引导教师专业成长的方向和路径。[2] 学校环境对教师专业成长的影响体现在多方面。首先,学校的整体氛围影响教师专业成长。对教师而言,他们需要在一个温馨、和睦、健康、融洽的环境中才能更好地实现专业成长。如果学校缺少这种积极向上的文化,教师之间尔虞我诈、貌合神离,教师工作和发展的外部环境就会非常糟糕,这会在很大程度上影响教师的幸福感,影响教师对职业的情感与坚守。其次,学校的管理制度影响教师专业成长。教师的发展需要制度的引领和保障,学校制度制定得科学与否、完善与否,关系着其能否承担起规范和激励教师专业成长的价

---

① 王坤.教师专业发展的社会生态环境及其构成[J].贵州社会科学,2014(6):129-131.
② 同①。

值。同时,根据大量的实证研究,学校的管理制度往往体现着学校的整体管理氛围和领导者的领导风格,而越是民主的氛围和道德、专业的领导,越有利于教师专业成长。最后,学校的资源和平台影响教师专业成长。教师发展不能停留在口头上和文件中,需要现实的平台和资源保障,学校能否为教师提供展示自我的平台和提升自我的培训机会,能否为教师的教学管理实践变革提供相应的资源保障,这些都会影响教师专业成长。

研究教师专业成长的影响因素,除了外部因素外,还应该特别关注影响教师专业成长的内部因素。

教师的自我意识是指教师对自我以及自我与周边环境的总体认知和态度,它所强调的是教师在职业生活中表现出来的对自己及周围人之间关系的认识与评价、情感体验和自我调控。根据现代社会学和心理学的相关研究,独立的自我意识往往有助于形成自我控制能力,这种能力能把个体对自身发展的影响提高到自觉水平,并对人的发展产生实际性影响。[①] 正如人本主义心理学家罗洛·梅(Rollo May)所言,一个人越有自我意识,就越能变得既有自发性又有自觉性。有自我意识的人,不再是被动地适应生活,而是主动地改造生活。[②] 由此,在教师专业成长过程中,教师是否有清晰的自我意识已经构成了其专业成长动力、成效的重要内部影响因素,越是有自我意识的教师,越是能充分认识到专业成长的使命感与紧迫感,越是能极大地激发成长的专业自觉,其发展的成效也就越好。因此,教师的自我意识是教师真正实现自主专业成长的基础和前提,能有效引导教师专业成长从"被动"到"主动"的转型,为教师专业成长提供源源不断的内在动力,成为影响教师专业成长的重要内部因素。

关于教师的从业动机,任何一项工作的开展都需要有相应的动机、动力作为保障,教师专业成长作为一项持续性的、复杂的系统工程,更需要教师持久而稳定的从业动机作为基础。从业动机决定了一名教师是否愿意充分发挥自己的潜能来尽可能地做好自身工作,尽可能地拓展自身专业成长的广度和深度,它是教师专业活动的动力系统,涉及教师的专业情感、专业理想、成就动机等多方面。[③] 从专业情

---

① 叶澜.教育概论[M].北京:人民教育出版社,1991.

② 岳欣云."迷失"与"回归"——试论教师自我意识对教师生命发展的作用[J].当代教育科学,2006(8):11-14.

③ 潘慧春.影响教师成长的内部因素分析[J].湖北第二师范学院学报,2009(11):106-107.

感的角度来说,教师是否对教育事业充满感情,是否能在教书育人的工作中体会到
幸福和快乐,这直接影响到教师的职业体验,进而影响教师职业情感的积聚。现实
生活中,教师如果对教育事业充满兴趣和热情,就能积聚和沉淀专业情感,构成其
专业成长的原始动力。从职业理想的角度来说,教师的职业理想是其职业发展的
精神支柱。只有具备了崇高的职业理想,教师才能主动把自己的人生与教育事业
的发展相融合,才能在职业生涯中不断成长、不断探索,用自己的努力去实现自己
的理想。从成就动机的角度来说,正如社会心理学家大卫·麦克利兰(David
McClelland)等人所言,成就动机具有重大的挑战性,能激发人的成就感,增强人的
奋斗精神,对人的行为方式和行动结果都有很大的影响。对教师而言,只有具备了
一定的成就动机,才能在实践中主动接受一定具有难度和挑战性的工作,并以旺盛
的精力和持续的努力去创造性地完成任务①,而教师专业成长正是在这种挑战和
应答中得以实现。总体而言,教师的成就动机以及由此衍生的教师在职业生涯中
的知情意行等综合表现,构成了教师专业成长的内在驱动力,也是教师专业成长的
重要内部影响因素。

教师专业成长与教师自身的能力素质有紧密关联。关于教师的能力素质问题,
在前文中已经有所涉及,其中核心的阐释在于现代教育体系下教师能力素质的多元
化特征。在不同的研究中,对教师能力素质的理解和阐释往往不同,但是着眼于教师
专业成长的影响因素,三方面的能力与素养值得重视。其一,教师的认知能力。教师
专业成长最为关键的是教学领域的发展,而教师的教学活动在很大程度上表现为一
种认知活动。教学目标的设计、教学内容的选择、教学方式的使用、教学进程的调控
等,都需要教师的认知能力作为保障。如果没有良好的认知能力,教师往往就没有办
法合理应对错综复杂和瞬息万变的教学情境,无法满足学生的多样化学习需求。其
二,教师的合作能力。现代教育的复杂性要求教师必须跳出专业成长的个人主义文
化,要注重通过有效合作、交往、共享,建构起专业成长多维度的伙伴关系,不断从周
围其他的人群中获得专业成长的支持与帮助。因此,从某种意义上说,教师专业成长
的成败往往依赖于其能否在教育工作中与学校领导、教育同行、社会各界以及学生和
家长群体建立起良好的合作交往关系,这也就意味着教师自身的交往合作能力是构
成其专业成长的重要内部影响因素。其三,教师的自我反思能力。教育学家理查

---

① 赵昌木,徐继存.教师成长的个人因素探析[J].临沂师范学院学报,2004(4):62-67.

德·艾伦·波斯纳(Richard Allen Posner)曾经提出过一个著名的公式:经验＋反思＝成长。这一公式至今仍然被教育界所推崇,它充分说明了教师反思对教师专业成长的重要影响和价值[①],这意味着教师成长和发展的第一步就在于教师自身的反思。[②] 大量的实证研究也显示,教师专业成长的整体成效在很大程度上取决于教师的反思意识与反思能力。总而言之,教师专业成长尽管需要教师主观意识上的重视和努力,但是其必然与教师自身的能力素质呈现明显的正相关关系。促进教师专业成长,就意味着不断提升教师的能力素质,而这种能力素质的提升,又会对教师后续的专业成长起到积极的影响。

四、教师专业成长的动力研究

教师专业成长的动力是一切促进教师专业顺利成长的各种力量的合成,是教师专业成长的积极势头及其应对教育教学实践活动的专业智慧和潜能。有学者指出,教师专业成长的动力主要由生发层、操作层和实践层构成,而成长驱策力、成长操作力和成长聚合力是其具体表现。[③]

世界各国和国际组织教育政策话语中关注教师专业成长动机的最主要缘由是世界各国教师队伍的吸引力不足、人才短缺和流失等现象凸显。联合国教育、科学及文化组织和欧洲联盟的调查研究发现,基础教育发展滞后的一个重要因素就是高动机、高技能教师的增长速度与学生人数和相关需求增长不匹配。无论是发达国家还是发展中国家,都面临着合格、优质教师短缺问题的挑战。

世界银行和OECD的一些研究项目也印证着这样的现实问题,并尝试提出增加教师职业吸引力和教师发展动力的对策建议。例如,OECD于2013—2014年开展的教学专业发展研究、世界银行于2009年开展的教师职业生涯发展研究,这些研究发现教师培训的有效性、工作的流动性、工作与生活的状态、发展的机会、奖赏机制等都是影响教师专业成长的动力来源。

这些宏观政策比较研究提出的关于教师专业成长动力的建议或意见多呈现为外部的动力激励活动,如2009年世界银行提出的增加教师的专业性,2012年欧洲

① 宋广文,都荣胜.专家型教师的研究及其对教师成长的启示[J].当代教育科学,2003(1):26－29.

② [日]上寺久雄.教师的心灵与风貌[M].赵天民,赵一奇,额尔敦,译.北京:春秋出版社,1989.

③ 龙宝新.论教师专业成长力[J].教育发展研究,2011(8):39－46.

联盟提出的提升教师的自我效能感和领导能力,以及 2013 年提出的改善职前教师教育和提高教师的职业认同与职业尊严,2014 年 OECD 提出的增加教师合作研修的机会和决策参与,2016 年国际教育规划研究所提出的优化教师职业生涯晋升管理等。

与政策研究相比,教师专业成长相关的理论探究多关注教师的内在动力因素和内在心理历程。动机是一个重要的心理学和组织行为学的研究领域,在西方心理学研究史中经历了本能理论时期、驱动力理论时期和认知理论时期三个重要阶段。[①] 目前,就教师专业成长动机而言,国内外相关的主流理论主要包括成就目标定向理论(achievement goal orientation theory)、期望价值理论(expectancy-value theory)和自我决定理论(self-determination theory)。

教师专业成长动机的成就目标定向理论常被研究者用来理解教师的教学行为,通过验证教师是否掌握教学目标,来判断教师的适应性教学策略、教学兴趣和倦怠水平。[②] 期望价值理论用教师个体对活动结果的预期和对活动价值的判断来解释教师个体的选择、坚持与表现,其中最有代表性的是海伦·沃特(Hellen Watt)等人建构的教师职业选择影响因素模型(FIT-choice),挖掘教师职业需求、利他型动机、职业满意度、入职选择等因素。[③] 自我决定理论的集大成者是理查德·瑞安(Richard Ryan)和爱德华·德西(Edward Deci),他们认为自我决定动机是将动机按自我决定程度的高低视作一个连续体,从完全无动机(非自我决定)到另一端内部动机(自我决定)之间存在着外部调节、内摄调节、认同调节和整合调节等外部动机状态,当外部动机满足个体自主需求、能力需求和归属需求时,外部动机就可以内化为内部动机。[④] 教师的自我决定水平不仅能影响自身的职业体验、教学行为,还能影响学生的学习动机。[⑤]

---

① 田里.发展中国家教师动机研究现状与策略推荐[J].外国教育研究,2014(4):30-40.

② 芦咏莉,栾子童,乔淼.国外教师动机理论及研究[J].比较教育研究,2012(6):67-71.

③ Watt H M G, Richardson P W, Wilkins K. Profiles of professional engagement and career development aspirations among USA preservice teachers[J]. International Journal of Educational Research, 2014(65):23-40.

④ Ryan R M, Deci E L. Self-determination theory and the facilitation of intrinsic motivation, social development, and well-being[J]. American Psychologist, 2000(1):68-78.

⑤ Deci E L, Ryan R M. Intrinsic motivation to teach: Possibilities and obstacles in our colleges and universities[J]. New Directions for Teaching and Learning, 1982(10):27-35.

五、教师专业成长的专业标准

梳理相关的研究文献可以发现,进入 21 世纪,对教师专业成长阶段研究已经不再单纯地拘泥于将教师生涯划分为几个相应的阶段,这一时期的研究突破了经典理论的基本框架,更注重教师生涯阶段的实践价值和应用性研究,特别是将其纳入教师专业标准的研究。有研究指出,国际上教师专业标准的研发和实施,一方面越来越注重不同发展阶段教师专业要求的内在一致性和标准的连续性;①另一方面也倡导对不同发展阶段的教师形成专业成长各维度的相应界定和要求,形成有差异、有梯度的标准体系。

美国采用选择性教师质量保障体系,用专门机构代替政府部门,通过"选择性路径"来开拓"雇佣、培训和对教师进行资格认证"的普遍模式,因此教师的专业认证、专业标准呈现多渠道、多样化的态势。目前,被美国各州采纳最多的教师专业标准包括国家教师教育认证委员会(National Council for Accreditation of Teacher Education,简称 NCATE)颁布的《教师教育职前专业标准》、州际新教师评价与支持联盟(Interstate New Teacher Assessment and Support Consortium,简称 INTASC)制定的《全国通用教师入职标准》、全国专业教学标准委员会(National Board for Professional Teaching Standards,简称 NBPTS)制定的《卓越教师评价标准》和美国优质教师认证委员会(American Board for Certification of Teacher Education,简称 ABCTE)制定的《优质教师专业标准》。②

英国教育部门不断修订和提高合格教师的标准,并且对教师进行分层,强调每一层级的教师都要把"追求卓越"作为提升教师质量的目标。目前,英国采用的是 2011 年修订后的《合格教师专业标准》和《大师级教师专业标准》。

在法国,《教师培训大学学院的教师培训管理手册》中提到的教师必备 10 种关键能力,是法国中小学教师培养与评价的根本准则,每一项能力需要从知识、技能和态度三个层面进行详细阐述。

日本将教师专业标准进一步具体化为以下几点:第一,有立足全球化视野的教学资质能力;第二,有作为社会人在多变时代生存所需的资质能力;第三,有教师

---

① 郭元捷.给新入职教师的发展建议[J].人民教育,2011(17):29 - 31.

② 张治国.美国四大全国性教师专业标准的比较及其对我国的借鉴意义[J].外国教育研究,2009(10):34 - 38.

教学所必需的资质能力。

已有的国内外教师专业成长研究常常停留在对教师行为或教师素养的考查与分析上。例如，国内外很多学者对世界各国各地区教育当局制定的教师专业标准进行单一国家或者多个国家的比较分析。① 这些研究内容的选择从一定程度上反映出目前学界对教师专业成长的关注点，即教师处于不同发展阶段所必须具备的专业素养和专业技能，以及不同发展阶段教师的准入准则或专业素养的提升目标。

例如，英国的教师专业标准考查教师的专业态度、专业知识与理解、专业技能。② 美国 NCATE 和 INTASC 的专业标准着重考查教师的一般性专业能力，如教学策略、学科知识、评价策略、教育技术等。③ 澳大利亚的教师专业标准由教师专业知识、专业实践和专业参与三大领域组成，分为 7 项主要指标：(1)了解学生及其学习规律；(2)了解教学内容及相关教学方法；(3)进行有效的教学规划与实施；(4)营造并保障安全、良好的学习环境；(5)及时为学生学习提供评价与反馈；(6)参与专业学习；(7)参与同行、家长、社区的专业活动。④ 加拿大教育法修订案中要求教师具备 4 项核心能力：个人见解的形成、探索能力、控制能力和协作能力。⑤ 我国教育部印发的《小学教师专业标准(试行)》和《中学教师专业标准(试行)》是以教学为中心，从"专业理念与师德""专业知识""专业能力"维度架构教师专业化的内容，明确中小学教师应具备"师德为先"的道德坐标、"学生为本"的知识坐标和"能力为重"的能力坐标。⑥

---

① 胡伟.我国教师专业标准研究：聚焦、反思与展望[J].当代教育科学,2018(2):44-47.

② Training and Development Agency for Schools. Professional standards for teachers[R].London：Training and Development Agency for Schools,2007.

③ 上海市教师专业发展工程领导小组.优秀团队是这样炼成的[M].上海：上海教育出版社,2018.

④ Australian Institute for Teaching and School Leadership. Australian professional standards for teachers：Formerly the national professional standards for teachers[R].Melbourme：Australian Institute for Teaching and School Leadership,2012.

⑤ 巫娜,杨登伟.加拿大教师专业标准的价值取向变迁及启示[J].外国中小学教育,2017(11):65-70,80.

⑥ 黄树生.以教学为中心的教师"专业标准"解读——与英美国家教师专业标准比较[J].江苏教育,2018(18):72-74.

表 2-1　各国教师专业标准维度[①]

国家	专业标准	专业标准维度
美国	全国通用教师入职标准	教学内容、学生发展、学生多样性、多种教学策略、教学管理、交流与沟通、教学计划、教学评价、教学反思和专业成长、教师责任
	优质教师评价标准	关注学生与学生学习、了解学科知识与学科教学法知识、管理与监控学生的学习、对教学实践进行系统思考、成为学习共同体中的成员
英国	合格教师专业标准	专业态度、专业知识与理解、专业技能
	大师级教师专业标准	知识、课堂表现、成果、环境、专业背景
法国	教师培训大学学院的教师培训管理手册	教师作为国家公务员的道德与职责、教学和沟通的语言能力、学科教学能力和综合文化素质、策划并实施教学活动的能力、组织班级工作的能力、了解学生多样性的能力、评价学生的能力、使用信息与通信技术的能力、与学生家长和学校伙伴协调合作的能力、改革创新的能力
日本	教师专业标准	教学科目内容、学生的成长、应对学习者的多样性、教学方法、学习环境与学习信息、交流、指导计划、评价、自我反思和专业发展、共同合作、灵活应用信息技术、伦理观、同事关系

　　能力本位的教师专业形成观和发展观,阐明了一个问题,即教师的专业性是如何形成的。所以,在上述研究中也可以发现世界各国都在关注教师专业知识、专业技能、专业理想与信念的增长,特别是专业能力与专业素养的内核地位。因为,这些专业素养最容易在真实的教育教学情境中通过专业实践行为得以表现,这也是紧扣教师鲜活的、生成的、整合的教育教学实践。[②]

　　然而,教师作为成人,其专业成长过程具有高程度的主体性,这种主体性直接体现在教师专业成长的选择和教师专业行为的改变上。教师专业成长不仅仅以教

────────────

　　① 杨洁,郭婧,陈鹏.基于专业发展的 CPL-EG 教师评价维度初探[J].上海师资培训,2019(6):14-16,30.

　　② 杨洁.能力本位:当代教师专业标准建设的基石[J].教育研究,2014(10):79-85.

师专业能力为代名词。个人意愿、外部支持、偶发事件等在教师职业生涯变化的过程中起到至关重要的作用,这些都可能成为连续性职业发展的中断因素,能对教师的态度、行为、选择进行干预和调整。要对教师的行为进行干预和调整,就必须考虑到教育情境的复杂性,因为教师的课堂教学行为不一定完全可以由硬性的专业标准或能力标准所决定。教师的教育教学行为往往与教师的职业认同、职业情感、工作效能感和职业承诺等有很大的关联性。就这类"柔性"的教师专业成长影响因素,很多学者采用叙事研究范式、生命历程研究范式,通过对教师职业生涯中的重要转换时期、稳定或变动的人生轨迹、重大的生命事件和敏感的转折点进行梳理,来研究不连续性和断点对教师专业成长轨迹的影响。[①]

第二节　教师培养路径研究

教师培养是一个复杂的系统性工程,既需要理论层面的建构和外部的制度保障、政策支持,也需要实践层面实实在在的培养路径设计。从某种程度上说,教师专业成长的核心是一种基于实践、指向实践的成长,如何立足实践,通过有效的培养路径设计,来有效地提升教师专业成长的效率和效益,这是关系教师队伍建设整体水平的关键性问题。围绕这一问题,研究者们分析了教师培养的制度建设、教师培养的问题归因、教师培养的课程开发、教师培养的模式设计、教师培养的策略推进等一系列问题,形成了丰富的研究成果体系,为加强和改进教师培养工作、促进教师专业成长提供了很好的借鉴与启示。

一、教师培养的制度建设

任何领域的变革都需要制度的设计与创新作为保障。无论是基于国际教师教育改革创新的借鉴,还是基于我国教师培养的历史和现实考察,都表明教师专业成长和教师培训的制度创新是一项紧迫工作。围绕教师培养的制度建设问题,现有的研究主要集中在如下几方面。

其一,教师培养制度的国际比较。有研究分析了德国中小学教师培养制度体系,指出德国中小学教师具有较高的社会地位和待遇,这与德国严格的、独特的教

---

① 蹇世琼.生命历程理论视域下教师认同发展轨迹及其影响因素研究[D].长春:东北师范大学,2013.

师培养制度密不可分。德国中小学教师培养制度由"标准制度—资格制度—培训制度"构成,形成了完整的教师培养体系,旨在培养高质量、高素质的中小学教师。德国中小学教师培养制度全面涵盖了教育科学、学科专业、学科教学法等方面的要求,从大学学习和中小学实习两个环节提出了明确而严格的要求,也构建了明确的教师能力标准框架体系,涵盖四大领域八项具体能力。德国自 1810 年起就开始实行中小学教师资格制度,涉及小学和初级中学、实科中学、综合中学、文理中学四类教师资格证书。德国中小学教师资格认定制度非常严格,要获得中小学教师资格,必须经过以下基本环节:大学教育阶段—第一次国家考试—实习阶段—第二次国家考试。德国中小学教师职后有比较系统的教师培训制度,其中多样化的培训辅助措施能促进教师专业能力获得进一步提升。[1] 王亚军分析了新加坡教师教育和教师培养的制度设计,认为 21 世纪以来,新加坡通过教育专业发展和职业生涯服务计划、提升绩效管理评估系统、21 世纪教师教育模式、教师成长模式、教师专业与个人发展框架等未来发展报告或计划,推动和指导本国教师教育变革,形成特色鲜明的教师教育制度。其制度特色如下:教师教育机构追求专业化发展;教师采取"先入职,后培养"模式,入职教师来源多元但遴选严格;师资培育课程——价值、知识、技能三维并重,增能型教育实习强化理论与实践连接;教师专业成长支援系统完善,学习机会丰富,配套支持完备;教师生涯发展路径多元,教师潜能充分挖掘、人尽其才;基于胜任力的教师绩效评估管理,提升教学绩效,辅助教师发展。[2] 总而言之,新加坡专业的、精致的、关注教师生命成长的教师培养制度能为我国教师培养的制度设计提供借鉴。有研究认为,美国非常注重教师培养的制度创新,培养全科型小学教师就是这种制度创新的重要表现。所谓全科型小学教师,是指在小学阶段能独立承担主要科目教学工作的教师。[3] 从对美国全科型小学教师培养制度的研究中可以发现,是否培养全科型小学教师取决于现实的教育需求,关键在于提升未来教师的教学效能;小学阶段的教师培养更需要关注实践性知识的养成,要强化师范性科目的学习;小学阶段的教师培养更注重职业技能的养成,这是帮助未

---

① 王薇.德国中小学教师培养制度特点探析[J].基础教育课程,2020(Z1):108－113.

② 王亚军.新加坡如何培养 21 世纪教师——新加坡教师教育制度研究[J].中小学教师培训,2019(1):73－78.

③ 单新涛,李志朋,龚映丽.从课程改革看全科型小学教师培养:意义与挑战[J].北京教育学院学报,2014(5):10－13.

来教师胜任小学教学的关键。[①]

其二，我国教师培养制度的反思与创新。有研究认为，改革开放以来，我国教师队伍建设取得了显著成效，这不仅得益于改革开放的整体政策，还与教师培养、培训领域的一系列制度建设有密切关系。改革开放以来，我国教师培养制度经历了恢复与重建、调整与改革、深化与完善三个阶段，呈现出招生基准不断提高、培养体系由封闭走向开放、教育类课程比重不断增大的特点。[②] 教师教育和教师培养要实现内涵发展，必须注重制度建设。在深入推进义务教育均衡发展的进程中，城乡小学师资配置不均衡是目前面临的最大问题。为了解决这一问题，我国进行了多种制度设计，包括特岗教师制度、支教计划、免费师范生制度等[③]，这些都为教师队伍建设提供了相应保障。有研究分析了"初中起点，免费定向"小学教师培养制度，认为这一制度的价值主体是社会、学校和学生。其中，社会是指培养学校以外的政府、农村小学、小学生家庭等，学校是指承担人才培养任务的高等师范院校，学生是指免费师范生本人。该培养制度以政府为主体，是一种自上而下的制度设计，代表着政府强力推进义务教育均衡发展的意志。为了让该培养制度能有效执行并达到预期目的，必须对身处其中的多方价值主体的价值诉求进行分析，了解其矛盾和冲突，合理设计培养制度，形成合力，达到价值实现的效益最大化。[④] 有研究分析了我国教师培养中的重要制度——教师资格制度，认为从世界范围内来看，健全完善的教师管理制度，建立牢固的教师质量保障体系，建立新型教师资格准入制度，这是保证教育质量的必由之路，已经成为国际上的通用做法，成为全面提升教师素质、提高教师队伍质量、确保教师职业专业性的重要措施，在促进教师队伍成长壮大、公平吸纳优秀师资力量、推动高校教育改革、提升教师职业的专业化程度等方面都具有重要价值和意义。未来应进一步完善中小学教师准入制度和专业标准，及时改进师范教育的课程设置和教学方式，把有效的教育实践经历作为所有教

---

① 宋时春.美国全科型小学教师培养理念与制度设计——以荣林斯学院为例[J].比较教育研究,2017(2):105－111.

② 任胜洪,张翔.改革开放以来我国中小学教师培养制度的变迁[J].教学与管理,2013(36):43－45.

③ 虎宁,司树鹏.城乡义务教育师资配置均衡发展存在的问题及对策[J].宁夏师范学院学报,2011(4):128－133.

④ 蔡华."初中起点,免费定向"小学教师培养制度价值融通的可能路径探析[J].当代教育论坛,2018(2):9－15.

师资格考试申请者的必要条件之一。① 对我国现行的教师资格国家统一考试而言,其调适与完善也是一个渐进的过程,在坚持公平、公正统考的基础上,也应增加制度的弹性与灵活性,既能在"刚性"标准下选拔从教、乐教、适教、善教的未来教师,又能在"柔性"变通中创新考试制度,激发高校的活力和自主性,满足师范生的合理诉求。②

党的十九大宣告我国经济社会发展进入新时代,新时代的教育面临新的形势和任务,也给教师队伍建设带来了新的契机和挑战。如何通过制度创新来打造适应新时代教育发展的高素质教师队伍成为研究的热点问题。有研究认为,教育制度设计一般以问题为导向,以政府为主体,通过自上而下的方式展开。荀渊指出,新时代高素质专业化创新型教师队伍建设的核心内容是培养师德为先的"四有"好教师,关键路径是建立教师教育体系与专业制度体系,提高教师社会地位则是有效的保障。③ 有研究分析了我国台湾地区的教师教育评估制度,认为教师教育是教师培养的重要方式,新时代我国教师培养的改革进程中,要以教师教育为主要对象,构建相应的教师培养评估制度,以导向成果证据为方向,强化教师教育评估制度设计,构建完善科学的教师培养评估制度体系,强化评估结果的应用导向。④ 也有研究认为,教师的培养要充分考虑各种外部因素的干扰,特别是要通过相应的制度设计来帮助教师排除干扰,营造教师安心、舒心从教的环境。从目前来看,这一制度设计的思路正在转化为现实,上至党中央、国务院和教育部,下至各地方政府,正在陆续出台减轻教师负担、提升教师待遇等相关的制度文件,这对推进新时代教师队伍培养制度创新有直接价值。

对于教师职后培养的制度建设,综合当前的研究,主要呈现两方面变革趋势。

其一,强调教师职后培养的制度化。日本《新任教师研修试行实施要项》明确指出,新任教师研修制度是一种强制性研修制度,对新教师来讲是一种义务,任教后必

---

① 黎婉勤.教师资格考试改革:价值诉求及政策建议[J].河北师范大学学报(教育科学版),2017(3):88-93.

② 张鹏君.教师资格认证制度下师范生培养的困境与超越[J].当代教育科学,2019(9):67-72.

③ 荀渊.新时代基础教育教师队伍建设的目标、内容与路径——基于《中国教育现代化2035》教师队伍建设内容的分析[J].教师教育研究,2019(2):8-14.

④ 黄嘉莉,桑国元.成果导向视角下台湾教师教育评估制度的发展[J].教师教育研究,2020(4):58-65.

须接受为期1年的在职培训。2005年12月,日本大阪府教育委员会决定对任教10年的教师实行全员培训。培训班每年举办数期,以业务培训、课程编制和对学生进行生活、升学、就业指导等管理内容为主。英国新教师至少要用五分之一的时间进修,正式教师连续工作满7年后可带薪进修1学期。法国教师在服务一定年限后,有权享受一定时间的进修假,每人每年有2周学习进修假。美国教师每7年有1个"休假年"(带薪)。近年来,美国学校还逐步实行每周有一次或每月有几次提早放学制度,以便教师利用它来从事进修活动。瑞典《学校法》规定,1年内教师为了业务进修,可以停课5天,除了薪金照发外,国家报销教师外出受教育的住宿费、旅费、生活费等。[①]

其二,强调教师职后培养与利益的一体化。为了不断提升教师的素质,许多国家都采取多种措施来激励教师进修,通常做法是把进修取得证书与加薪晋级紧密联结起来。比如,美国教师通过进修获得学分证明、研究证明,获得学位后即可领取相应的工资,并可作为教师今后换证或考核升迁的依据。日本教师待遇丰厚,通过进修,取得高一级任教许可证后即可提薪。政府为鼓励教师持续进修,实行按学历区分教师证书等级的做法,强化了教师进修风气。许多国家还明确规定,教师进修期间,享受公差待遇,可以领取交通、膳宿、补助等津贴。[②] 国外知名智库和教育研究机构(世界银行、OECD)对国际学生评价项目(Programme for International Student Assessment,简称PISA)测试中表现卓越教育体系的教师专业成长制度进行了政策分析和实证研究。有学者针对中国上海、中国香港、新加坡和加拿大不列颠哥伦比亚省等国家或地区在PISA测试中持续表现卓越的教育体系,从学校—区—教育系统层面分析了这些国家或地区教师专业成长的组织与架构,并归纳出它们共有的特征:培养引领教师专业成长的领导者,为教师专业成长创造时间,以及构建同伴学习、课堂观察、外部专家知识和课堂教学绩效相互带动的教师评价与问责制度。[③]

二、教师培养的问题归因

随着教育事业的改革发展,人们越来越认识到职后培养特别是职后的培训工

---

① 刘宁,赵孝悌,高月丽,等.国外教师的素质构成及提高方式[J].西安文理学院学报(社会科学版),2007(3):64-67.

② 姚森.发达国家中小学教师在职进修的特点及启示[J].教学与管理,2010(36):157-158.

③ Jensen B, Sonnemann J, Roberts-Hull K, et al. Beyond PD: Teacher professional learning in high-performing systems [M]. Washington DC: National Centeron Education and the Economy,2016.

作既是加强教师队伍建设的重要环节,也是完整的教师教育体系的重要组成部分。高质量的教师队伍建设,单靠职前一次性的师范教育是不够的,教师的专业成长必须贯穿职前培养和职后培养的全过程。① 大量的实证研究表明,教师职后培训既是教师职后培养的关键举措和核心举措,也是实现教育质量提升的主要途径之一。基于这样的认知,世界主要发达国家普遍重视教师职后培养和培训工作。以美国为例,根据现有的相关统计,每年美国各级政府用于教师职后培训的经费支出高达80 亿美元,每位教师平均每年接受职后培训的时间约为 150 小时,这充分说明美国对高质量教师职后培养体系建设的重视,而与此相关的一系列调查研究也充分表明,教师参与职后培训的质量与教师的教学改进和学生的学习成效呈现出明显的正相关关系。②

从我国的实际情况看,1949 年以来,我国的中小学教师培训经历了探索与曲折发展、恢复与持续发展、巩固与创新发展三个阶段,呈现出政策理念趋向人本化、政策目标趋向精准化、政策内容趋向丰富化的整体特点③,在一步步的实践探索中构建起具有中国特色和国际影响的完整系统的教师职后培训体系,为中国社会发展和教育事业变革提供了强大的动力支持。进入新时代,"公平而有质量的教育"成为时代追求。伴随着这种追求,学界及教育实践领域开始用反思的眼光审视我国教师职后培养和培训工作,特别是对某些领域教师培训效果不佳、对教师行为和学生成绩的促进价值不明显等情况进行了系统性研究和反思。这些研究与反思有的是运用实证调研的方式了解受培训教师的现实需求,有的是运用理性思考的方式试图分析教师职后培训在设计理念、实施方式等方面的理论性问题。综合现有的相关研究,对教师职后培训的问题归因大致有两种主流的路径:一种是认为导致教师培训成效难以令人满意的根本原因在于教师培训工作本身的质量不高,不仅需要改进教师培训理念、内容和方式,还需要提升教师培训者自身的素质;④另一

① 王意如.教师职后培训的模式与效能[J].上海课程教学研究,2017(6):36-40.
② 刘骥,马怡然,康海花.教师教练式职后培训效果的元分析研究[J].教育发展研究,2020(8):71-77.
③ 曲铁华,龚旭凌.新中国成立70 年中小学教师培训政策的回顾与展望[J].河北师范大学学报(教育科学版),2019(3):49-55.
④ Ramey S L, Crowell N A, Ramey C T, et al. The dosage of professional development for early childhood professionals: How the amount and density of professional development may influence its effectiveness[J]. Advances in Early Education and Day Care, 2011(15):11-32.

种解释则认为,教师培训工作本身的质量不存在根本性问题,问题主要出在培训的内容与方式和受培训教师内在成长需要之间的匹配度上。[①] 这些研究给本文的写作提供了基本参考和依据,对实践领域改革教师职后培训体系也有很强的应用价值。笔者通过梳理当下教师职后培养和培训过程中存在的主要问题,并基于这些问题构建适应时代发展和教师不同成长阶段发展需要的教师职后培养路径体系。

（一）培养目标上缺少"完整的人"的理念

教师职后培养主要采用校内外培训的方式开展,这两种类型的培训有着丰富的内涵,但无论是怎样的培养和培训,其基本目标都是促进教师专业成长。[②] 应该指出的是,教师专业成长应该凸显教师自我的主体地位,而要有效推动教师专业成长,首先应该在认知和理念上倡导"完整的人"的视角,将教师视作全面发展的人,强调教师自我在认知和发展过程中的核心作用。作为一个全面发展的人,教师在专业成长的过程中既需要知识、技能层面的提升,也需要情感、需要、价值观等的培养和满足。从现代心理学的研究看,任何形式的学习和理性思维的发展,都需要身体的参与,都需要学习者情感、智力等的全身心投入。然而,反观当下的教师职后培养体系,无论是校内的教师相关制度和教师发展平台建设,还是校内外组织的各类培训,在传统认知科学的身心二元理论影响下,其在目标设计上都忽视了"完整的人"的理念,出现了较为明显的"离身化"倾向,导致教师职后培养在很大程度上变成了形式之学、技术之学。

从实践的角度看,大量的实践研究表明,无论是学校,还是承担教师职后培训的相关单位,在设计教师职后培养培训体系的过程中所关注的目标主要体现为两个层面：其一,是认知层面的目标,即希望通过相应的职后培养和培训,让教师能掌握一些重要的、前沿性的理论知识,借此不断丰富教师的理论知识体系,加深教师对教育改革发展的整体理解；其二,是技能层面的目标,即希望通过有针对性的培养培训,让教师在教学策略和能力上得到持续性提升,能更好地胜任课堂教学,为学校和区域教育质量的提升提供支撑。对职业生涯初期的教师而言,知识和技能的提升需求是其专业成长的重要特征。但是一方面,这种需求并不是强烈地体现

① Blazar D, Kraft M A. Exploring mechanisms of effective teacher coaching: A tale of two cohorts from a randomized experiment[J]. Educational Evaluation and Policy Analysis, 2015(4): 542-566.

② 余新.教师培训的本质、功能和专业化走向[J].教育科学研究,2010(12):41-44.

在其专业成长的全过程;另一方面,这种培训呈现出鲜明的知识和技能导向,容易导致教师自身的身体体验和参与意愿得不到重视。从相关实证调查数据看,无论是哪个发展阶段的教师,在被问及经常参与的职后培训内容时,所选比例超过90.0%的几个选项大都与知识和技能相关,这也从另外一个角度证明了当前教师职后培养体系中对知识和技能的重视。在这样的培训体系下,教师的知识更新和技能提升能得到有效保障,但是这种模式培养出来的教师大多是只会按照既定程序开展教学的"技术人员",其动机、需要、情感、价值观等严重缺位,这样的发展显然是不完整的。

无论是从以人为本的现代教育观出发,还是从具身理论等现代学习理论出发,身体与认知的统一都应该成为教师职后培养所遵循的重要理念。从这个角度出发,教师职后培训要在理念和目标层面进行持续的更新,要强调教师作为"完整的人"的意识。一个完整的人在发展的过程中不能忽视身体的作用,不能没有道德、情感、价值观、思维等领域的全面发展。只有真正涵盖这些领域的教师职后培训,才是完整的、有效的教师培训。

(二)培养内容上缺少"尊重需求"的意识

教师的职后培养是一个有目的、有意识的系统性工程,这一工程伴随着鲜明的目标导向,即全面提升教师的能力和素养,促进教师专业成长。这一目标的达成,需要教师职后培养培训实际成效的不断取得和提升。然而,令人遗憾的是,当前大量的实证研究都表明,教师职后培养培训在教师自身看来成效并不能令人满意。一项针对国家层面受培训教师的大样本调查显示,27.0%的被培训教师认为职后培训的效果不太好,46.7%的受培训教师则认为职后培训的效果一般,选择培训成效非常好的教师比例较低。笔者在访谈教师时也问及了这一领域的内容,被访谈教师的观点也印证了上述实证调查的结论。超过一半的教师认为职后培训的成效不好或者一般,只有不到20.0%的教师认为职后培训能满足自我预期,以至于很多研究者发出了"教师培训走向何方"[①]的疑问。这一切都充分说明完善的教师教育体系建构之后,就要着力关注教师培训的质量问题。

从现代学习理论的视角出发,教师参与职后培养培训的成效从根本上取决于

---

① 翁伟斌.教师培训走向何方——对教师培训的审视[J].上海师范大学学报(哲学社会科学版),2020(3):73-82.

其自身的参与程度,而这种参与程度又与培养培训的内容是否满足和符合其成长需要紧密相连。著名教育心理学家马尔科姆·诺尔斯(Malcolm Knowles)认为,随着个体的不断成熟,个体的学习目的逐渐从为将来工作准备知识转变为直接应用知识。① 从这个角度出发去审视教师参与职后培养培训的动机,教师在这一过程中关注的内容主要有两方面:其一,培养和培训的内容是否是自己工作的实际需求;其二,培养和培训的内容是否是自己成长的实际需求。只有真正满足这两方面需求,或者至少满足一方面需求,这种培养和培训才能被教师视作是有用的,教师才能自觉参与其中,也才能从根本上保障教师职后培养的成效。

综上所述,基于教师成长需求和发展需求的职后培训理念应该成为当今时代教师教育体系构建的重要价值导向。从实践的角度看,自2013年教育部颁发《关于深化中小学教师培训模式改革全面提升教师培训质量的指导意见》之后,如何根据不同发展阶段教师的实际需求,开展系统性调研,做到按需施训,增强培训的针对性和实效性就成了教师职后培养培训体系改革的重要政策导向。② 然而,回顾这些年的教师职后培训改革,尽管树立了教师的需求导向,但是一方面,当前对教师成长需求的调查大都是某一层面的大样本调查,如青年教师成长需求调查、农村教师成长需求调查、高校教师成长需求调查、语文学科教师成长需求调查等,调查的面比较宽,针对性不强,也难以真正总结出具有实践指导价值的教师职后培训变革策略;另一方面,当前的很多调查和研究都是由教育理论工作者实施的,研究成果发表后没有及时实现实践层面的转化,导致研究与实践严重脱节,也致使实践领域对教师需求的认识和尊重不够的问题依然非常明显。

当下的教师职后培养培训忽视教师成长需求,"自说自话"的外部引领式培养模式非常普遍。特别是在培训内容上,一方面,很多培训,特别是校外组织的培训,其内容都集中在教育理论知识的传递上,缺乏对中小学教育教学和管理实践案例的关注与分享。承担培训任务的专家尽管在其专业领域有很高深的建树,对教育理论的认知非常独到而深厚,但是他们与一线教学接触得不够紧密,他们的话语体

---

① 关松林.发达国家中小学教师培训的经验与启示——以美国、英国、日本为例[J].教育研究,2015(12):124-128.

② 李树培,魏非.教师培训需求分析的误区辨析及实践探索[J].北京教育学院学报,2018(3):18-22.

系不能被教师有效地理解,因而培训内容也就难以做到基于教师实际需求的"对症下药"。① 另一方面,尽管有些教师职后培养培训实施之前,也能通过问卷调查的方式对教师的需求进行了解,但是这种了解很多时候都停留在学术研究层面,导致研究和实践"两张皮"的现象非常明显。尽管教师职后培养培训的主体已经认可了教师的需求,但是在培训内容的设计上还是不能充分考虑教师的知识背景、学习特点、教学特点、兴趣爱好等。有的教师表示,学校为了提升其专业素养,会为其设计很多平台,提供大量的机会。但是在进行这种平台设计和机会创建的过程中,教师们普遍认为学校更多地基于学校整体发展、教师队伍建设和教学工作推进层面的需求,推动教师发展更多地成为一种"附带工作",教师个体的需求没有真正在教师职后培养体系中得到体现。这直接导致教师培训与教师的实际需求不够契合,也难以实现通过职后培养培训来快速、有效提升教师专业能力与素养的价值和目标。

(三) 培养方法上缺少"生动灵活"的设计

对教师进行职后培养培训的过程,实际上也是教师主动参与学习和提升的过程,这一过程既涉及整体上的理念架构和顶层设计,也涉及具体方法的选择和运用。著名的"学习金字塔"原理认为,学习者的学习通常分为主动学习和被动学习两大类:主动学习包括讨论、实践、为他人授课等,学习内容的平均留存率一般呈现50.0%到90.0%的递增;被动学习包括听讲、阅读、演示、视听等,学习内容的平均留存率一般呈现30.0%到5.0%的递减。这一理论充分说明在教师职后培养培训的过程中,采用怎样的培训方式是影响培养质量的重要指标。

反观当下的教师职后培养培训体系,在传统的经验主义哲学的影响下,教师的心智被视作一块白板,教师培养培训的重要任务就是在这块白板上留下知识的痕迹。在这样的导向下,教师职后培训在实践中往往采用"填鸭式"的讲授方式,将专家认为正确的和有用的知识通过机械灌输的方式传授给教师,教师自身的能动性和选择性得不到充分认可。这种单一的培训模式割裂了教师与培训者以及教师与自我的关系,不利于教师通过培训活动切实提升自身的能力与素质。

从学校内部对教师的培养看,培养方式主要有两种:一是通过集体学习或者个人自学,提升教师的理论素养;二是通过校本教研、师徒带教和组织相关的活动,提

---

① 王晓倩.具身认知视角下教师职后培训的困境与超越[J].当代继续教育,2019(4):35-41.

升教师的实践技能。这样的培养方式尽管能有效提升教师的能力与素养,但是却难以改变教师被动参与的现实。

国际教师教育学会曾经就教师的有效培养和培训问题提出过三大定律:越是扎根教师的内在需求越是有效;越是根据教师的鲜活经验越是有效;越是扎根教师的实践反思越是有效。[①] 随着现代教育的发展,复杂性、多变性日渐彰显,而且就教师的成长特点和成长需求而言,因人而异的现象非常明显。这意味着对教师职后培养培训不能是单一路径,必须通过生动灵活的设计,为教师提供可选择的成长方式与成长支持。

三、教师培养的课程开发

课程是教师培养的关键元素。纵观世界教师教育改革的进程,对教师教育课程体系的思考和构建始终是一个重要领域。对于教师教育的课程设计,研究重心始终在职前教育阶段。研究者试图通过师范教育课程体系的优化和重构,为师范生更好、更便捷地成长为真正的教师提供有效支持。但实际上,课程的概念是宏大的,教师职后培养培训同样需要相应的课程支持。有研究指出,世纪之交以来,我国教师培养的重心正由"数量满足"向"质量提升"转变。[②] 要想提高教师培养质量,探究教师专业素质的养成与教师培养项目课程设计之间的复杂关联就显得十分必要。

对于教师职后培养的课程建设,要解决的核心问题有两个:其一是教师职后培养中课程建设的立场问题;其二是教师职后培养中课程建设的路径和方法问题。

长期以来,教师职后培养中课程建设的立场问题并非研究者们关注的焦点问题。正如琳达·达林哈蒙德(Linda Darling-Hammond)所言,研究者们对于教师培养的课程结构与培养模式讨论较多,但是对于教师培养这一"黑箱"中实际发生了什么,以及教师培养为教师候选人设计的一切是如何累积其在实际的教学情境中作为教师所需的专业知识、专业能力和专业性向却讨论甚少。基于这一问题,研究者们普遍认为,有必要从教师现实需求的角度出发,重构教师培养的课程体系,这不仅契合教师成长需求,还关乎教师职后培养体系的系统变革。在这一理念下,有研究通过大样本数据的调查分析,提出了构建教师培养课程体系的过程中应该

---

①　钟启泉.教师研修的挑战[N].光明日报,2013-05-22(16).

②　钟启泉,胡惠闵.我国教师教育课程标准的建构[J].全球教育展望,2005(1):36-39.

遵循的基本逻辑:教师培养机构要让教师教育相关当事人知晓并认同教师培养方案的目标与理念,充分理解各自承担的课程在整个教师培养中的地位与作用;教师培养机构在规划通识教育课程时要着重考虑通识教育与专业教育的融通;教师培养课程的改革要关注一般教育理论课程与教育实践课程开设的时机。[①]

关于教师培养中课程建设的路径和方法,现有的研究相对丰富。有研究认为,区县层面是教师职后培养培训的重要阵地,具有独特的优势。该研究者通过大样本调查发现,区县教师培训课程体系建设存在一定缺位,且课程内容尚未较好地满足不同学段、不同发展阶段教师的需求和教师发展不同方面的需求,同时培训实际效果也有待提高。该研究指出,区县教师培训课程体系建设需依据课程建设基本原理,从整体性、多样化、分层次的视角提高区县教师培训课程内容的适切性,以基于实际、聚焦实践、强调实用的思路提升其培训的实际效果。[②] 也有研究指出,构建教师培养的课程体系,要充分考虑不同利益主体的需要,包括教师的需要、学校学科建设的需要和学校整体发展的需要。[③] 有学者认为,社会发展的需要、国家整体教育改革的需要也应该作为教师培养课程体系建设的思考点。

对于发达国家教师职后培养课程体系建设的经验介绍,也是教师培训课程建设研究的重要领域。综合现有的相关研究,主要发达国家的教师培养课程体系建设呈现出如下特征。其一,在教师培养课程的定位上,强调多元需求的整合。虽然发达国家的国情各异,在中小学教师培训课程定位上各有侧重,但呈现出多元需求整合的共性,既着眼于教师提高自身专业知识和专业技能的个人需求与岗位需求,也指向教师未来发展的社会需求与组织需求。将其有机融合,方可精确定位课程目标和主题。[④] 其二,在教师培养课程的内容上,强调综合性和实用性。从当前世界主要发达国家教师培养的课程建构看,课程内容既关注专业知识与专业技能,也关注个人价值与社会需求,融合多种取向,统筹衡量与整合。同时,在课程内容的具体组织上,也跳出了单一的、孤立的局限,倡导连续性、顺序性和综合性的教师培养课程内容组织体系。课程内容组织上注重连续性,目的在于培养教师形成精细

---

① 吴宗劲,饶从满.教师培养课程对职前教师从教准备度的贡献研究——基于效能期待的视角[J].教育学报,2018(2):78-88.

② 李新翠.区县教师培训课程体系现状及反思[J].中国教育学刊,2019(2):76-81.

③ 陈铭.国外中小学教师在职培训现状、经验与启示[J].中小学教师培训,1997(1):58.

④ 王姣姣.教师培训课程研究的新视角——以11份"国培计划"课程方案为例[J].教育理论与实践,2015(14):35-37.

的学习品质和敏锐的感悟能力,加深对课程与教学内容的理解。课程内容组织上注重顺序性,目的在于使参培教师能对有关内容展开更加深入、广泛的了解,进而能更好地理解后续内容。如果说连续性关注的是课程要素的重复,顺序性侧重的就是课程要素的加深和拓宽。① 课程内容的综合性则强调教师自身综合素养的提升,即通过教师培养课程的有效实施,培养教师适应未来教学的多元能力与素养。

有研究认为,教师培养课程的实施成效不仅取决于课程本身的质量,还取决于课程实施者的质量。韩素兰等人提出,要根据不同的教师培养课程模块、内容选择适切的课程实施者。其中,理论引领课程模块宜选择省域外专家和培训院校教师等,教学技能课程模块宜选择学科教学论专家、教研员、一线特级或骨干教师等,问题解决课程模块宜选择省域外专家、教研员、培训院校教师和参与培训的学员代表等,经验分享课程模块宜选择一线特级或骨干教师、教研员和参与培训的学员代表等,实践观摩课程模块宜选择一线优秀教师、培训院校教法教师和参与培训的学员等。② 值得注意的是,教师培养的各类课程的实施者,不仅是培训课程的讲授者,还是整个培训课程、培训活动的组织者、参与者、观察者和帮助者。在培训教师的积极引导下,参培教师更容易深入讨论、关注更深层次的教育问题。同时,培训教师能参与教师讨论,并适时地给予恰当的建议和指点。这要求培训教师既要有较高的理论水平,又要有深入实践的丰富经验,还要有敏锐的观察力和洞察力,通过参与观察教师活动,敏锐地抓住问题,展开分析。③

综合现有的相关研究可以认为,课程的建设与完善是优化教师培养体系的重要环节。在教师培养的课程建设中,要注重优化教师培养的师资力量,实现教师培养课程的精准定位;要结合教师的现实需要,通过科学的调查分析,优化教师培养的课程内容体系,既要关注教师实践性知识的转化,也要关注教师道德、情感素养的提升;要注重提升课程实施的质量,充分考虑教师的工作和生活实际,倡导对话、合作、反思的课程实施范式,吸引教师深度参与课程实施,提升课程对教师专业成长的有效性;要注重构建常态化的课程评价机制,及时了解教师对课程内容、课程

---

① 孙泽文.课程内容的构成要素、组织原则及其结构研究[J].辽宁教育,2013(5):25-28.

② 韩素兰,王红娟.需求·目标·课程·师资·方式五维互动——中小学骨干教师培训模式实践研究[J].保定学院学报,2014(1):122-126.

③ 黄晓娜.发达国家中小学教师培训课程的经验与启示[J].东北师大学报(哲学社会科学版),2019(3):164-169.

实施的整体建议与意见,通过数据分析的方式,实现教师培养课程建设的动态改进;要充分开发课程资源,提升教师培养机构和人员主动建构课程资源的意识,而构建科学规划、标准引领、平台优化、多元参与、推动使用的教师培养课程资源建设政策框架尤为必要。①

在构建教师培养课程体系的过程中,除了路径和方法上的设计外,还有研究者认为应该强调教师培养课程建设理念的创新。如有研究者借鉴基于学习产出的教育模式(Outcome Based Education,简称 OBE),提出了从学习结果入手的教师培养课程"反向设计"理念。该理念认为,从学习结果入手,对教师培训课程进行反向设计,可以实现对培训课程体系的持续改进。当前教师培训课程的开发存在课程目标脱离培训需求、课程内容难以支撑预期课程目标、课程目标达成度的评价水平不高等问题,因此,以教师最终的学习成果为起点,对培训课程进行反向设计,设置能兼顾多元需求的培训课程目标、构建能相互支撑的递进式培训课程、建立有利于持续改进的课程评价机制是教师培训课程开发的有效路径。② 有研究者则结合当前信息技术快速发展的时代特点,提出借鉴美国学者马修·科勒(Mattew Koehler)等人提出的"整合技术的学科教学知识"(Technological Pedagogical Content Knowledge,简称 TPACK)理念,创新教师培养的课程体系建设,基于教师需求,采用"必修+差异+选修"模式,以信息技术为支撑,为各层次综合实践活动教师提供菜单式、模块式及进阶式课程,更好地体现课程的针对性、系统性和持续性③,以促进教师培养课程与时代发展的深度融合。

四、教师培养的模式设计

模式是主体行为的一般方式,是理论和实践之间的中介环节,具有一般性、简单性、重复性、结构性、稳定性、可操作性的特征。④ 在教师培养的过程中,不同国家、地区普遍注重结合自身的历史与现实,构建兼具本土性和推广性的教师培养模式。

---

① 曲正伟.我国教师培训课程资源建设的现存问题及政策框架[J].教育科学研究,2019(1):76-80.

② 滕飞.反向设计:教师培训课程开发的有效路径[J].中小学教师培训,2019(8):11-15.

③ 张嘉.TPACK 理论下综合实践活动教师培训课程体系的构建[J].教学与管理,2020(27):54-56.

④ 陈世清.经济学的形而上学[M].北京:中国时代经济出版社,2010.

（一）国外教师在职培训模式特点

随着教师培训走向深入，各国都探索出教师培训的有益经验，特别是国外发达国家的中小学教师在职培训经过半个多世纪的改革发展，已经形成了较为完善的教师培训模式，如美国、日本等国家的小学全科型教师培养模式，英国"教学优先"的教师培养模式，芬兰"研究本位"的教师培养模式。这些模式尽管有不同的侧重，但是其中透露着一些共性的认知和特点，对构建我国教师培养模式具有重要参考价值。

其一，关注教师需求。法国教师教育模式经历了从教师培训大学学院到高等教师教育学院的转变过程，致力于完善教师的专业化培养与多样化培训方式相结合的教师教育模式，为一线教师提供多样化、全方位的在职培训。[①] 这种培训机构的转变意味着教师培训组织实施方已经逐渐认识到受训者不仅仅应被告知，而应还其主体"在场"地位，因为他们是有着一定的培训经验和基础的需求主体。[②] 法国的高等教师教育学院基于"需求主体"的立场，致力于优秀教师的整体成长和发展，而不是某一个体或某一群体的发展，进而促进教师团体整体质量的提升。

教师的发展会经历不同成长阶段，从新手型教师到胜任型教师、成熟型教师，再到专家型教师，其发展的需求不同。因此，英国十分注重依据教师的职业生涯理论和专业成长阶段设计不同的课程。为了满足和实现不同层次、级别教师参与在职培训的不同需求和目标，英国为中小学教师设计了1年以上的全日制脱产课程、半脱产中期课程、业余不脱产短期课程。[③] 几乎所有开设教师教育的机构都设置了非证书教师培训短期课程，课程都预先编订成册，分送到中小学，由教师自愿选择。这些课程多在晚上、周末、假期或教师发展日进行，常年开课，尽可能地给教师在职培训提供方便。这些课程的特点是内容新、针对性强，反映教育发展领域的最新成就或教师专业成长的最新信息，解决教师实际工作中的疑难问题。[④]

其二，关注专业实践。在美国，大学与中小学合作，以中小学为基地，形成融职前教师培养、在职教师培训和学校改革为一体的教师教育新模式，基于教育现场的

① 范士龙，孙扬.法国教师"培训—研修"模式转变研究[J].比较教育研究，2019(5)：69-75.
② 任胜洪，吴红.论新课程改革中参与式教师培训的价值取向[J].职业时空，2007(22)：67-68.
③ 杜静.英国教师在职教育发展研究[D].重庆：西南大学，2007.
④ 陈静安.英国中小学教师培训特点及其启示[J].继续教育研究，2015(5)：123-125.

教师专业成长,强调教育教学实践性能力培养。① 大学与地方学区合作,设立类似"教学医院"的教师进修机构,帮助中小学教师掌握新的教学技能,而学区则通过聘请大学教师、研究人员、工程技术人员和退休老教师及在职优秀教师,对本学区的教师进行分批指导或咨询。② 无论是哪一类教师专业培训,均已摆脱培训者讲、受训者听的培训模式,而代之以研讨会、工作坊等形式③,围绕教育教学实践中的问题,努力实现培训者与受训者之间、受训者与受训者之间的多向交流。除了美国外,芬兰的教师教育一直以高学历水平著称,但其以往的教师在职培训偏向理论,实效不佳。④ 为了纠正理论优先的培训模式,芬兰推出了以学校为实施单位,针对青年教师,由管理者、教育专家、资深教师、青年教师共同参与课程设计、执行、评价,为期一年的"合作行动计划",努力使理论学习与教育教学实践相结合。⑤

其三,关注个性化发展。教师的专业特长也千差万别,这就需要教师发现个人优势与专业特长,并在此特长上嫁接其他专业能力,最终实现专业上的全面发展。⑥ 如美国颁布《力争上游法案》(Race to the Top)后,各州建立了教师评价与支持系统,大力推进个性化的教师培训活动。美国要求确保所有老教师和最近参加工作的教师都能获得与其本人优点、特长及需求相匹配的专业成长与职业提升机会。各州都认为,教师的成功与学生的发展密切相关,与学校及本地区的发展密切相关。为了实现这一目标,许多州引入了多样化的测量教师专业实践的手段,如训练有素的观察者到教师课堂上去观课,根据教师的教学状况,利用指标体系来判断其有效性水平,并据此组织专项教师辅导或培训活动,以实现培训活动与教师需求之间的吻合。

其四,关注学习发生。在教师培训活动中最核心的目标是让教师的学习真实发生,这就需要培训内容与教师的背景知识和经验发生联结,换言之,"只有在满足

---

① 雷蕾,钟文芳.浅谈美国教师专业发展学校(PDS)——美国教师专业发展的新型模式[J].现代教育科学,2010(6):124-126.

② 徐雄伟.国际比较视野中的在职教师培训模式探索[J].外国中小学教育,2013(5):32-36.

③ 张文.美国在职教师的专业成长与发展[J].黑龙江教育学院学报,2010(9):47-49.

④ 虞伟庚.合作行动计划——芬兰在职教师教育实践模式[J].外国中小学教育,2011(5):15-18.

⑤ 同②。

⑥ 龙宝新.论国外教师培训的时代性特征[J].中小学教师培训,2015(11):70-74.

一些硬软件条件要求之后,有效教师培训活动才能出现"。有学者认为,有效教师培训活动的发生需要满足一些基本条件:培训者必须创设相应的教学情境,因为教师培训是一种情境性学习,尤其是实践问题发生的情境,它是帮助受训教师理解培训内容及其重要性的催化剂;培训必须提供实用的教学内容,即所授理论知识能帮助教师解决实践问题,或为教师应对工作中的现实问题、教学难题提供一种解释框架、认识思路、建议策略等;培训必须有系统讲授环节,以有效发展教师的逻辑思维,因为缺乏系统讲授的培训活动无助于教师教育认识的深化,也无法发展教师解决问题的系统思维;培训必须考虑学生的以前经验,毕竟教师培训的最终目的是要增进教师对学生的理解,提高学生的学习成绩。

(二) 国内教师在职培训模式研究

近年来,我国中小学教师培训获得长足发展,各地、各师训机构都因地制宜地开展了一系列卓有成效的理论与实践探索,并总结和归纳了若干典型模式。有研究者对近十年的教师培训模式进行了梳理,根据教师培训线上线下的组织形式分为三类:其一为线下为主的培训模式,包括基于培训设计提出的模式、基于培训组织提出的模式;其二为线上为主的培训模式,包括基于培训平台构建的模式、基于培训资源构建的模式、基于培训服务构建的模式、基于培训理念构建的模式;其三为线上线下混合培训模式,包括基于"翻转"理念模式、强调工具与支持模式、强调现场教学与线上研修整合模式和校本研修与网络研修整合模式等。[①]

另外,还有研究者对近十年教师培训模式设计理念及其实践原则进行了细致梳理。[②] 研究发现,近年来教师培训中涌现出一批有效培训模式,其设计理念大致有如下取向:一是追求满足参训教师需求的适应性培训理念;二是指向问题解决的任务驱动式培训理念;三是强调基于教师职场应用的实践性培训理念;四是重视学员互动的参与式培训理念;五是强调资源互补的合作式培训理念;六是基于互联网资源的个性化培训理念。实践这些理念时,建议坚持如下原则:一是遵循成人学习特点;二是关注教师常态化研修需要;三是聚焦教师学习;四是培训课堂可包含多种培训模式;五是多种设计理念可集中体现在同一项目模式建构中。

---

① 陈晓彤,武丽志.国内中小学教师培训模式研究综述(2010—2019)[J].中国成人教育,2020(10):74-78.

② 盂繁胜,林佳怡.近十年教师培训模式设计理念及其实践原则[J].中国多媒体与网络教学学报(上旬刊),2020(8):157-161.

除此之外,围绕深度学习的教师培训模式也是研究的焦点。深度学习的理念是使学习者在教学中获得最大发展、形成核心素养,将深度学习的理念应用于教师培训具有重要的理论和实践意义。赵兴龙基于乡村教师的提升型消费需求提出深度培训模式,通过互联网,把乡村教师与远端优秀教师、乡村学校与优质学校及所在区域之间进行"一对一"的导学搭配联结,达到互连、互享、互补,从而实现深度学习,提高培训实效。① 李惠龙等人以美国克利夫兰州立大学孔子学院的汉语教师培训为例,提出以教师专业成长阶段理论为基础的深度培训模式,即"五步系列系统培训模式":根据受训教师所处专业成长阶段给予特定的相适应的培训内容和方式。② 张贤金等人认为,聚焦教师培训课程的深度是教师培训内涵发展的必然要求,因而提出"纵向课程"的理念,即围绕着某一个核心问题,设置一系列相关课程,并展开深入研究。③ 詹青龙等人在教育部—微软(中国)"携手助学"教师培训项目中提出以深度学习为中心的思维范式,从学习的目的和特征、学习者行为、教师行为等方面对深层学习与表层学习进行比较,强调培训过程中教师的主动参与和协作,强调解决真实问题和反思。④ 索磊对"临床实践"教师培养模式进行了反思,认为基于实践理论的视域,"临床实践"教师培养模式强调在具体的教育情境下与学生的关联,聚焦问题解决,注重培养师范生的实践能力和批判性反思能力,旨在克服传统教师培养偏重学术课程、理论课程与实践相脱节的不足。这一模式在现实中面临合格的临床指导师资短缺、中小学合作意愿不强、支持政策和保障措施不到位等困境。究其原因,主要在于对"临床实践"认知的偏差,以及对"临床实践"模式变革系统性的认识不足。跳出理论与实践二分的认知方式,把握"临床实践"的价值及其限度,构建配套的政策保障体系,是破解困境的可能之策。⑤ 朱为鸿提出了"三位一体""三优一享"的领袖教师培养模式,"三位一体"是指在教师培养过程中,高校、政府(教育行政部门)、中小学校发挥各自在教师教育中的优势功能,构建新型互动模式,实现研究、管理、教学一体化,搭建领袖教师成长平台;"三优一享"是

① 赵兴龙.互联网时代乡村教师深度培训模式[J].电化教育研究,2018(4):86-92.

② 李惠龙,庞晖.海外孔子学院汉语教师深度培训模式建构及实践——以克利夫兰州立大学孔子学院为例[J].云南师范大学学报(对外汉语教学与研究版),2018(5):27-34.

③ 张贤金,吴新建.促进教师深度学习:教师培训课程设计转轨[J].福建教育学院学报,2016(8):69-71,128.

④ 詹青龙,顾小清.信息技术教师培训的新思维[J].中国电化教育,2007(7):13-17.

⑤ 索磊."临床实践"教师培养模式的困境与突破[J].教育评论,2019(11):111-116.

指为培养领袖教师,在教师教育工作过程中构建的一种教师培养模式。"三优"是指政府、大学、中小学的"优势组合",教师教育的先进政策、科学理念、优质师资、师训与实践基地的"优化资源",精选实用的促进领袖教师成长的"优质课程"。"一享"是指实现教师教育资源全辐射、全共享的教师培养模式。史文生针对职业学校教师培养问题提出了"双元结构教师小组"教师培养模式,"双元结构教师小组"是一种新型教学共同体,即通过选拔有潜力的专业技能教师,对专业教师及其岗位进行分工,并进行强化培训后,成为专业技能教师的"一元",并以职业学校现有的理论水平较高的专业教师为"一元",由此构成"双元结构教师小组"。"双元"是具有相关性的两方面,"结构"是组成小组两部分之间的搭配和安排,"教师"则包括课堂教学中的专业理论教师和技能教师,"小组"是一个团队,可以两人也可多人。[1] 这种模式对基础教育领域教师培养模式的建构也有重要意义。张佳研究了上海市"双名工程"的名教师培养模式,认为在上海市"双名工程"项目实施过程中,名教师培养模式应建立在名教师专业素养标准之上,名教师自身应该改变教育教学理念,在对名教师进行培养的过程中要坚持职前培养与职后培养一体化,充分发挥名教师的示范作用,并建立与完善评估机制。[2]

五、教师培养的策略推进

教师的培养既是一项宏观工程,也需要实实在在的路径和策略。由于教师工作自身的复杂性,教师的成长路径注定是多元的,因此,设计教师培养的具体策略也应该是丰富的。OECD 于 2019 年发布了 2018 年 TALIS 报告,系统总结了各参与国关于教师培养的相关策略,这些策略对改善教师培养工作具有重要指导意义。

第一,增加基于合作和协作方式的教师专业培训。多数教师和校长都参与过专业成长的培训活动,其中,校外的课程和研讨会是最受欢迎的形式。在所有形式的培训中,同伴学习和网络培训被认为是效果最好的方式。教师也反映,基于合作和协作方式的专业培训对他们影响最大。

第二,在教师培训中培养教师的信息通信技术(Information Communication Technology,简称 ICT)素养。很多国际调查和研究都指出在课堂中运用 ICT 的

---

① 史文生.构建"双元结构教师小组"教师培养模式[J].教育研究,2017(12):147 - 149.
② 张佳.中小学名教师培养模式研究——以上海市双名工程为例[D].上海:上海师范大学,2018.

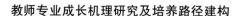

重要性,TALIS 2018报告中也强调要充分利用教师的专业学习机会来学习如何在课堂中运用ICT。教师不仅要掌握某些技术,还要知道如何在特定的学科及特定的活动中应用这些技术。关于ICT教学技能的培训,不应局限于工具,而应反映技术如何增强教学本质,并使教师成为更好的教师。

第三,建立专业学习共同体,传播创新实践。OECD的相关研究指出,专业学习社区通过不断向教师提供反馈,从而支持渐进式变化,对教学质量和学生成绩产生积极影响,并提供了价值。这表明,建立专业学习社区可以促进推广和使用创新做法。学校领导对创新的开放程度高于教师,这一事实表明,学校领导在营造对新思想开放的学校环境方面面临着重大挑战。学校领导可以培养员工的创新精神,比如,不仅要鼓励员工乐于接受新思想,还要在以学校为基础的专业学习社区中与他们合作,主动识别他们变化的需求,并在变化过程中给他们提供支持。

第四,在职初教师培训和教师继续教育的课程中纳入针对不同环境的教学策略。教师需要为在多文化、多语言和混合能力的课堂上授课做好准备。教育系统需要有一个系统的框架,来准备和支持教师队伍在不同的环境中进行教学,包括在不同的多元文化环境中进行教学。为此,他们需要将这一问题纳入初步培训和内部服务专业成长的愿景、规划、课程设计。

第五,加强教师对有特殊需要学生的教学准备、支持和培训。由于越来越多有特殊需要的学生进入正规学校和班级学习,教育系统应制定相关的战略性政策行动,以提高教师的素质和数量,应向所有师范生和在职教师提供高质量的特殊需要教育的师资培训。为鼓励教师参与,应将与包容性课堂教学相关的具体能力纳入国家标准框架。

第六,加强教师及学校领导对学生福祉的认识,将营造有利于学生学习和身心健康的学校与课堂氛围纳入培训计划。相关调查结果显示,学校基本很少受校园安全事件的影响,可以为学生提供安全的学习环境。然而,校长对学校安全的报告却反映了一个突出的问题:与其他的学校安全事件相比,学生中会定期发生与恐吓或欺凌有关的校园安全事件。OECD中相当一部分教师表示,他们非常需要在学生行为和课堂管理方面进行专业成长。管理学科问题尤其紧迫,是学校教学质量的一个障碍。因此,针对这种情况,有必要为教师提供关于学生行为和课堂管理方面的培训。针对教师和学校领导的培训计划中,应及时更新欺凌事件,以便学校更好地应对与学生安全有关的新挑战。

第七,通过明确学校领导的专业标准,来提升教学领导力,同时培养教师的教学领导力。比如,一些国家制定了教师专业标准,并将其作为明确知识和能力要求的工具。对学校领导来说,也有必要制定一套包含学校领导所需的基本知识和能力的专业标准。既可作为指导学校校长进行在职培训的工具,也可鼓励他们重新安排时间,把重点转向教学领导活动。那些表现出卓越领导能力的教师应该找到有回报的职业道路,让他们追求有吸引力的职业,包括学校领导路径,培养他们的行政和教学领导技能。这将使学校领导有更多的时间参与课程和教学活动,也为教师专业成长和加强专业精神提供了途径。

第八,在保留高质量培训的同时,提供职业发展的可选择途径。在一些国家,面对教师短缺和大规模退休的前景,教育系统越来越需要提供多种途径来进入该行业,以满足对教师的需求,包括快速通道或替代路线。为此,他们需要建立机制,确保所有教师在开始其教学生涯时得到充分的和高质量的培训。

教育机构和学校应确保,无论当地情况如何,所有教师都应在其所教课程的内容和教学方法方面得到充分的培训。OECD对职初教师准备工作的审查确定了一系列政策和倡议,以确保初级培训的质量,包括:(1)设立严谨的评审机构,监察教师教育机构的工作;(2)在教师培训初期(入职时、培训中期及/或培训课程接近尾声时)进行教师评估;(3)建立教学标准,明确规定教师在接受培训和准备开始教学时的要求和期望。

第九,为新入职教师提供满意的工作条件及个性化的支持。在教师职业道路的所有步骤中,早年的职业生涯应该得到最大的支持和关注,以确保有效性和福祉。刚毕业的师范生大多经过一定程度的培训(如研究生学位、认证课程或其他入职途径),以及有一些实践培训机会,才会进入这个行业。然而,在教学的最初几年,额外的支持活动和结构可以帮助教师应对他们面临的挑战,以及保持他们的积极性。这两者都既是使他们有能力和有效的关键,也是说服他们留在这个行业的原因。

第十,将教师作为终身学习者,把职初教师教育与职后专业成长联系起来,加强职初教师教育的内容与专业培训之间的联系。教师对复杂知识和技能的掌握是一个长期的、持续的过程,而随着技术、技能和知识的进步,专业人员必须不断更新他们的技能。在这种方式下,教师和学校领导被认为是终身学习者,在他们的职业生涯中有不同的培训需求。国家和地方各级教育系统及培训机构需要明确这些需求,并确保教师和学校领导能获得有关培训。TALIS 结果表明,在特定领域接受职前培训和在职培训,与教师在该领域更高的自我效能感和更倾向使用相关实践相关。鉴于职前和在职培训对教师自我效能感及教学实践运用的价值,将教师视为终身学习者的关键任务是确保教师的初始培训内容与持续专业成长内容之间的充分联系。通过这种方式,教师工作的所有方面都将在某一时刻得到覆盖,并随着时间的推移得到巩固和扩展。各国和各经济体需要确保职前教育和在职专业成长的课程是一致的、联系密切的和相辅相成的。

持续的专业成长活动需要考虑并建立在教师和学校领导在职初教育或培训中所获得的知识和技能的基础上。因此,需要协调一致地设计职前和在职培训课程。在职初教师教育和在职培训之间建立这种连续统一体的最大挑战是以连贯的方式阐明每个阶段,这可能需要在每个教育系统之间进行系统的协调,建立咨询并反馈循环。如果这些职责由多个实体共享,则需要在初始教师准备和专业成长系统的不同参与者与利益相关者之间进行协作。

第十一,促进校本协作及积极的专业成长,以满足当地需求,适应学校特定环境。教师专业成长的制度和校级政策可以促进校本协同的在职培训。这要考虑学校和地方的需求及实际情况,既可以帮助实现效率收益和节省费用,这些收益可以重新分配给其他优先领域,也可以加强学校内教师之间的合作,并发起或加强对教学实践和学校改进的集体反思。

例如,学校领导和教师可以分配他们每月或每周的部分工作时间来讨论涉及课堂教学的问题,交换意见,反思实践。此外,每个学校可以创建一个基于同伴观察的集体课堂教学系统,这一灵感来自日本的课例研究模型,教师可以有机会观察新的教学方法,评估同伴的指令,并提供有价值的反馈,促进反思性实践和改进。

第十二,留出参与专业成长的时间。TALIS 调查显示,很多教师和校长在参与在职培训上都存在一些时间冲突。事实上,解决排班冲突作为在职培训的障碍的有效方法是将专业成长嵌入教师和学校领导的日常工作中。比如,澳大利亚维多利亚州的教师采用专业学习社区的方法,通过集体,收集学生的学习证据,确定学生的需求,并针对他们的专业学习来解决这些问题。

第十三,建立或培养参与专业成长的激励机制。一些国家已经建立了鼓励参与专业成长的机制和奖励办法。鼓励专业成长的激励概念与是什么激励教师和学校领导参加进一步培训的问题直接相关。

教师和学校领导试图改进或更多地了解他们工作的特定领域。因此,鼓励参与专业成长的主要动机之一是制定符合他们需求的培训方案。然而,教师和学校领导的需求往往与学校或国家教育系统提供的培训不一致。认识和响应教师需求的一个有效策略是采用学校内嵌式的教师培训方法。发展学校内嵌式的教师专业成长,可以通过有限的额外成本扩大专业成长的机会,同时让教师和学校领导参与设计或选择更切合他们需求的专业成长路径。在分散的系统中,专项资金可以分配给学校,用于投资教师和学校领导的专业成长活动。这种方法使学校领导和学校管理人员在学校的人力资源管理和工作人员的专业成长方面起主导作用。学校的培训可以建立在同伴工作、协作工作和其他工具的基础上,这些工具可以让学校内的所有教师和领导都参与进来。

职业发展的另一个关键激励因素是认可。参与专业成长需要更多的认同,这既是教师和学校领导工作的本质属性,也是专业成长和职业发展的垫脚石。在理想的情况下,通过参与培训来发展知识和技能,可以促使教师和学校领导承担更多的责任,成为其他教师公认的专家和资源。通过参加专业成长,得到认可的一些能力可以在职业发展和承担学校任务中予以考虑。比如,韩国教师入职三年后有资格获得 180 小时的专业成长,以获得高级证书,这可以作为加薪和升职的资格。

第三节　教师成长状况及支持体系国际比较研究

本书选取英国英格兰、芬兰、新加坡和中国上海四地作为研究对象,利用TALIS 2018 调查数据,对上述国家或地区处于不同发展阶段教师群体间的差异进行比较。考虑到对本地的适切性,将采用"三阶段论"并借助 TALIS 2018 调查数据,对不同专业成长阶段教师群体的专业表现尤其是教学效能、专业准备水平、发展现状及专业发展障碍与支持等进行国际比较。同时,对上述国家或地区的教师专业成长支持体系的特征及发展进行分析,提炼对本土教师专业成长支持体系建设可借鉴的经验启示。教育政策制定者往往会受传统观念和本国实际的影响,而无法看到真正可行且有效的政策选择。其他国家或地区的做法为教育政策制定者提供了一个可能进行政策改进的思路或具体的措施。通过深入探索其他教育体系,教育政策制定者可以丰富对不同成长阶段教师特征的认识,以及了解不同教师群体间在专业成长上存在的障碍和挑战,从而思考本地的教师政策及实践。

一、教师专业成长状况——以英国英格兰、芬兰、新加坡和中国上海为例

本文将选取英国英格兰、芬兰、新加坡和中国上海作为研究对象,探讨如下问题:第一,处于不同专业成长阶段的教师群体在专业表现(教学实践)和自我效能感上是否存在差异? 第二,处于不同专业成长阶段的教师群体在专业发展需求和障碍上是否存在差异? 第三,处于不同专业成长阶段的教师群体在大多程度上获得了与其专业表现和专业发展需求相匹配的专业发展支持,包括专业发展活动的参与机会、专业发展支持措施等?

选取上述国家或地区作为研究对象的原因如下:第一,这些国家或地区在PISA 测试中持续处于领先的位置,在全球教育政策界引起了广泛关注,并且OECD 把这些教育体系取得的成就归因于卓越的教师队伍;第二,从样本的代表性上看,英国英格兰、芬兰和新加坡教育系统的规模基本相当于中国的一个省或直辖市,因此与中国上海进行比较和相互借鉴是相对合理的;第三,还考虑到了这些国家或地区教育体系所处的社会文化情境,它们分别代表东亚文化圈(中国上海、新加坡)、欧洲(芬兰)和传统意义上的西方盎格鲁—撒克逊英语国家(英国英格兰)。

TALIS 2018 调查随机抽取了 2376 名英国英格兰教师、2851 名芬兰教师、3280 名新加坡教师和 3976 名中国上海教师,分表代表不同国家或地区初中阶段教师参加了本地调查。本研究根据 TALIS 2018 调查中有关询问教师教龄的题目"任教总年数",把教师分为三个主要的专业成长阶段:5 年及以下教龄的教师是新教师,6—10 年教龄的教师是经验教师,10 年以上教龄的教师是专家型教师。上述国家或地区处于三个专业成长阶段的教师在总样本中的占比如表 2‑2 所示。本研究中所有数据均进行了加权。

表 2‑2　不同专业成长阶段教师的分布情况(TALIS 2018)

国家或地区	5 年及以下教龄	6—10 年教龄	10 年以上教龄
英国英格兰	21.5%	20.0%	58.5%
芬兰	16.8%	17.7%	65.5%
新加坡	30.2%	26.5%	43.3%
中国上海	16.0%	15.0%	69.0%

（一）不同发展阶段教师专业表现特征

基于 TALIS 2018 调查数据,教师专业表现特征分析用教学实践表现和教师自我效能感来进行国际比较。为了了解教师教学实践表现,TALIS 2018 调查询问了教师在教学策略上的使用频率(1＝从来或几乎不用,2＝偶尔,3＝经常,4＝总是),并合成了三个指数:教学清晰度、课堂管理、认知激发。

1. 教学清晰度(clarity)

TALIS 2018 调查询问了教师在所教班级经常使用相关策略,以向学生澄清和说明本节课教学目标或学习目标等的频率。教学清晰度包括为学生总结近期学过的内容、设定教学目标、明确学生学习的内容、说明新旧主题之间的联系、结合日常生活问题或工作来说明新知识的用处、让学生反复练习直至理解六项教学实践。TALIS 2018 调查根据教师对上述六项相关教学策略使用频率的回答合成了"教学清晰度"指数。该指数均值越大,则表示教师所教课堂的教学清晰度水平越高。

表 2－3 "我为学生总结近期学过的内容"中"经常"或"总是"的百分比

国家或地区	5 年及以下教龄	6—10 年教龄	10 年以上教龄	组间差异
中国上海	91.1%	92.4%	93.5%	$\chi^2(df=2)=39.13, p<0.001$
芬兰	57.6%	58.9%	60.6%	$\chi^2(df=2)=9.20, p<0.01$
新加坡	71.0%	74.5%	75.4%	$\chi^2(df=2)=20.58, p<0.001$
英国英格兰	65.5%	71.5%	77.2%	$\chi^2(df=2)=1670.36, p<0.001$

表 2－4 "我在教学开始就设定好了目标"中"经常"或"总是"的百分比

国家或地区	5 年及以下教龄	6—10 年教龄	10 年以上教龄	组间差异
中国上海	96.6%	97.8%	98.0%	$\chi^2(df=2)=40.59, p<0.001$
芬兰	50.8%	60.8%	68.6%	$\chi^2(df=2)=314.94, p<0.001$
新加坡	78.0%	80.7%	85.1%	$\chi^2(df=2)=68.87, p<0.001$
英国英格兰	86.7%	89.3%	89.9%	$\chi^2(df=2)=250.85, p<0.001$

表 2-5 "我说明希望学生学习的内容"中"经常"或"总是"的百分比

国家或地区	5 年及以下教龄	6—10 年教龄	10 年以上教龄	组间差异
中国上海	96.3%	96.6%	97.3%	$\chi^2(df=2)=20.82, p<0.001$
芬兰	66.4%	70.2%	75.4%	$\chi^2(df=2)=101.35, p<0.001$
新加坡	89.7%	92.2%	93.9%	$\chi^2(df=2)=47.81, p<0.001$
英国英格兰	92.6%	96.6%	96.2%	$\chi^2(df=2)=812.63, p<0.001$

表 2-6 "我说明新旧主题之间的联系"中"经常"或"总是"的百分比

国家或地区	5 年及以下教龄	6—10 年教龄	10 年以上教龄	组间差异
中国上海	90.9%	93.6%	93.8%	$\chi^2(df=2)=59.54, p<0.001$
芬兰	68.6%	75.7%	73.2%	$\chi^2(df=2)=37.16, p<0.001$
新加坡	78.9%	79.9%	81.8%	$\chi^2(df=2)=10.71, p<0.01$
英国英格兰	83.1%	85.0%	86.0%	$\chi^2(df=2)=152.93, p<0.001$

表 2-7 "我结合日常生活问题或工作来说明新知识的用处"中"经常"或"总是"的百分比

国家或地区	5 年及以下教龄	6—10 年教龄	10 年以上教龄	组间差异
中国上海	90.0%	89.6%	92.5%	$\chi^2(df=2)=65.51, p<0.001$
芬兰	73.1%	69.2%	66.6%	$\chi^2(df=2)=42.95, p<0.001$
新加坡	72.4%	70.5%	70.1%	$\chi^2(df=2)=5.29, p=0.07$
英国英格兰	64.4%	68.0%	64.4%	$\chi^2(df=2)=143.61, p<0.001$

表 2-8 "我让学生反复练习类似的任务,直到我确定每个学生都掌握了学科内容"中"经常"或"总是"的百分比

国家或地区	5 年及以下教龄	6—10 年教龄	10 年以上教龄	组间差异
中国上海	77.7%	72.8%	77.3%	$\chi^2(df=2)=49.07, p<0.001$
芬兰	52.5%	49.0%	50.2%	$\chi^2(df=2)=7.13, p<0.05$
新加坡	71.2%	72.3%	70.6%	$\chi^2(df=2)=2.45, p=0.30$
英国英格兰	71.1%	72.5%	64.3%	$\chi^2(df=2)=933.54, p<0.001$

表 2－9　不同发展阶段教师教学清晰度指数的差异

教龄		中国上海（显著性）	芬兰（显著性）	新加坡（显著性）	英国英格兰（显著性）
5 年及以下	6—10 年	0.000	0.000	0.001	0.000
	10 年以上	0.000	0.000	0.000	0.000
6—10 年	5 年及以下	0.000	0.000	0.001	0.000
	10 年以上	0.520	0.000	0.000	0.003
10 年以上	5 年及以下	0.000	0.000	0.000	0.000
	6—10 年	0.520	0.000	0.000	0.003

　　差异分析后发现，在促进课堂教学清晰的各项策略采用上，处于不同专业成长阶段的中国上海教师、芬兰教师、新加坡教师和英国英格兰教师组间均存在显著差异[$F(2, 145557)=356.12, p<0.001$]。进一步分析后发现，5 年及以下教龄的中国上海教师在教学清晰策略采用上与其他两个专业成长阶段的教师相比存在显著差异，6—10 年教龄的教师与 10 年以上教龄的教师不存在显著差异。在其他三个国家或地区，处于三个专业成长阶段的教师在教学清晰策略采用上两两相比均差异显著(见表 2－9)。

　　从构成教学清晰度指数中六个相关的教学策略看(见表 2－3 至表 2－8)，有以下几点规律：第一，从处于三个专业成长阶段教师在上述教学策略使用上的强度看，中国上海各专业成长阶段的教师在"经常"或"总是"采用的比例上差异并不大，芬兰各专业成长阶段教师间的差异相对较大；第二，除了在"结合日常生活问题或工作来说明新知识的用处"和"让学生反复练习直至理解"这两项教学策略上，教龄越长的教师群体在运用教学清晰策略上的强度显著高于教龄越短的教师群体。可见，以上不同国家或地区的教师在教学清晰的策略上，处于三个专业成长阶段的教师群体间存在显著差异，教龄越长的教师，其所教课堂的教学清晰水平越高，越频繁地采用促进学生明确所教知识和学习目标的教学策略等(见表 2－10)。

表 2-10 不同发展阶段教师教学清晰度指数的均值分布

教龄	中国上海	芬兰	新加坡	英国英格兰
5 年及以下	12.17	11.80	12.01	12.10
6—10 年	12.39	12.23	12.21	12.38
10 年以上	12.34	12.50	12.61	12.42

2. 课堂管理（class management）

TALIS 2018 调查询问了教师在所教班级创设良好课堂纪律风气方面相关教学策略的使用情况。有关课堂管理的教学策略包括要求学生遵守课堂纪律、告诉学生听教师讲话、让破坏纪律的学生安静下来、课堂开始时告诉学生迅速安静下来四项教学实践。TALIS 2018 调查根据教师对上述四项相关教学策略使用频率的回答合成了"课堂管理"指数。该指数均值越大，则表示教师所教课堂的纪律风气水平越高。

表 2-11 "我告诉学生要遵守课堂纪律"中"经常"或"总是"的百分比

国家或地区	5 年及以下教龄	6—10 年教龄	10 年以上教龄	组间差异
中国上海	74.9%	70.5%	65.8%	$\chi^2(df=2)=180.23, p<0.001$
芬兰	64.4%	61.6%	56.4%	$\chi^2(df=2)=68.71, p<0.001$
新加坡	78.2%	77.8%	73.1%	$\chi^2(df=2)=34.83, p<0.001$
英国英格兰	75.8%	70.6%	63.3%	$\chi^2(df=2)=1801.21, p<0.001$

表 2-12 "我告诉学生要听我讲话"中"经常"或"总是"的百分比

国家或地区	5 年及以下教龄	6—10 年教龄	10 年以上教龄	组间差异
中国上海	57.2%	52.2%	52.4%	$\chi^2(df=2)=43.85, p<0.001$
芬兰	71.8%	70.8%	60.8%	$\chi^2(df=2)=176.91, p<0.001$
新加坡	78.7%	76.5%	71.0%	$\chi^2(df=2)=68.48, p<0.001$
英国英格兰	77.4%	70.2%	65.8%	$\chi^2(df=2)=1463.46, p<0.001$

表 2-13 "我让破坏纪律的学生安静下来"中"经常"或"总是"的百分比

国家或地区	5年及以下教龄	6—10年教龄	10年以上教龄	组间差异
中国上海	62.2%	57.4%	52.5%	$\chi^2(df=2)=177.96, p<0.001$
芬兰	64.4%	64.0%	57.2%	$\chi^2(df=2)=73.26, p<0.001$
新加坡	71.5%	65.9%	57.5%	$\chi^2(df=2)=172.92, p<0.001$
英国英格兰	72.7%	69.5%	55.9%	$\chi^2(df=2)=3625.11, p<0.001$

表 2-14 "课堂开始时,我告诉学生迅速安静下来"中"经常"或"总是"的百分比

国家或地区	5年及以下教龄	6—10年教龄	10年以上教龄	组间差异
中国上海	69.6%	65.5%	61.0%	$\chi^2(df=2)=150.87, p<0.001$
芬兰	67.6%	66.3%	61.8%	$\chi^2(df=2)=42.93, p<0.001$
新加坡	84.0%	80.2%	72.3%	$\chi^2(df=2)=166.99, p<0.001$
英国英格兰	82.7%	79.7%	71.2%	$\chi^2(df=2)=2004.85, p<0.001$

表 2-15 不同发展阶段教师课堂管理指数的差异

教龄		中国上海 (显著性)	芬兰 (显著性)	新加坡 (显著性)	英国英格兰 (显著性)
5年及以下	6—10年	0.002	0.034	0.071	0.000
	10年以上	0.000	0.000	0.000	0.000
6—10年	5年及以下	0.002	0.034	0.071	0.000
	10年以上	0.000	0.000	0.000	0.000
10年以上	5年及以下	0.000	0.000	0.000	0.000
	6—10年	0.000	0.000	0.000	0.000

表 2-16 不同发展阶段教师课堂管理指数的均值分布

教龄	中国上海	芬兰	新加坡	英国英格兰
5年及以下	11.26	11.31	11.19	11.41
6—10年	11.13	11.18	11.08	11.15
10年以上	10.93	10.89	10.87	11.02

首先,差异分析后发现,在维持课堂纪律的各项策略采用上,处于不同专业成

长阶段的中国上海教师、芬兰教师、新加坡教师和英国英格兰教师组间均存在显著差异[F(2，145506)＝1041.41，$p<0.001$]。

其次，从表2－16可知，各国或地区中5年及以下教龄的教师在课上采用各项维持课堂秩序和纪律的教学策略的强度均显著高于其他两个教龄段的教师。这在一定程度上反映了处于角色适应期的新教师比其他教师群体面对的课堂纪律问题要多，在课上要投入更多的时间维持纪律。

最后，从各发展阶段教师在课上采用四项课堂管理的教学策略中"经常"或"总是"的百分比看(见表2－11至表2－14)，5年及以下教龄的教师与10年以上教龄的教师在相关策略采用的频率上差异较大。TALIS 2018调查报告显示，在诸多国家或地区，5年及以下教龄的教师会比6—10年教龄的经验教师更有可能被分配到具有挑战的学校，如郊区学校、班级中超过15.0％的学生是社会经济背景处于劣势的学生。

3. 认知激发(cognitive activation)

TALIS 2018调查询问了教师在所教班级使用相关促进学生认知参与和深度学习的各项教学策略的频率。认知激发策略包括给学生布置没有明确解法的任务、给学生布置需要批判性思考的任务、让学生以小组合作的形式共同解决问题或完成任务、要求学生决定自己解决复杂问题的步骤四项教学实践。TALIS 2018调查根据教师对上述四项相关教学策略使用频率的回答合成了"认知激发"指数。该指数均值越大，则表示教师所教学生的认知参与度水平越高，所采用的相关策略的强度越高。

首先，对上述四个国家或地区学生认知激发指数进行均值的差异分析后发现，在促进学生认知参与的各项策略采用上，处于不同专业成长阶段的中国上海教师、芬兰教师、新加坡教师和英国英格兰教师组间均存在显著差异[F(2，145569)＝32.18，$p<0.001$]。进一步差异分析后发现，在中国上海、芬兰和新加坡，5年及以下教龄的教师在采用学生认知激发策略上的强度与6—10年教龄的教师无显著差异(见表2－21)，但与10年以上教龄的教师相比存在显著差异。

其次，各国或地区不同专业成长阶段教师在采用认知激发策略上的倾向性并不一致。在中国上海和新加坡，教龄相对越长、教学经验越丰富的教师，越能在课堂上频繁地采用学生认知激发策略。但在芬兰，5年及以下教龄的教师，其认知激发策略指数显著高于10年以上教龄的教师。在英国英格兰，6—10年教龄的教师在学生认知激发策略的使用强度上显著高于其他两类教师群体。这表明,与教学清晰度和课堂管理的相关教学策略不同,教学经验越丰富的教师并不一定会更多地采用促进学生认知参与的教学策略。鼓励和培养教师积极采用学生认知激发策略,提升学生深度学习和课堂认知参与水平是处于各专业成长阶段教师共同面临的问题及挑战。

最后,结合构成学生认知激发指数的各分项教学实践的频率看,新加坡教师在"给学生布置没有明确解法的任务""要求学生决定自己解决复杂问题的步骤"等策略的采用强度上,处于三个发展阶段的教师均无显著差异;芬兰教师在"给学生布置需要批判性思考的任务"和"让学生以小组合作的形式共同解决问题或完成任务"等策略的采用强度上,处于三个发展阶段的教师也均无显著差异。对中国上海教师而言,10年以上教龄的教师在上述四项教学实践的频率上均显著高于其他两类教师群体。

表2-17 "我给学生布置没有明确解法的任务"中"经常"或"总是"的百分比

国家或地区	5年及以下教龄	6—10年教龄	10年以上教龄	组间差异
中国上海	37.8%	41.4%	45.7%	$\chi^2(df=2)=124.79, p<0.001$
芬兰	38.2%	37.4%	32.7%	$\chi^2(df=2)=40.92, p<0.001$
新加坡	36.3%	35.1%	34.6%	$\chi^2(df=2)=2.611, p=0.271$
英国英格兰	29.4%	36.7%	34.1%	$\chi^2(df=2)=408.99, p<0.001$

表2-18 "我给学生布置需要批判性思考的任务"中"经常"或"总是"的百分比

国家或地区	5年及以下教龄	6—10年教龄	10年以上教龄	组间差异
中国上海	51.4%	48.5%	54.8%	$\chi^2(df=2)=71.61, p<0.001$
芬兰	39.3%	38.0%	36.4%	$\chi^2(df=2)=8.43, p=0.015$
新加坡	52.5%	53.3%	55.7%	$\chi^2(df=2)=9.16, p=0.010$
英国英格兰	67.0%	66.8%	68.0%	$\chi^2(df=2)=20.34, p<0.001$

表2-19 "我让学生以小组合作的形式共同解决问题或完成任务"中"经常"或"总是"的百分比

国家或地区	5年及以下教龄	6—10年教龄	10年以上教龄	组间差异
中国上海	66.5%	67.9%	71.4%	$\chi^2(df=2)=61.95, p<0.001$
芬兰	44.2%	43.1%	41.5%	$\chi^2(df=2)=7.07, p=0.029$

（续表）

国家或地区	5年及以下教龄	6—10年教龄	10年以上教龄	组间差异
新加坡	42.6%	40.9%	48.7%	$\chi^2(\mathrm{df}=2)=52.92$，$p<0.001$
英国英格兰	53.5%	54.9%	48.4%	$\chi^2(\mathrm{df}=2)=494.27$，$p<0.001$

表2-20 "我要求学生决定自己解决复杂问题的步骤"中"经常"或"总是"的百分比

国家或地区	5年及以下教龄	6—10年教龄	10年以上教龄	组间差异
中国上海	63.8%	65.1%	68.9%	$\chi^2(\mathrm{df}=2)=64.79$，$p<0.001$
芬兰	28.2%	23.1%	26.7%	$\chi^2(\mathrm{df}=2)=21.16$，$p<0.001$
新加坡	35.1%	35.3%	37.6%	$\chi^2(\mathrm{df}=2)=6.76$，$p=0.030$
英国英格兰	43.8%	47.8%	41.4%	$\chi^2(\mathrm{df}=2)=377.45$，$p<0.001$

表2-21 不同发展阶段教师认知激发指数的差异

教龄		中国上海（显著性）	芬兰（显著性）	新加坡（显著性）	英国英格兰（显著性）
5年及以下	6—10年	1.000	0.370	0.964	0.000
	10年以上	0.000	0.006	0.000	0.690
6—10年	5年及以下	1.000	0.370	0.964	0.000
	10年以上	0.000	0.675	0.001	0.690
10年以上	5年及以下	0.000	0.006	0.000	0.690
	6—10年	0.000	0.675	0.001	0.000

表2-22 不同发展阶段教师认知激发指数的均值分布

教龄	中国上海	芬兰	新加坡	英国英格兰
5年及以下	9.74	10.04	9.79	9.90
6—10年	9.75	9.96	9.86	10.01
10年以上	10.02	9.90	10.07	9.92

中国上海、芬兰、新加坡和英国英格兰处于不同发展阶段教师在专业表现上的差异如图2-1至图2-4所示。

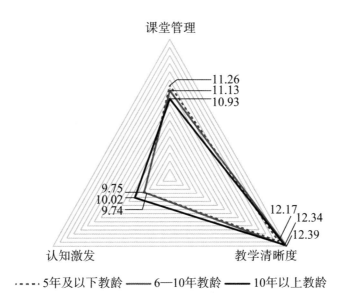

图2-1　中国上海处于不同发展阶段教师的专业表现

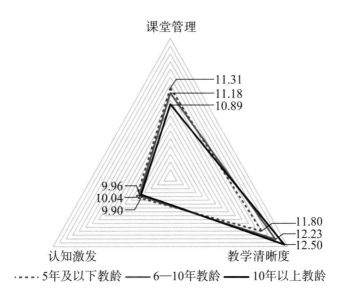

图2-2　芬兰处于不同发展阶段教师的专业表现

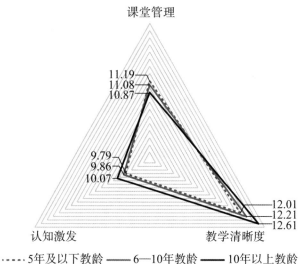

图2-3 新加坡处于不同发展阶段教师的专业表现

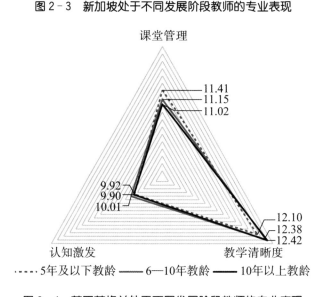

图2-4 英国英格兰处于不同发展阶段教师的专业表现

综上所述,从总体看,上述四个国家或地区处于三个不同专业成长阶段的教师群体在教学清晰度、课堂管理和认知激发指数上均存在组间差异。这表明,从整体看,三类教师群体在三类教学实践运用的强度上存在差异。然而,各国或地区不同教师群体间的差异类型各有不同。

第一,5年及以下教龄的教师在采用课堂管理策略的强度上均显著高于6—10年教龄的教师和10年以上教龄的教师。可见,教龄越短、教学经验越少的教师,就越会在课堂管理上投入较多的时间和精力。

第二，10 年以上教龄的教师在采用教学清晰度策略的强度上均显著高于 5 年及以下教龄的教师和 6—10 年教龄的教师（中国上海除外）。5 年及以下教龄的教师则在该策略的使用强度上弱于其他两个发展阶段的教师。可见，教学经验越丰富的教师，越倾向频繁地采用促进教学清晰的策略。

第三，在认知激发的教学策略方面，三类教师群体间虽然存在差异，但群体间两两比较后发现，不同国家或地区的差异类型各有不同，没有形成特定的类型。对同属东亚文化圈的中国上海和新加坡而言，10 年以上教龄的教师比 5 年及以下教龄的教师和 6—10 年教龄的教师更频繁地采用认知激发的教学策略，但 5 年及以下教龄的教师和 6—10 年教龄的教师在该策略的使用强度上没有显著差异。芬兰的情况则完全不同，5 年及以下教龄的教师在该类教学策略的使用强度上显著高于 10 年以上教龄的教师，但与 6—10 年教龄的教师相比没有显著差异。这表明，教学经验并不一定是影响教师采用认知激发策略的重要因素。处于不同发展阶段的教师都有可能在认知激发的教学策略上存在不足。

4. 教师自我效能（teacher's self-efficacy）

教师自我效能反映的是教师对能否完成教学工作的自信程度。当下的教师教育和教育绩效研究越来越关注教师的自我效能感，并把它看作是教育系统重要的产出之一。诸多研究发现，教师的自我效能与教师的教学实践、教学质量及其工作满意度显著相关。[①] TALIS 2018 调查结合教师各项专业实践进一步询问了教师在课堂管理、学生参与、教学和多元文化背景下的教学四方面的自信水平，并根据教师的回答（"完全不能""一定程度上能""比较能""非常能"）合成了"教师自我效能"指数。该指数的均值越大，则表示教师对完成该领域的工作或实践的自信水平越高。

通过比较四个国家或地区处于不同发展阶段教师的自我效能感水平后发现以下几点规律。

第一，在中国上海，处于不同专业成长阶段的教师在课堂管理、教学、学生参与和多元文化背景下的教学四项专业实践上的自我效能感水平差异均显著。除了多元文化背景下的教学外，教学经验越丰富的教师对上述专业实践活动的信心越强。

---

① Holzberger D, Philipp A, Kunter M. How teachers' self-efficacy is related to instructional quality：A longitudinal analysis[J]. Journal of Educational Psychology，2013(3)：774 – 786.

与其他国家或地区比较,中国上海处于不同专业成长阶段的三类教师群体在上述四项专业实践上的自我效能感水平差异相对最大。

第二,经比较后发现,芬兰处于不同专业成长阶段的三类教师群体在上述四项专业实践上的自我效能感水平差异相对最小。其中,在教学和学生参与的自我效能感上,6—10年教龄的教师与10年以上教龄的教师没有显著差异($p=0.055$);在多元文化背景下的教学上,5年及以下教龄的与10年以上教龄的教师也没有显著差异($p=0.166$)。

第三,英国三类教师群体的自我效能感水平间的差异与其他三个国家或地区有所不同。在英国,6—10年教龄的教师在课堂管理和学生参与上的自信心均强于5年及以下教龄的教师($p<0.001$)和10年以上教龄的教师($p<0.001$),在教学上的自信心强于5年及以下教龄的教师,与10年以上教龄的教师无显著差异。

第四,在多元文化背景下的教学上,5年及以下教龄的教师的自我效能感水平显著高于6—10年教龄的教师(中国上海、芬兰、英国英格兰)($p<0.001$)或10年以上教龄的教师(中国上海、新加坡和英国英格兰)($p<0.001$)。

中国上海、芬兰、新加坡和英国英格兰不同发展阶段教师的自我效能感水平分布如图2-5至图2-8所示。

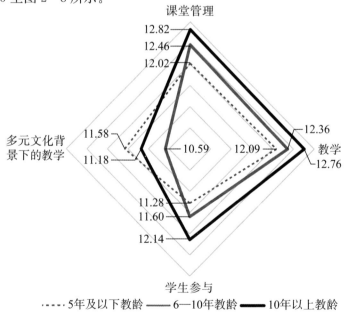

图2-5 中国上海教师的自我效能感水平

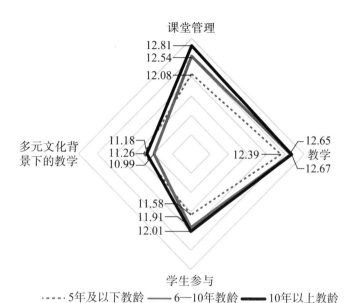

图 2-6 芬兰教师的自我效能感水平

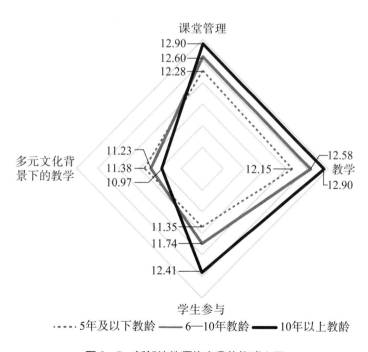

图 2-7 新加坡教师的自我效能感水平

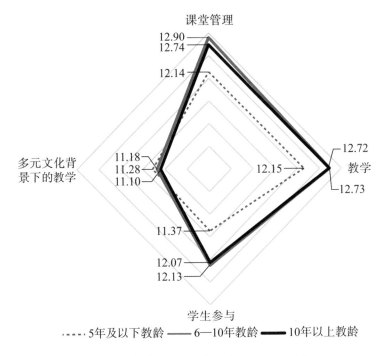

图 2-8 英国英格兰教师的自我效能感水平

综上所述,上述四个国家或地区在课堂管理、教学、学生参与和多元文化背景下的教学等专业实践活动的自我效能感水平上,处于三个不同发展阶段的教师间存在显著差异。但芬兰教师群体间在各项上的差异相对较小,中国上海教师群体间的差异相对较大。除多元文化背景下的教学之外,在其余三项专业实践活动的自我效能感水平上,5 年及以下教龄的教师显著弱于另外两个发展阶段的教师。

(二) 不同发展阶段教师专业成长现状

本研究比较的四个国家或地区不同发展阶段教师专业成长现状是指 OECD 组织实施的 TALIS 所采用的"专业发展"的定义,是教师发展个人的知识、技能、专长等专业特征的活动。

1. 不同专业成长阶段教师在专业发展时间上投入的差异

TALIS 2018 调查询问了教师一周之中在各项具体工作上花费的时间,其中有关对教师专业发展时间上的询问包括正式或正规的教师教育或培训(正式学习)、同伴学习或合作的非正式学习、个人规划或校内外备课的个人自主学习三种专业学习方式。

第一,不同专业成长阶段教师参加专业发展活动的机会相对均衡。对各阶段教师参加专业发展活动的时间均值进行差异分析和两两比较后发现:在中国上海,三个专业成长阶段的教师群体间不存在显著差异;在新加坡,5年及以下教龄的教师和6—10年教龄的教师不存在显著差异,10年以上教龄的教师每周用于参加专业发展活动的时间最多,为1.99小时;在芬兰和英国英格兰,三类教师群体间组间差异显著,但从均值水平看,差距也并不大。这说明,卓越教育体系下师资队伍获得正式或正规的教师教育或培训的机会是均衡的。

第二,10年以上教龄的教师具有更多的合作学习机会。TALIS调查发现,合作学习是教师认为最有效的专业发展形式。教师间的合作学习大多以团队学习、集体研讨、交流、课堂观摩等同伴学习的方式在本校开展。然而,合作学习的机会并不是分配均等的。对处于不同专业成长阶段的三类教师群体间进行差异分析后发现,10年以上教龄的教师在合作学习上的投入时间均显著高于5年及以下教龄的教师,并且10年以上教龄的教师在合作学习上的时间均高于本地均值水平。这表明,10年以上教龄的教师有更多合作学习的机会。

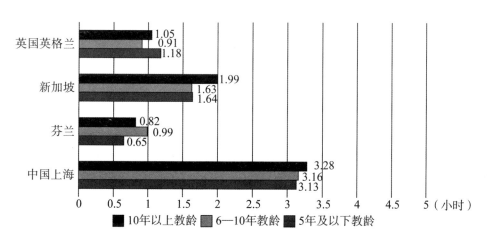

图2-9 中国上海、芬兰、新加坡、英国英格兰不同发展阶段

教师每周参加专业发展活动的时间

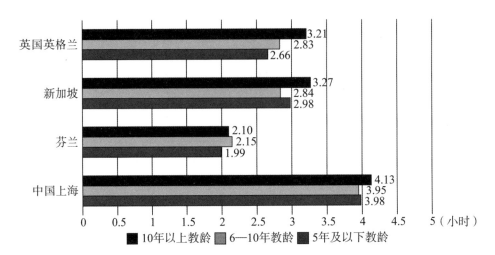

图 2 - 10　中国上海、芬兰、新加坡、英国英格兰不同发展阶段教师每周
与本校同事合作交流的时间

　　第三,5 年及以下教龄的教师投入了更多的个人学习时间,主要用于备课和个人规划。对处于不同专业成长阶段的三类教师群体间进行差异分析后发现,除了新加坡外,其余三地的 5 年及以下教龄的教师用于个人规划和校内备课的时间均显著高于 6—10 年教龄的教师和 10 年以上教龄的教师。

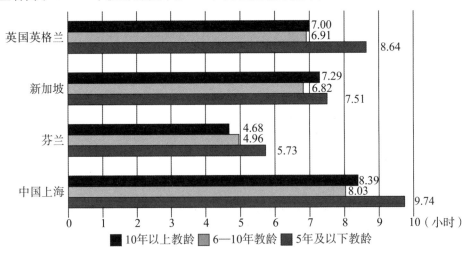

图 2 - 11　中国上海、芬兰、新加坡、英国英格兰不同发展阶段教师每周
个人规划或校内备课的时间

　　2. 不同专业成长阶段教师参与专业发展活动类型上的差异

　　在 TALIS 2018 调查中,专业发展活动分为正式活动(会议、工作坊、专业资格课

程)和非正式活动(专业发展的社交网络、校内的同事合作)。教师参加专业发展活动的多样性和形式的丰富性有助于确立教师专业身份和地位。在 TALIS 2018 调查中的若干专业发展活动中,根据学习形式可分为两大类:第一,注重知识和技能展示及培训的课程、研讨会、资格课程等;第二,注重协作、观摩和共同体学习的体验式、参与式学习。

本研究利用 TALIS 2018 相关数据对四个国家或地区处于不同专业成长阶段教师在最近 12 个月内参加过的专业发展活动的形式进行比较后发现有以下几点规律。

第一,在专业发展活动的形式上,不同专业阶段教师群体间差异不大。从处于不同专业成长阶段的各教师群体看,教师参加比例最多的前三项专业发展活动总体是一致的。以中国上海为例,对 5 年及以下教龄的教师而言,参加比例最高的前三项专业发展活动依次是在线课程/研习(92.4%)、学校正式安排的教师间或自我观课和指导(91.7%)、教师和/或研究人员展示研究成果或讨论教育问题的教育会议(88.9%)。对 6—10 年教龄的教师和 10 年以上教龄的教师而言,参加比例最高的前三项专业发展活动也与 5 年及以下教龄的教师一致。这一特征同样适用于芬兰、新加坡和英国英格兰。这说明在专业发展活动的形式上,各国或地区教育体系上没有差异化的设计和配置。

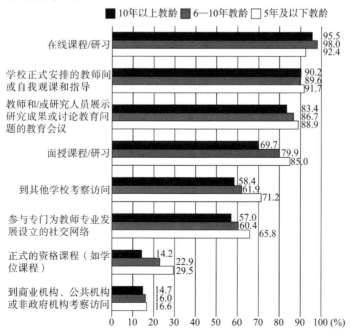

图 2-12　中国上海不同发展阶段教师参加各项专业发展活动的比例

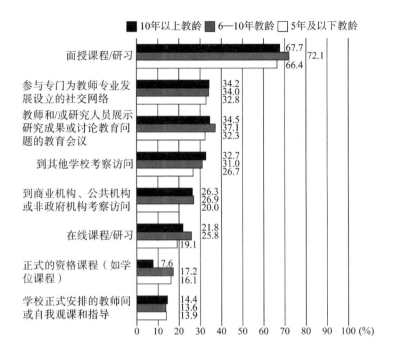

图 2-13　芬兰不同发展阶段教师参加各项专业发展活动的比例

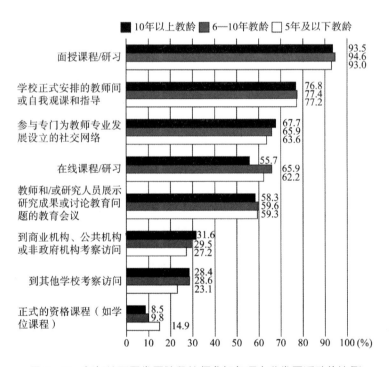

图 2-14　新加坡不同发展阶段教师参加各项专业发展活动的比例

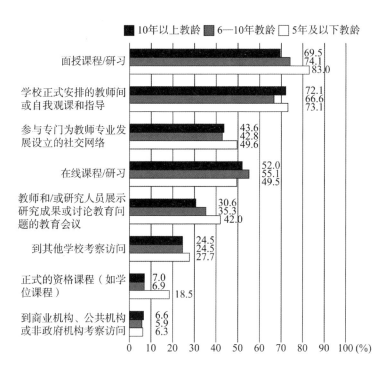

图 2 - 15　英国英格兰不同发展阶段教师参加各项专业发展活动的比例

第二，对四个国家或地区之间的差异进行比较后发现，在英国英格兰和中国上海，总体上看，5 年及以下教龄、处于角色适应期的教师在各类专业发展活动的参与上均高于其他两个专业成长阶段的教师。新加坡教师的特点是，三类教师在参与各项专业发展活动上的比例差异较小，说明机会更加均等。

第三，上述四个国家或地区在教师专业发展支持体系上的差异性明显。芬兰不同专业成长阶段教师在各项专业发展活动上的参与比例均低于其他三国或地区，这反映了芬兰特有的教师教育体制和教师专业发展路径。在芬兰，教师作为专业，与医生的专业身份是一致的。教师是对自身专业发展的负责人，专业发展是自发的和自己主导的。因此，由国家或地方政府主导和安排的具有制度性的专业发展活动很少。相比而言，在同属东亚文化圈的中国上海和新加坡，政府主导和政策驱动的专业发展支持体系保障了大部分教师参加专业发展活动的机会。所以，中国上海和新加坡教师在各类专业发展活动上的参与比例要比芬兰和英国英格兰高。

3. 不同专业成长阶段教师专业学习内容上的差异

TALIS 2018 调查询问了教师在最近 12 个月内参加过的专业发展活动中是否涵盖了 14 个主题。调查结果发现,四个国家或地区不同专业成长阶段教师在专业发展活动的内容上各具特点。

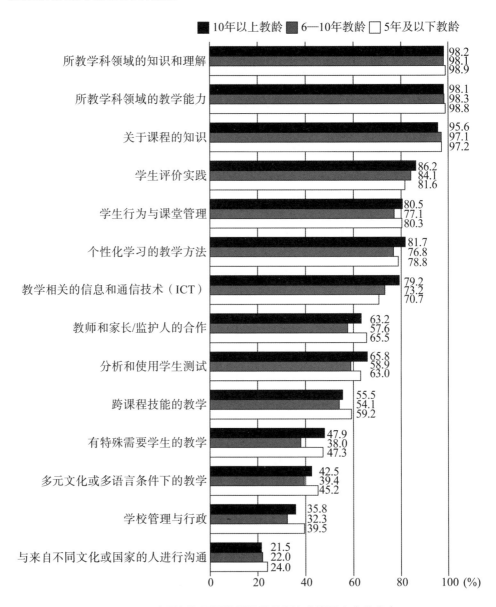

图 2-16　中国上海不同发展阶段教师专业学习内容的分布

中国上海教师的专业学习内容与不同专业成长阶段教师在专业表现上的差异不匹配。从专业发展活动内容的涵盖看,三类处于不同专业成长阶段的教师没有出现差异化的教育或培训机会。每类教师群体学习最多(前三项)和最少(后三项)的专业发展内容都是一致的,最多的专业学习内容分别为所教学科领域的知识和理解、所教学科领域的教学能力、关于课程的知识,最少的专业学习内容分别为多元文化或多语言条件下的教学、学校管理与行政、与来自不同文化或国家的人进行沟通。实际上,从不同专业成长阶段教师专业表现上的差异而言,5 年及以下教龄的教师在学生评价、信息技术的运用和学生认知参与的激发等教学专业实践上均弱于 6—10 年教龄的教师或 10 年以上教龄的教师,但在专业发展活动的参与上,他们学习到的内容并没有体现和支持不同专业成长阶段教师在专业表现上的差异。

芬兰不同专业成长阶段教师在专业学习内容上具有一定程度的差异。在芬兰,5 年及以下教龄的教师通过参加专业发展活动,学到最多的内容是所教学科领域的知识和理解、关于课程的知识、教育相关的信息和通信技术(ICT);6—10 年教龄的教师和 10 年以上教龄的教师学到最多的内容依次是所教学科领域的知识和理解、关于课程的知识、学生评价实践。然而,在 14 项专业学习内容上,5 年及以下教龄的教师与 10 年以上教龄的教师学习过的比例差距最大且超过 10.0% 的依次是关于课程的知识(11.0%)、学生评价实践(10.7%)。教龄越长的教师,越注重提升所教学科知识、课程知识和学生评价能力。中国上海 5 年及以下教龄的教师与 10 年以上教龄的教师在上述 14 项专业学习内容上的比例差距均在 5.0% 以内,教学相关的信息和通信技术除外(8.5%)。这说明,与芬兰相比,中国上海三类教师群体在专业学习内容上的差异不大。

新加坡针对三类不同专业成长阶段教师群体的专业学习内容同质化水平更高,6—10 年教龄的教师在大多数学习内容上学习过的比例低于其他两类教师群体。首先,对新加坡处于三个不同专业成长阶段的教师而言,在最近 12 个月内学习过"所教学科领域的知识和理解""所教学科领域的教学能力""学生评价实践"上的比例组间不存在显著差异。同时,上述三项是新加坡三类教师群体学习过最多的三项专业知识内容。这表明,在新加坡教育体系中,每个专业成长阶段的教师在教师知识和技能的学习机会上是均等的。其次,新加坡面临的挑战是,6—10 年教

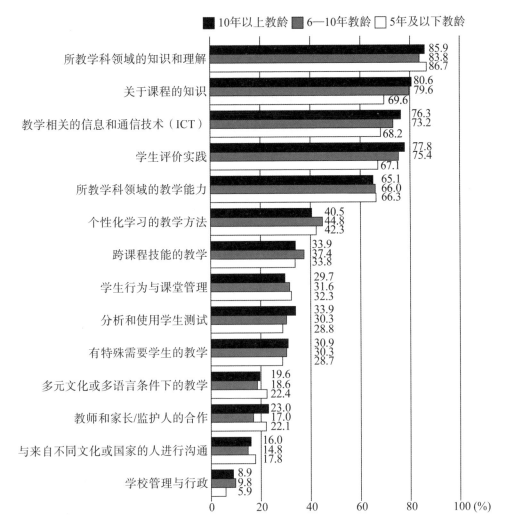

图 2-17　芬兰不同发展阶段教师专业学习内容的分布

龄的教师在各项专业学习内容上学习过的比例均低于 10 年以上教龄的教师(14 项专业学习内容)或 5 年及以下教龄的教师(教学相关的信息和通信技术、学校管理与行政、有特殊需要学生的教学除外)。

英国英格兰教师的教龄越大,不同专业内容知识的学习机会越少。在 TALIS 2018 询问教师在最近 12 个月学习过的 14 项专业学习内容上,表示学习过的教师占比从高到低依次为 5 年及以下教龄的教师、6—10 年教龄的教师和 10 年以上教龄的教师。这表明,随着教龄的增长,教师在不同专业内容知识上的学习比例呈下降趋势。教师作为终身学习的专业,专业学习应伴随教师个体整个生涯发展阶段,

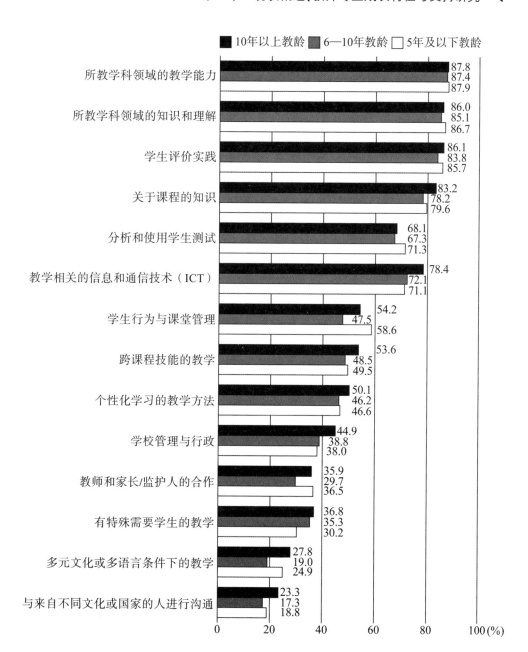

图 2 - 18 新加坡不同发展阶段教师专业学习内容的分布

学习各种专业内容知识的机会应均衡分布且差异化地支持不同专业成长阶段的教师。但值得关注的是,英国各专业成长阶段教师报告学习过最多的专业内容是学生评价实践,79.4%的5年及以下教龄的教师在最近12个月学习过该类主题,6—10年教龄的教师为71.5%,10年以上教龄的教师为70.0%。这说明,英国教师教

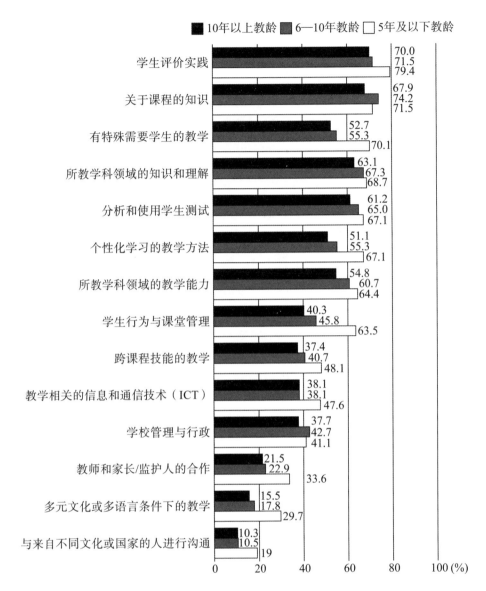

图 2-19 英国英格兰不同发展阶段教师专业学习内容的分布

育体系非常重视教师的评价能力。

综上所述,本研究中所选取的四个卓越教育体系在给予不同专业成长阶段教师学习不同专业内容主题上的机会是各具特色的。中国上海的优势在于与其他国家或地区相比,不同专业成长阶段的教师在各项主题学习的参与度上均相对最高,因为相对完善的教师教育与培训制度保障了教师队伍总体上高频率地参加各种内容的专业学习。但不足之处是三类教师群体在学习内容上差异化不够,没有体现不同专业发展阶段教师在专业表现中的差异和特征。相对而言,芬兰处于不同专业发展阶段的教师在学习专业内容知识上的比例体现了一定程度的差异化。新加坡的优势是在对教师培养最重视的领域(所教学科领域的知识和理解、所教学科领域的教学能力和学生评价实践),不同专业成长阶段的教师的学习机会均等,不存在显著差异,但短板是6—10年教龄的教师在学习过大多数主题内容上的比例低于其他两类教师群体。中国上海也存在上述问题,但群体间的差距没有新加坡明显。

此外,通过比较后发现,上述四个国家或地区的教师教育体系在师资队伍培养上所重视的教师专业知识是各有不同的。第一,中国上海对学生评价实践的重视不足。在芬兰和英国英格兰,学生评价实践是处于不同专业成长阶段教师学习过最多的前三项专业内容知识。第二,芬兰非常重视教师运用信息化教学能力的培养,三类教师群体学习过最多的前三项中均包括教学相关的信息和通信技术。第三,英国英格兰教师教育体系最重视教师的评价能力。学生评价实践、分析和使用学生测试都是该体系教师在最近12个月学习过最多的前三项主题之一。第四,除了英国英格兰外,其他三个教育体系还面临一个共同存在的问题:5年及以下教龄的教师在学习信息技术融入教学的机会上弱于6—10年教龄的教师和10年以上教龄的教师;处于不同专业成长阶段的教师在"经常"或"总是"让学生使用信息技术完成项目学习或作业上的比例存在显著差异,并且10年以上教龄的教师频繁使用该策略的比例高于其他两类教师群体。这说明,需要进一步加强对5年及以下教龄的教师进行有针对性的信息技术教学能力的培训。

4. 不同专业成长阶段教师专业发展需求上的差异

针对上述询问过教师最近12个月学习过的专业内容主题,TALIS 2018调查还特别询问了教师对上述专业学习内容上的需求程度(1=暂无需要,2=略有需要,3=较有需要,4=非常需要)。教师的回答能反映教育体系提供的专业发展活动在多大程度上满足了不同专业成长阶段教师的实际需求。

中国上海各专业成长阶段教师专业发展需求不同,专业发展活动还不能充分满足发展需求。首先,从教师表示亟待学习的专业内容看,学生评价实践和个性化学习的教学方法是各个专业成长阶段教师表达"较有需要"或"非常需要"比例最高的前三项内容之一,这说明各专业成长阶段的教师对自身评价能力的重视。但该类主题并不是中国上海教师通过专业发展活动能学习到的最多的三项主题之一。其次,对三类教师群体间进行比较后发现,5年及以下教龄的教师表示最需要发展的专业内容还有学生行为与课堂管理,这与该专业成长阶段教师在专业表现上的特征有关;6—10年教龄的教师开始关注促进学生个性化学习的教学方法,这说明该类教师群体认识到差异化教学的重要性;10年以上教龄的教师则关注自身教育信息技术能力的提升。10年以上教龄的教师获得信息化教学能力的培训机会相对较多,这也在一定程度上表明了对该类教师群体的教育信息化培训效果转化到了课堂实践中。

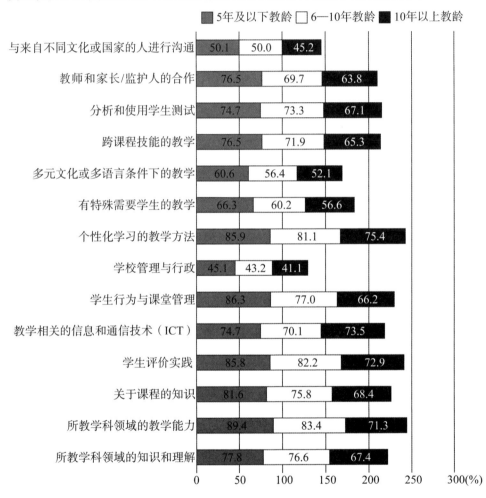

图2-20　中国上海不同发展阶段教师专业成长需求

芬兰不同专业成长阶段教师通过参加专业发展活动学习到的内容能满足其专业需求。根据前一部分的数据发现,在芬兰,教学相关的信息和通信技术(ITC)、学生评价实践是不同专业成长阶段教师通过参加专业发展活动能学习到的比例较高的内容之一,而上述两项主题内容也是各专业成长阶段教师表示在专业上"较有需要"或"非常需要"发展的前三项主题内容之一。可见,芬兰教师专业发展支持体系在教师专业发展活动内容的提供上可以满足不同专业成长阶段的专业发展需求。其次,值得关注的是,芬兰10年以上教龄的教师在对信息化教学能力的提升上表达了较高的需求,该比例比5年及以下教龄的教师和6—10年教龄的教师分别高出了19.6%和14.7%。在其他专业主题的选项上,10年以上教龄的教师报告有需要的比例均低于5年及以下教龄的教师和6—10年教龄的教师(与来自不同文化或国家的人进行沟通除外)。

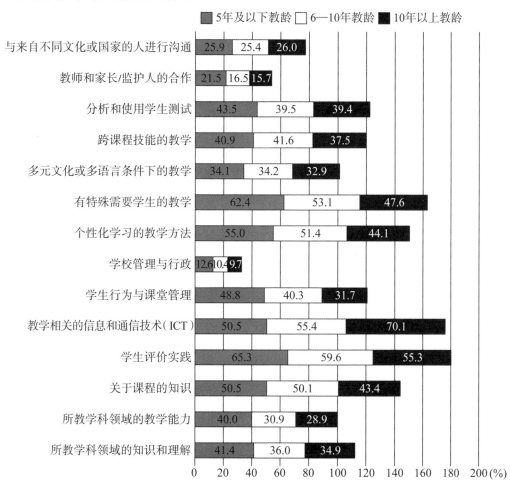

图2-21 芬兰不同发展阶段教师专业成长需求

新加坡不同专业成长阶段教师专业发展需求趋同,体现全球化和信息化时代对教师的新要求。从新加坡各专业成长阶段教师对14项主题内容学习的需求水平看,跨课程技能的教学、学生评价实践均是各专业成长阶段教师表示专业发展需求水平最高的前三项专业学习内容之一。这说明,新加坡教师的共识是亟待提升适应教育教学改革的能力,在课堂教学中落实对学生非认知技能(横贯能力或可迁移能力,如创造力、批判性思维等)的重视,以及开展适应性教学,运用数据对学生的学习情况进行诊断和分析的能力。但比对新加坡教育体系为教师专业学习提供的机会看,跨课程技能的教学并不是各专业成长阶段教师报告参加最多的前三项专业发展活动主题之一。

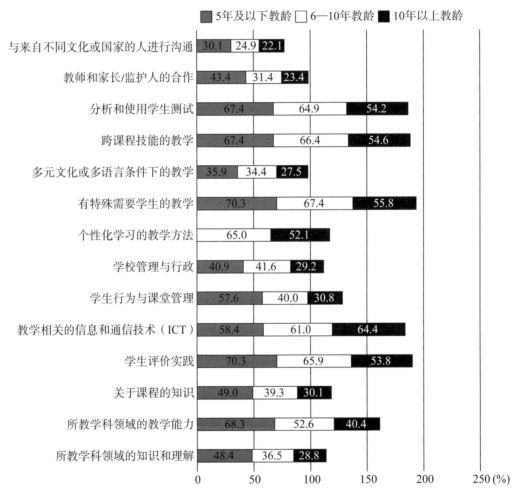

图 2-22　新加坡不同发展阶段教师专业成长需求

英国英格兰各专业成长阶段教师在各项学习内容主题上的专业需求趋同,但与其他国家或地区相比,教师队伍整体专业发展需求水平不足。对英国英格兰5

年及以下教龄的教师而言,有特殊需要学生的教学(45.5%)、跨课程技能的教学(44.5%)和个性化学习的教学方法(37.2%)是"较为需要"或"非常需要"提升的前三项专题内容;对6—10年教龄的教师而言,"有特殊需要学生的教学"(36.3%)、跨课程技能的教学(34.6%)和个性化学习的教学方法(30.6%)也是"较为需要"或"非常需要"提升的前三项专题内容;对10年以上教龄的教师而言,除了有特殊需要学生的教学(33.0%)和跨课程技能的教学(29.2%)外,教学有关的信息和通信技术(35.5%)也是该类教师群体选择比例最高的前三项亟待发展的专业领域之一。可见,三类教师群体中均未出现半数及以上教师集中表示对某领域有较高的专业发展需求。

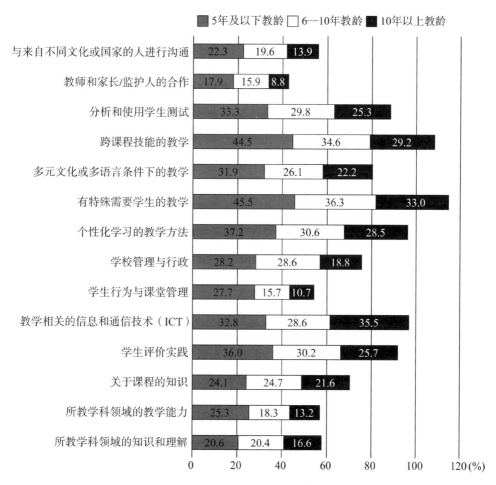

图 2 - 23　英国英格兰不同发展阶段教师专业成长需求

综上所述,各专业成长阶段的教师在专业发展上所表达的诉求能集中体现本国或地区教育体系最优先考虑和发展的教师专业能力,以适应教育教学的改革和发展。纵观四个国家或地区5年及以下教龄的教师、6—10年教龄的教师和10年以上教龄的教师在TALIS调查中的14项专业发展主题内容上的需求水平,有如下特点。

第一,需要提升专业成熟期教师的专业发展需求水平。在教师被问及的14项专业发展主题上,除了教学有关的信息和通信技术外,10年以上教龄的教师在各项上表达"较为需要"或"非常需要"的比例均低于5年及以下教龄的教师或6—10年教龄的教师。教师作为终身学习的专业,各国或地区共同面临的挑战是不断激发教师保持对专业学习的开放和热情。

第二,存在教师专业发展活动内容与教师专业发展需求不匹配的现象。教师作为教育改革的践行者,已感受到在全球化和信息化浪潮席卷下教育教学变革的迫切性。从上述国家或地区不同专业成长阶段教师所表达的亟待需要加强的专业学习内容看,教师评价能力包括学生问题的诊断和分析、学生评价实践,教师跨课程的教学能力和适应性教学能力(个性化学习的教学方法)等已成为芬兰、新加坡和英国英格兰各专业成长阶段教师认为最需要学习和提升的前三项专业学习内容之一。然而,对比各国或地区教育体系给教师提供的专业发展学习的内容看,目前传统的所教学科领域的知识和理解、所教学科领域的教学能力和关于课程的知识仍然是各专业成长阶段教师通过参加专业发展活动学习到过的最多的前三项专业主题内容,如中国上海。在芬兰和英国英格兰,教学相关的信息和通信技术、学生评价实践等已成为本地最主要的三项专业发展学习内容之一。这表明,我们应考虑进一步加快调整教师专业发展支持体系,尤其是通过专业发展活动向教师输出的知识和技能结构,满足教师与时俱进的专业发展需求。

第三,主要从知识论的角度洞察教师专业发展过程中机会的公平性,亟待构建促进教师专业发展机会差异化均衡发展的教师专业知识培养体系。纵观上述四个国家或地区的教师通过参加专业发展活动学习到的专业知识和相应的专业发展需求,5年及以下教龄的教师、6—10年教龄的教师和10年以上教龄的教师在知识和技能提升支持上的差异化不明显,各专业成长阶段的教师在专业学习的内容结构上趋同,没有体现他们在专业实践表现中的差异。但芬兰教育体系不同专业成长阶段教师在专业学习的内容上具有一定程度的差异，值得借鉴和学习。均衡化是另一个重要衡量教师专业发展机会公平的指标。以新加坡教育体系为例，对三个不同专业成长阶段的教师而言，所教学科领域的知识和理解、所教学科领域的教学能力、学生评价实践是新加坡在教师职后培养中最重视的专业知识和能力，而本研究通过数据分析发现处于三个不同专业成长阶段的教师在学习上述三项专业主题内容的机会是均等的。理想中的教师专业支持体系应既能体现如芬兰教育体系在教师专业支持上凸显不同专业成长阶段教师特征的知识和技能输出，又能如新加坡体系那样在最核心的专业能力培养上，各专业成长阶段的教师均有公平的专业发展机会。

5. 不同专业成长阶段教师专业发展障碍上的差异

TALIS 2018 询问了教师对职后教师专业发展中 7 种障碍性因素的认同程度（1＝非常不同意，2＝不同意，3＝同意，4＝非常同意）。根据数据分析后发现，专业发展和工作时间相冲突是各专业成长阶段教师均认为最制约其参加专业发展的因素。从上述四个国家或地区不同专业成长阶段教师对专业发展障碍上的认同度看，有以下几点特点。

第一，6—10 年教龄的教师对各项障碍性因素的认同度（"同意"或"非常同意"的比例）高于 5 年及以下教龄的教师和 10 年以上教龄的教师。除了芬兰外，其他三国或地区 6—10 年教龄的教师表达了比其他两类教师更多的专业发展障碍。其中，中国上海和新加坡该类教师报告"专业发展和工作时间冲突""要承担家庭责任，没有时间""没有参加专业发展活动的激励措施"是最频繁提及的前三项阻碍因素。因此，教师专业发展体系应通过具体措施和政策的制定，给处于生涯发展中间段的教师提供差别化的支持。

第二，亟待提升教师在专业发展中的自主性和主体性地位。中国上海和新加坡都属于在制度上对各类专业成长阶段教师参加专业发展活动提供保障的教育体系。从总体看，两地教师参加专业发展活动的频率和参与度均高于其他国家或地区。但"没有参加专业发展活动的激励措施"仍然是中国上海和新加坡各专业成长阶段教师认同的阻碍其专业发展的因素。这说明，尽管中国上海和新加坡各专业成长阶段教师专业发展活动的参与度都高于 OECD 均值，但仍然需要激发他们参加专业发展活动的内部驱动力，完成从"要我学"到"我要学"的转变，真正实现教师专业的自主性。

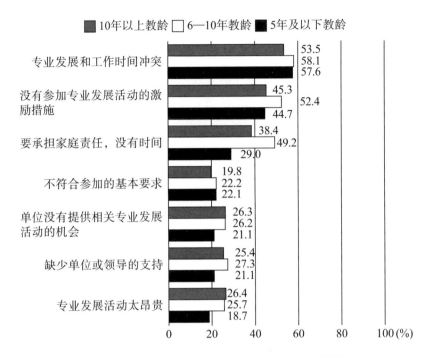

图2-24 中国上海不同发展阶段教师专业成长障碍

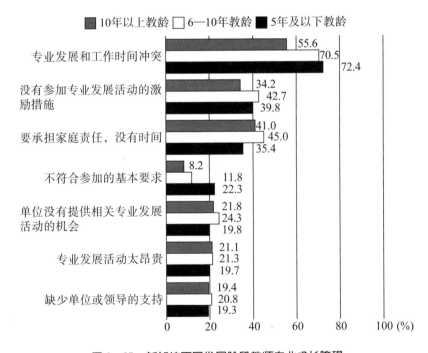

图2-25 新加坡不同发展阶段教师专业成长障碍

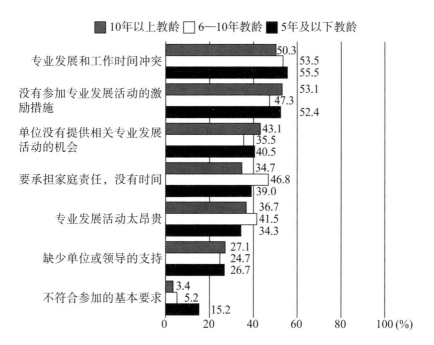

图2-26　芬兰不同发展阶段教师专业成长障碍

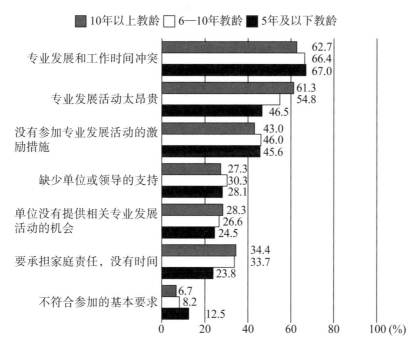

图2-27　英国英格兰不同发展阶段教师专业成长障碍

第三,从国际视野和制度差异来理解阻碍教师专业发展的各类因素。通过比较发现,中国上海和新加坡在支持教师专业发展上具有制度性优势。中国上海和新加坡各专业成长阶段的教师在认同专业发展活动太昂贵上的比例低于芬兰和英国英格兰。由于制度上的差异,并不是每个国家或地区的教师都能得到政府和系统的支持,免费享有专业发展的机会。例如,在芬兰,教师专业是高度自主的,持续学习和提升是教师个体的事情。此外,在英国英格兰,经济性因素是各专业成长阶段教师集中反映的障碍之一,尤其是 10 年以上教龄的教师。其中,61.3% 的专业成熟期教师认同参加专业发展活动太昂贵,而 5 年及以下教龄的教师的该项比例为 46.5%,两类群体间差异较大。

二、教师成长支持体系特色——以英国英格兰、芬兰、新加坡和中国上海为例

通过前面的分析和论述,在本研究所选取的四个国家或地区中,不同专业成长阶段的教师在专业表现、专业发展投入、专业发展活动形式、专业学习内容、专业成长需求及专业成长障碍上均呈现出不同程度的差异性。从总体看,中国上海对各专业成长阶段教师的支持均衡度较高,教师专业发展的参与性也较高,但突出的问题是不同专业成长阶段教师在专业学习内容、专业发展活动形式、专业成长需求及专业成长障碍上趋同性较强,需要在均衡的基础上促进各类教师群体的差异化发展,以实现教师专业发展机会的高位均衡。对比其他三个国家或地区对不同专业成长阶段教师的支持看,新加坡的优势和特色是专业支持的时代性特征明显,以及制度保障了各类教师群体专业发展机会的均衡。各阶段教师能学习到符合当下教育教学改革转型的知识和技能,例如,教学相关的信息和通信技术、学生评价实践等。芬兰的特色是教师专业发展高度自主化,各阶段教师参加制度化安排的专业发展活动的比例总体偏低,但通过参加专业发展活动学习到的内容具有差异性,能反映出不同成长阶段教师在专业知识和技能需求上的差异化。此外,芬兰三类教师群体间在专业实践(教学清晰度、课堂管理和认知激发)上的自我效能感趋同,差异较小。这表明,不同专业成长阶段的芬兰教师都对自己的专业能力充满自信,这与芬兰教师专业文化有密切关联。相比之下,英国英格兰需要提升各阶段教师参加专业发展的积极性,尤其是在经济方面给予 10 年以上教龄的教师支持。

基于上述四个国家或地区不同专业成长阶段教师在专业表现和专业发展上的差异和不足,通过对英国英格兰、芬兰和新加坡教师专业发展支持体系特征及发展进行分析,以发掘中国上海可借鉴和学习的制度性经验及有效实践。

(一) 英国英格兰:专业标准引领

1. 英格兰教师专业发展标准价值与功能的变迁

(1) 从知识到技能:英格兰教师专业标准的初步发展

经历 20 世纪 60 年代的基础教育规模扩张后,英国教师队伍的质量难以适应基础教育的需求。到 20 世纪 80 年代,英国英格兰的教育与科学部发布了《教学质量》和《把学校办得更好》两份白皮书,指出约有五分之一的中学教师的教学能力不足以承担时下的教学任务。教师质量问题俨然成为英格兰基础教育改革最大的问题。20 世纪 80 年代末期,英格兰教育与科学部先后出台《合格教师身份》和《教育(教师)条例》,规定只有符合教师任教资格标准,并取得合格教师身份者,才能到公立中小学任教,奠定了英格兰以专业标准为引领的教师专业发展制度。

此后,英格兰教育部门不断修改和提高合格教师的标准。1991 年,《21 世纪的教育与训练》启动了教师"国家职业资格";1992 年,《选择与多元化:学校教育的新框架》指出,"优秀必须成为每一所学校的关键词";1997 年,新工党进一步细化教师的执教资格标准;2002 年,英国教育标准办公室和英国师资培训署共同签发的《英国合格教师专业标准与教师职前培训要求》强调将"追求卓越"作为提升教师质量的目标。

(2) 从合格到进阶:英格兰教师专业标准的有序发展

2006 年,英格兰学校培训与发展司发布新的《合格教师资格标准》,重新修订了 2002 标准中的 3 个一级指标(专业理念与实践、专业知识与理解、专业技能),下面还分设了 16 个二级指标和 33 个三级指标。在此基础上,英格兰学校培训与发展司还提出对教师质量要求更高的初级教师、中级教师、优秀教师和高级教师的专业标准。2010 年,英格兰教育部发布《教学的重要性》,批判时下英国教师专业标准冗长、模糊的状况。为此,英国教育部委托专家小组,对《合格教师资格标准》进行了完善,并且修改了初级教师、中级教师、优秀教师和高级教师的资格标准。2011 年 12 月 12 日,英格兰教育部正式出台了更高层次教师——即大师级教师标准。①

大师级教师应该是学校中最有经验、教学表现最优秀的教师,他们在达到一系列严格的标准之后,可以直接晋升为"大师级",不必论资排辈,获得定级后,工资和其他待遇也会相应提高。大师级教师标准的制定建立在已有的合格教师标准基础

---

① 高鹏,杨兆山.2012 年英国教师标准研究[J].外国教育研究,2014(1):112-120.

上,对大师级教师特点进行描述,主要涉及知识、课堂表现、成果、环境、专业背景等方面内容。[①]

从英格兰教师标准的演变中可以发现,大师级教师标准是对高水平教师能力的展现,它强调情境性,更富有弹性和空间,而合格教师标准则是对所有教师设置的底线要求。大师级教师标准强调了卓越教师与普通教师不同的特点在于对教育教学安排的创造性,对学生学业水平和能力水平的判断力,布置作业和差异性学习活动的智慧,掌握评价原理、以评促教和以评促学的能力,创设良好学习氛围和学习环境的能力,与同事之间合作、交流、共建的开放态度,具有同情心并关注每一个不同社会背景学生的公平理念,超专业性的教育意识等维度。

（3）从指导到支持:英格兰教师专业标准的赋能发展

在大师级教师标准推行的同时,英格兰政府还颁布了《教师标准》草案。这部草案与以往的专业标准不同,它更加强调对教师的指导,帮助教师提升教学能力,建构卓越发展的要素框架。[②] 此时,教师专业标准被明确赋予了遴选、诊断和评价之外的指导功能。

到2016年,英格兰教育部进一步完善教师专业标准的指导价值,制定并颁布了以促进教师发展为宗旨的《教师专业发展标准》及其应用指南,在以外力指导教师发展的基础上,构建帮助教师形成内外结合推动发展的支架。该文件提出有效教师专业发展的三要素:教师、校长及学校管理团队,以及促进教师发展的专业支持提供者。三大主体在推动教师专业标准落实的过程中,需遵循以下基本原则:教师专业发展的落脚点在于改善学生的学习;教师专业发展要基于有力的证据和专业指导;教师专业发展应包括同伴的合作和专家的考验;教师专业发展项目应具有长期的可持续性;教师专业发展必须作为学校领导力发展的优先内容。

2. 英格兰专业标准赋能教师发展的多主体推动模式

英格兰教育部委托的专家小组研究发现,在教学实践中卓越教师往往已经展现出对职业生涯的规划和对自身能力的认知,而这些规划与认知通常是其在职后参与的培训、进修等活动中产生的或感悟的。此时,考察多种主体基于专业标准的要求,优化在职培养模式对教师专业发展起到关键作用,而且教师的在职培养形式与内容也体现出从一名合格教师成长为卓越教师、优秀教师、大师级教师所需的能

① 曾鸣.英国《杰出教师标准》述评[J].外国教育研究,2013(2):57-63.
② 崔秀兰,姜君.英国教师专业标准评价指标及价值取向的变迁[J].黑龙江高教研究,2019(4):63-69.

力内容和评价要素。

其一,长短结合、灵活多样的教师在职培养形式。英格兰教师在职培训可分为全日制的脱产进修、非全日制的半脱产进修和非脱产进修。英格兰对脱产进修一直控制很严,规定只有具备 5 年以上教龄的教师才可以申请,而能获得批准的仅占申请者总数的三分之一。英格兰各地方教育当局和学校鼓励教师参加非全日制的半脱产进修,尤其是非脱产进修,并积极为之创造条件。因而,非脱产进修一直是英格兰教师在职专业发展的主要途径。非脱产进修培养的形式灵活多样,如课程学习、课程编制、学科会议、专业讲座、研讨会、示范观摩课、展览活动、参观活动等。这种培养模式下的课程有一年以上的长期课程、一学期的中期课程,甚至还有几天的短期课程。长期课程可分为学术类课程和证书类课程,通常与改善教师自身的学术地位、提高骨干教师的教育科研能力有关,而中期课程与短期课程则通常与中小学实际需求密切相关,因而也最受教师欢迎。

其二,高等教育机构占据英格兰中小学教师在职培养机构的主阵地。在英格兰,对中小学教师提供在职培养的机构主要包括大学、高等教育学院、多科技术学院、开放大学、教师中心、教师专业团体、教育与科学部、地方教育当局等。高校一般都办有在职教师培养的相关专业和中小学各学科业余进修班,也提供在职进修的学位课程(如教育学士、硕士或博士学位课程)和各种证书课程(如特殊教育证书、计算机能力证书、教育方法证书、评价教师质量证书)。在职教师培养的相关专业一般招收有 5 年以上教学经验的教师,进修一年,考核合格者可获得高一级学位或高级证书。业余进修班招收中小学教师,经 2—3 年的专业进修,考核合格者可获得相应的学位或证书。业余进修班还提供短期进修课程,但学完这种课程后不能得到学位或证书。高等教育学院一般都设有在职教师培养课程,比如,既有旨在提供学历的学位课程,也有旨在满足各种特殊需要的证书课程。另外,开放大学对入学者的学历没有严格要求,学生可以根据自己的学历或经验来选学课程,累计满一定学分后可以得到相应的学位,同时学的内容又与中小学有一定的联系,所以颇受欢迎。

其三,教师中心是英格兰培训在职教师的重要基地。英格兰每个地区都办有设备齐全的教师中心,负责本地区中小学各科教师的进修工作。教师中心从当地教师的实际需要出发,采取灵活多样的培训方式,主要进修活动有:(1)根据当地学校教师的需要,组织各种针对性强、有实效的短期课程,聘请专家任教,也吸收有关学科的教师参加;(2)利用教师中心的校舍、设备,由地方教育当局办短期业余培训班,主要是组织教师学习教育政策法令和规章制度;(3)组织督学在督导巡视过程中发现好典型、好经验,并介绍、推广、交流和讨论;(4)组织教师研究课程设计,选定教材或编写补充教材;(5)出版商在教师中心举办书展,请教师选评;(6)各学科团体不定期地举办学术交流活动,鼓励本学科教师积极参加;(7)为教师进修提供信息资料和教学设备。

其四,地方教育当局和中小学校长重视并承担教师在职培训的组织及领导。英格兰教师在职进修方面,中央、地方和学校三级都负有组织及领导的责任。英格兰教育部通过调查报告和其他文件,对全国的在职教师进修予以评价,并经常对进修工作提出一些指导性意见。地方教育当局和督学直接组织及领导本地区教师的在职进修,主要工作有:(1)同教师中心领导和学校领导商定在职教师进修计划;(2)组织安排教师的脱产进修,审批并处理教师脱产进修的申请;(3)深入学校检查和评价教师工作,针对已发现的教师薄弱问题制定相应的培养对策;(4)安排和审批在职教师培养的经费,为提高教师培养质量创造条件;(5)组织运用新教学手段的培训;(6)根据教育部要求为每个教师建立精确的专业发展档案。此外,中小学校长也非常重视教师专业发展工作,主要包括:(1)建立导师制度,聘请高级教师任导师,负责培养职初教师和青年教师;(2)制订教学计划,确定课程设置,安排检查教师工作并在教学实践中培养教师;(3)请有经验的教师进行教学示范;(4)开设讲座,请校外学者、专家讲学,扩大教师的知识面;(5)与学生家长加强联系,了解教师在家校合作方面的情况;(6)对专业发展热情高、教学水平提高快的教师,通过考核评定来提高其工资水平和相关待遇,鼓励教师积极向上;(7)为教师专业发展提供图书资料、发展平台等。

3. 对我国教师专业成长支持体系建设的启示

其一,提升教师专业标准指导性,为教师各阶段的成长与培养提供可借鉴的依据。与我国一样,英国英格兰的教师专业标准是一种国家标准,是教师专业水平的象征,更具有教师队伍建设顶层设计的战略性意义。教师专业标准的设立在一定程度上指引着教师各阶段的职业发展目标和自我实现的追求方向。目前,我国教育部在不断完善与修订幼儿园、小学和中学的教师专业标准,但目前标准中的指标较多,指标的内容阐述也相对复杂,需进一步深化解读,以案例、课例等形式将指标内容具象化,才能使其更好地落地生根,真正引领教师的专业实践。另外,英国英格兰不同类型的教师专业标准也体现出明显的分层差异,为不同发展阶段的教师提供明确的专业提升方向。

例如,以教学评价维度为例,对于合格教师资格认证时,只要求教师能通过学生评价,改善教学计划;在教学过程中,及时向学生反馈;鉴别学生需求,并满足学生需求;记录学生的学业表现和学习进步,帮助学生制定发展规划;向家长、监护人和其他相关人员汇报学生的进步情况。对大师级教师而言,必须能精心计划和组织学生的评价形式;了解全校、全国、全球的学生评价基准和评价报告;深刻理解并精通相关学生成绩评定系统和测验理论;将学生表现变化与学生评价相结合,鼓励学生保持进步。

其二,加强教师专业标准实践性,将有效教师专业发展的终极目标聚焦于学生的学习成果改进上。英格兰教师专业标准始终将"学生的理解""学生的进步""学生的发展"作为核心内容,教师发展是为了更好地促进学生的发展,它为我们提供了一个"以学生为中心"的教师专业发展体系示范。例如,英格兰体育专业发展委员会在培训教师时,将"所有教师通过体育惠及于青少年发展"作为体育教师专业发展的首要目标。①

其三,促进教师专业发展相关主体之间的相互信任,形成教师专业发展指导与支持的合力。英格兰在 2016 年颁布的《教师专业发展标准》中明确提出对教师专业发展提供者的评价指标,例如,学校领导者要优先考虑教师的专业发展,支持教师的专业发展愿望,提供专业发展的时间和资源,培养教师的专业信任感等。这些要求也同时关联在英格兰的《校长专业资格》中,是校长专业资格认定的重要内容之一。除了加强校长或学校管理者与教师之间的专业信任外,各类教师专业发展提供者之间也需要加强合作,并与教师形成互信的关系,在教师专业发展过程中担负好相应的职责,形成高效教师专业发展合力。例如,学校与所在学区要成为教师专业发展的决策者和领导者,理解教师专业发展能满足教师的个性化需求;学校管理者和教师都要参与专业发展活动,并且确定具体的发展目标;教师个人在专业发展互动中也要体现主体性,对专业发展活动具有主动权,及时反思,并且能与其他同事有效互动。②

(二)芬兰:专业自主驱动

自 2000 年成为由 OECD 组织的 PISA 测试中得分最高的国家以来,世界各国

---

① Armour K M, Duncombe R. Teachers' continuing professional development in primary physical education: Lessons from present and past to inform the future[J]. Physical Education and Sport Pedagogy, 2004(1):3 – 21.

② Earley P, Porritt V. Effective practices in continuing professional development: Lessons from schools[D]. London: University of London, 2009.

的研究人员纷纷来到芬兰,研究所谓的"芬兰奇迹"。在 20 世纪 80 年代教育体系尚还平庸的国家,如何在短短几十年时间里跃居全球前列?调查研究表明,芬兰教育体系中最重要的要素是拥有卓越的教师和领导者。

1. 芬兰教师专业文化及培养制度的优势

其一,教师享受很高的社会地位。教育一直是芬兰文化和社会中不可分割的一部分。目前,芬兰教师在社会上享有很高的尊重和信任。芬兰人把教师视为一种德高望重、非物质利益所驱使的职业。卓越的教师队伍也是芬兰在阅读、科学和数学方面领先于国际的主要原因。一直到 20 世纪 60 年代,芬兰的教育水平仍然相当低:只有十分之一的芬兰成年人完成了 9 年以上的基础教育,获得大学学位的只有少数人。今天,芬兰社会承认教师的价值,并信任教师在学校中的专业判断。芬兰若没有卓越的教师,其目前取得的国际成功将无法实现。芬兰的教育系统并非通过外部的标准化学生测试来提高学校绩效,也没有对学校和教师实施严格的检查制度。芬兰教育系统仰仗于教师的职业精通水平,教育主管部门和学校之间相互信任,学校高度信任教师,没有监督问责制。

其二,招聘最好的教师。定期对高中毕业生进行调查的结果显示,在芬兰,年轻人认为教师一直是最受尊敬的职业。在芬兰,想要成为一名小学教师,要经历非常激烈的竞争过程。每年春天,数千名高中毕业生向芬兰大学的教师教育系提交申请。通常来说,仅仅完成高中学业并通过严格的入学考试是不够的。合格的教师候选人不仅要有优异的成绩和出色的人际交往技巧,还要对学校的教学和工作有深刻的承诺。在芬兰各类教师教育体系中,将从两万多名申请者中选拔出约五千名教师。首先,根据考生的入学考试成绩、高中成绩和校外相关成绩进行筛选。在第二阶段,考生完成关于指定的教育学书籍的笔试,参与临床实践活动,在模拟学校进行社交。最优秀的候选人才能参加面试并说明想要成为教师的原因,这些能力很强的候选人会在政府资助下完成严格的教师教育项目。

薪资并不是芬兰年轻人想成为教师的主要原因。教师的收入与全国平均工资水平非常接近,通常相当于 OECD 国家中级职业教师、中学教师的年收入,约为4.1 万美元。芬兰人选择成为教师的原因之中,比工资更重要的因素是较高的社会声望、学校赋予教师的专业自主权,以及为社会和公共利益服务的精神内涵。因此,芬兰年轻人将教师视为一种终身事业,就如同其他依靠大学学习获得科学知识和技能的职业。

其三,充分的教师专业准备。芬兰小学、初中和高中教师必须持有硕士学位,幼儿园教师必须持有学士学位。在芬兰，没有其他方法可以获得教师文凭，大学学位是唯一的教师资格证。小学教师的专业是教育，而高年级教师的学习集中在特定的科目上，如数学和教学论，包括该科目特有的教学内容知识。教师教育是基于研究、实践和反思的结合，这意味着它必须有科学知识的支持，并侧重研究时所使用的思维过程和认知技能。除了学习教育理论、内容和特定学科的教育学外，每个学生还要完成一篇与教育实践相关的硕士论文。顺利完成教师的硕士学位（包括学士学位）一般需要五到七年半时间，具体视学习领域而定。

其四，注重学科内容和教学法。基础扎实且广泛的教师教育课程能确保芬兰的新预备教师在理论与实践方面都拥有均衡的知识和技能。这也说明未来的芬兰教师要从几个角度对教育有深刻的专业见解，包括教育心理学和社会学、课程论、学生评价、特殊教育和选定学科领域的教学内容知识。芬兰八所提供师范教育的大学都有自己的教学规划和课程，为了保证连续性，这些规划和课程在全国范围内进行协调，但也要根据当地特点精心设计校本课程，以便合理使用大学所在地的本土资源。科任教师要在一门主要学科和一到两门辅修学科上取得硕士学位。然后，师范生向大学的教师教育系提出申请，以学习针对其重点学科的教学法。在芬兰的大学中，以学科为中心的教学法和研究是前沿的，合作和基于问题的学习、反思性实践和计算机支持的教育策略是普遍的。奖励高效且具有创造性的教学实践的芬兰高等教育评价体系已成为这些研究发展的重要推动力。

其五，理论、研究和实践相结合。芬兰教师教育以研究为中心，故教育理论、研究方法和实践都在职前教育中发挥着重要作用。芬兰教师教育课程旨在创建一条系统的学习途径，从教育思想的基础到教育研究方法论，再到教育科学的更高级领域。因此，每个学生都建立了对教育实践的系统性理解。芬兰学生还会学习如何设计、实施和呈现有关教育的实践或理论方面的原创研究的技能。

芬兰教师教育的另一个要素是学校的实践培训，这是职前教育课程的一个关键组成部分，与研究和理论相结合。在五年的课程中，师范生从基础教学实践到高级教学实践，再到最终实习。在每个阶段，师范生将由有经验的教师听课，由监督教师观察教学，向不同的学生群体提供独立的课程，同时由监督教师和教师教育系的教授及讲师进行评价。教学实践大部分是在由大学管理的教师培训学校内完成的，这些学校的课程和做法与普通公立学校相似。一些师范生还会在指定的正规公立学校进行实习。教学实践的学校对教师的专业要求较高，监督教师必须证明他们有能力与实习教师一起工作。教师培训学校还应与大学的教师教育系合作，有时也与具有教师教育职能的学术机构合作,共同从事研究和发展工作。因此,这些培训学校可以向实习教师介绍样课和特殊课程的设计。此外,这些学校也有许多在教师专业发展和评价策略方面表现优异的教师。正因为教师教育如此强大,所以芬兰的教师一被分配到学校就已做好了进行教学工作的准备。

2. 芬兰教师专业成长支持体系的特色

其一,教师是终身学习的践行者。在芬兰,只有最优秀、最聪明、最立志从教的人才有能力实现成为教师的职业梦想。芬兰教师早在入职之前就已意识到教师是终身学习者,并使自己的教学不断趋于完善。每一位教师都把教师当成终身事业,并且主动地投身于精进教学和专业发展中。芬兰教学的一个典型特征是对教师和校长作为专业人员的高度信任,另一个特点就是鼓励教师和学生尝试新的想法和方法,让学校成为一个富有创造力和启发性的教学场所。① 芬兰的学校为教师营造值得相互依赖的安全的学习氛围,学校中的每一个人都在为自我提升而付出不懈的努力。

其二,以研究为基础、实践为导向的专业发展培养体系。芬兰小学、初中和高中教师必须持有硕士学位,这要求他们在学习教育理论和特定学科的教育学之外,还要完成一篇与教育实践相关的硕士论文。正因如此,芬兰新教师就已经具备丰富的实践经验和进行教育研究的能力,这让他们在未来的职业成长中都能主动发现并解决问题。同时,拥有硕士学位的芬兰教师有权继续参加研究生的学习,以促进其专业发展。许多教师利用这个机会在教育领域攻读博士学位,而且这些教师通常仍同时在学校授课。芬兰中小学教师在职培训的有效实施,离不开政府和教育部门对教师在职培训机构、培训项目等各环节的细则化和规范化,力图使教师在在职培训过程中将理论与实践相融合,更好地促进教师专业能力的发展。②

其三,全社会、全方位的专业发展支持体系。首先,社会民众给予教师基于信任和尊重的情感支持。在芬兰,教师是一种德高望重的职业,教师的目标并非为了追名逐利,而是拥有极其高尚的道德观念,以服务社会为己任,提高学生的知识与技能,从而使学生能享受美好的人生。其次,全社会普遍将教师看作和医生一样的专业人员,芬兰教师拥有极高的专业发展自主权。芬兰教师在拥有专业自治的同

① Sahlberg P. The fourth way of Finland[J]. Journal of Educational Change,2011(2):173-185.

② 王钰巧,方征.从 TALIS(2013)解密芬兰教师教育一体化的经验与启示[J].外国中小学教育,2016(5):44-48.

时,也相应要求他们具备一定的判断力。选择教材、决定教学进度、制定考核标准等内容,都需要教师自己决定。① 并且,芬兰政府为各个学校提供充足且公平的财政资金支持,具体的使用由学校根据学校特点和教师需要来分配。

其四,自省自律、宽松灵活的专业发展评价体系。与其他教育体系不同的是,芬兰并非通过极具威胁力、易让人产生压迫感的外部标准化的测试来提高学校绩效,也没有对学校和教师实施严格的考评制度。芬兰的教育体系是灵活的专业问责制,这种制度考验着教师广博的学识,以及为学生和社会奉献的专业自觉,而不是以考试为基础的问责制。芬兰的教育部门认为应该由课程、教学和学习来促进教师在学校的实践,而不是通过考试。芬兰充分信任教师的自律性和专业自主性,课堂评价和基于学校的评价是教师专业发展的重要组成部分。

3. 对我国教师专业成长支持体系建设的启示

其一,加强"研究+实践"职前准备,提升各专业成长阶段教师的自我效能。根据前面的数据分析结果,对不同专业成长阶段的中国上海教师而言,教龄越长,其对专业实践的表现就越自信,自我效能感就越强。这反映了我国教师培养体系的"顽疾"之一:教师职前教育与教师实际工作和实践的脱钩。各专业成长阶段的芬兰教师在专业表现上的自我效能水平无显著差异。芬兰教师教育的目标是培养具有教育学思维的教师,他们能将教学研究成果与专业的实际挑战相结合。芬兰的经验表明,通过以研究为基础的学术型教师教育,能培养教师的课堂教学能力和专业协作能力,通过由专家导师指导下的教学实践,能使教师亲历课堂,有效运用在教师教育中习得的知识,理论结合实践,获得直接经验,真正提高教师的自信心和教学信念。重视提高教师教育的起点——职前教育的质量是促进我国教师自主性专业发展的明智策略。教师自身的高能力和充足的准备为教师的专业自主性创造了前提,使教师成为一种有价值的职业。

其二,赋予教师专业自主权,提高自主发展的责任意识。要创建专业自主驱动的教师专业发展的一个重要前提是为教师增权赋能,使教师作为一个专业人员享有基本的专业自主权。教师有权设计自己的课堂教学,根据自己的特点选择合适的专业发展活动。由于芬兰教师对课程开发、评价学生、改进教学方法负有重要责任,教学不是他们工作的唯一部分,许多重要的方面是在课堂之外自愿进行的。为教师赋予应有的专业自主权,就是为教师自主发展提供不竭的动力。

---

① 魏戈.教师教育一体化的芬兰经验[J].外国中小学教育,2019(1):44-51.

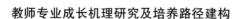

其三,外部评价与自我评价相结合,肯定教师的社会价值。过于偏重应试教育,容易出现与操纵测试结果相关的不道德做法和学校之间的不良竞争。过度单一的外部标准会埋没教师的个人潜力和独特魅力,弱化教师的职能,从而使培养出的学生也缺乏创造性。芬兰固然是很好的榜样,但是盲目地取消全部的考评制度太理想化,不符合中国实际。在中国,要适度地减少赘余的考评,教师工作去行政化,使教师有更多的时间进行自我反思。重视本校教师和校长的判断,提高教师行业的准入制度,相信教师做出的专业判断和对学生、同侪的评价。评判教师在学校的成长程度不能完全依据某一次考核的分数,更多的应是注重教师的个人专业成长和能力的提升。我国应在教育系统内逐步建立信任文化,肯定教师的社会价值。整个社会都认可教师是一种独立且受人尊敬的职业,这是教师自主地进行专业成长的保障。

（三）新加坡:多轨分类生涯发展

2003 年,新加坡学生在国际数学与科学趋势研究(Trends in International Nathematics and Scicence Study,简称 TIMSS)的国际测评中,数学和科学均名列世界第一,新加坡的教育体系因此受到国际关注。大约 90.0% 的新加坡学生在 TIMSS 测试中的得分高于国际平均水平。2009 年,当新加坡首次参加 PISA 测试时,新加坡学生在数学、科学和阅读方面的得分也接近榜首。这些成功是由于新加坡长期致力于发展高质量教育系统的成果,并且所有工作都获得教师和领导层的充分支持。

1. 基于不同生涯发展路径的教师专业成长支持体系

新加坡根据教师自身的意愿和相应的能力评价为他们提供三种职业发展轨道——教学发展轨道、领导层发展轨道和高级专家发展轨道(见图 2-28)。

教学发展轨道为致力于提高教学能力的教师提供专业成长机会,以培养大规模的优秀教师。在教学发展轨道中,教师发展层级为高级教师、指导教师、特级教师和主要特级教师。领导层发展轨道专注于为学校和教育部门培养领导与管理人才。选择领导层发展轨道,使具有领导潜质的教师经过一定的培训,可从教师晋升到科主任、部门主任、副校长、校长等,甚至有机会成为教育部提学司。高级专家发展轨道分为一级资深专家、二级资深专家、主导专家、高级专家和首席专家。不仅如此,若教师经过一定的专业成长,能达到或符合其他轨道、其他岗位的能力和标准,就有机会换职换岗,即三种职业发展轨道可以相互跨越,使得教师具有更加广阔、自由的职业发展空间。

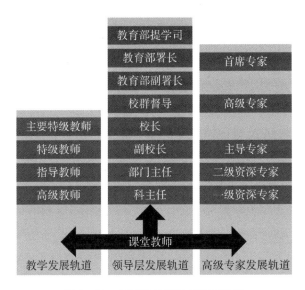

图 2-28　新加坡教师生涯发展轨道

（1）教学发展轨道

渴望在教学领域取得进步的人必须达到职位的认证标准。[①] 这些标准通过专业档案进行评估，其中包括一份关于担任更高职位的自我陈述，一份罗列本人符合每一认可标准的材料概要，以及用以证实材料的相关支持资料（如教案、演讲）。

认证标准建立在评价教师优质教学的标准之上（对学生全人发展所做出的贡献，即学生优质的学习、课外活动），并逐步在每个职业级别增加更广泛的标准。这些标准包括对学校、学校集群、地区和国家的贡献，协作和网络互通，以及对教师专业文化、思想氛围所做出的贡献。

（2）领导层发展轨道

领导层的能力高低是一个学校强大与否的关键因素，因此投入许多资源和关注来确定及培养学校的领导层。

校长候选人不仅要经过包括常务秘书、署长和教育部部长等高级管理人员的面试，还需参加为期两天的领导力场景实习。这是一项模拟测试，旨在评估他们的领导力和担任领导职务的准备情况。在选拔过程结束后，他们必须参加国立教育学院（National Institute of Education，简称 NIE）举办的为期 6 个月的领导人教育

---

① 祝怀新，刘晓楠.新加坡教师专业化发展保障制度评析[J].教师教育研究，2004（6）：
70-74.

计划(Leaders in Education Program,简称 LEP)。

LEP 是一项领导力执行计划,它使潜在的学校领导者在学校和其他行业中面临挑战性的领导力实践。参加者有机会访问其他国家,了解他国的教育体系和结构,以及他国正在致力于解决的各种教育问题。LEP 还有助于培养校长候选人的个人素质,使他们具备卓越的领导能力,并能满足学校管理的需要,以及与家长、校董会和公众进行有效的互动。在新加坡国立教育学院学习课程的同时,校长候选人也会接受有经验的校长的指导。此外,还为新校长提供有关学校治理、人力资源管理、财务管理和媒体管理的在职培训。

校长在学校的职位由教育部决定,并根据领导能力、学校的形象和需求与相应的学校进行匹配。教师和家长在校长的选择和分配上不起任何作用。

同教师一样,校长也使用增强式绩效管理系统(Enhanced Performance Management System,简称 EPMS)进行评价。将根据校长的表现和领导能力进行评价,并考虑了以下方面的过程和结果:学校的愿景,学校战略规划和管理,教职员工的发展和管理,以及资源和学校发展的管理;也将根据校长所在学校的整体绩效进行评价,包括学生的学业成绩和非学术领域的成就,如艺术和美学、身体健康和运动、社会和情感健康,以及学生的志气和领导力。对校长的评价将决定他们在领导级职业生涯道路上的晋升和发展。不履行职责的校长将获得咨询和指导,必要时将被重新部署任职。表现出很强的领导力和对未来的教育改革有思考规划的校长,将通过连续评价晋升到校群督导一级,甚至教育部的某个署长。

(3) 高级专家发展轨道

高级专家发展轨道的目标是培养教育部的核心高级教育人员,要求高级专业教育官要在各个领域,如教师发展课程、教学设计、教育方案和教育技术学等,都具有深厚的知识和技能。这些专家将获得继续深造(硕士学位和博士学位)的各项支持,并且他们以校群的形式工作,帮助指导各个学校的课程和评估、教育心理学以及教育研究和测量的政策与实践。

2. 新加坡教师专业成长支持体系的特色

新加坡教师专业成长支持体系充分体现出基于评价结果的导向。新加坡每年都使用 EPMS 系统对所有教师进行评价。教师们至少要和部门主任,也就是他们的直接上级,进行两次一对一的工作评价。最终评价由校长批核。评价的结果包括学生在课堂上的成绩,但由于国际性考试只发生在六年级和十年级,所以国际性考试成绩通常不是评价过程的一部分。

每年的教师评价与校长为每位教师设定的绩效奖金挂钩，同时也被用来确认有困难的教师是否需要额外的帮助或者可能被解雇（极少数），以及确认成功的教师是否有可能得到晋升。教师在三条职业道路上的晋升或发展时，会考虑他们在过去三年的表现评价。教师在三条职业道路上可以灵活地进行横向移动。

随着教师的晋升和选拔，他们可以通过教育部在 NIE 开设的免费课程进行学习。有时是在他们任职期间学习，有时则在他们公休假的时候学习。担任较高职务的教师，如部门主任或校长，最终会获得与其晋升职务及职称对应的较高薪资。如果达到教师事业的顶峰，他们就有机会晋升到与学校校长相当的职位等级，并获得相应的工资等级。同样，首席专家可以晋升到与署长一样高的职位等级。通过上述方式，新加坡旨在建立一个基于共同愿景的具有连贯性的系统，围绕国家的共同目标进行强有力的集中教师培训，以及不断发展教师的教育知识、技能和才能。

3. 对我国教师专业成长支持体系建设的启示

其一，充分尊重教师在专业发展中的意愿。我国教育政策的制定以自上而下为主要模式，这种集权制教育政策的制定模式有利于国家意志的执行，但在一定程度上忽视了基层教师的意愿，使得基层教师对教育政策的认同度不够，从而出现教育政策失真的情况。[1] 在我国的教师专业发展活动中，教师"被发展"是一个重要问题。教师"被发展"是指由于专业发展过程中主客观条件的限制，教师没有发挥积极主动性地进行主动发展，而是处于被动的地位。[2] 这种"被发展"降低了教师的职业认同感，使得教师更加容易产生职业倦怠和消极情绪，从而不利于我国教育事业的发展。我国教育管理人员需要对教师的兴趣、能力和个性特点进行充分调查，制定合适的职业发展轨道，并提供有针对性的专业发展培训。对此，我国教育部门可以针对教师开发职业生涯规划的培训课程，对教师开展职业生涯评估测试，帮助教师更加清晰地了解自己，找到适合自己的职业发展方向，最大化地实现其人生价值。

其二，激发和保障教师在专业发展中的主体地位，最大程度地实现人职匹配。新加坡为教师设置三条职业发展轨道，并针对各职业轨道的要求提供相应的专业

---

① 邓凡.更大的自由和主导权——新加坡新"教师成长模式"及其启示[J].全球教育展望，2012(9):72-76,26.

② 周思勇.表征:教师专业发展存在的问题[J].当代教育科学,2013(8):21-24.

发展支持。这给教师提供了更多发展机会,使得教师勇于发掘自己的潜能和兴趣所在,选择最适合自己的职业发展道路,促成人职匹配。此外,新加坡为教师提供多样化的培训模式、培训渠道和培训内容,给予教师一定的培训内容选择自主权,极大地提高了教师的培训和工作积极性。

其三,关注教师专业发展过程的"人本化"支持。从薪资待遇来看,新加坡的教师属于国家公务员性质,具有较高的社会地位,其工资与同等资格毕业生起薪相当或更高。教师可以获得许多专业发展和职级晋升的机会,工资也会随之增加。瓦尔基基金会 2013 年的报告显示,新加坡中小学教师的年平均工资高达 45,755 美金,甚至高于美国(44,917 美金)、日本(43,775 美金)、韩国(43,874 美金)、德国(42,254 美金)等世界发达国家教师的平均工资。[①] 此外,教师候选人在 NIE 接受培训期间,学杂费由教育部全额支付,同时还可获得月薪和年终奖金。

从培训资源来看,新加坡为教师打造良好的工作和学习环境。新加坡为每一位教师配备一台笔记本电脑,无线网络覆盖整个校园。图书馆和越来越多的教室都特意放置几组桌椅,每张圆桌配三到四把椅子,便于教师分享知识和开展合作。设置摆放沙发和椅子的舒适区,方便教师和校长进行小组活动。小组区通过天花板上的圆锥体达到隔音效果,因此,多个小组可以同时在这个区域开展活动。NIE 为师生提供全面的技术支持,例如,DVD、视频和电脑接口、离子投影屏幕等,墙壁都是能记录想法的白板。

从培训时间的安排来看,新加坡虽规定每一位教师每年必须参加 100 个小时的培训,但具体时间分配由教师自主决定,教师既可以分散使用,也可以在参加短期的课程进修时集中使用。若教师家中有 12 岁以下的子女,其工作时间也可较为灵活。此外,新加坡认为教师教育的初衷是促进教师的学习和交流,而不是成为"疲惫之师"。因此,新加坡教育部一般不在长假安排在职培训,保全教师的合法休息时间。做好教师教育的每一个细节是节省教师时间的有效方式。新加坡教师培训的课程信息手册标明了培训课程的详细信息,如课程代码、名称、内容简介、主讲人、课时安排、时间、地点、费用等;开课通知书则会附上开课点的电话、地址、传真、车况、是否布置茶点等,处处体现新加坡教师专业发展支持体系的人文主义关怀。

(四)中国上海:全员全程专业支持

近年来,由于在 PISA 测试中取得的优异成绩,教育改革与发展的"上海经验"

<hr />

① Darling-Hammond L, Wei R C, Andree A, et al. Professional learning in the learning profession [R]. Washington DC: National Staff Development Council,2009.

成为学界研究的热门领域,其中,上海的教师队伍建设更是成为世界各地争相学习的典范。① 总体而言,上海基础教育教师队伍建设突破了传统的教育观念,注重培养教师的专业能力,通过"全员、全程、全方位"的培训体系构建,"精确、精致、精细化"的教师培训课程体系建设,以及"更新、创新、手段新"的教师成长支持路径设计②,构建了高素质的教师队伍,形成了可复制、可持续的教师队伍建设和教师专业成长支持体系构建经验。梳理上海教师队伍建设的历史进程,总结和推广这一过程中的先进做法,不仅是对上海基础教育变革成绩的尊重,还是推动中小学教师专业成长有效支持体系构建的有效方式。

1. 上海基础教育教师队伍建设的支持体系

教师成长和培养的最终落脚点还是实践,上海践行以教师为中心的职后培养支持体系建设。上海市基础教育教师队伍建设在上海市教师专业发展工程领导小组的领导下,实现市级规划指导、区县统筹落实、学校为实施主体的三级联动制度,关注每位教师的发展,以教师需求为导向,为全员教师提供多层面、可选择、高质量的培训课程与学习机会。它以共享课程管理平台建设为抓手,实现了全市优质课程资源的共享。与此同时,充分发挥"互联网+"时代的优势,为全体教师搭建泛在学习的环境,推送个性化的学习内容,提供多种学习方式。

上海基础教育教师的培养体系还考虑处于不同发展阶段教师的实际需求,在"抓两端、带中间"的理念指导下,建立了面向初任教师的见习教师规范化培训制度,高起点、高标准地引领新教师入职;制订了面向中青年骨干教师的团队发展计划,唤醒中青年教师的专业自觉发展;实施了面向高端教师的名校长名师培养工程和讲台上的名师等项目,在培养基础教育的领军人才方面积累了丰富的经验;开展了面向近远郊区农村教师、薄弱学校教师的师资培训,在提升教师队伍整体素质的同时,促进了教育均衡化发展。

上海市基础教育教师队伍建设过程中,重视人才的序列式培养,保障"人才蓄水池"的原动力。比如,上海市教育委员会组织评选教育功臣、正高级教师、特级教师、特级校长。区级层面上,各区以直接荣誉或间接荣誉的方式,分层分类评选优秀教师。在上海,各区在教师专业成长的管理、指导与评估上,主要采用基础教育人才梯队建设的策略。本研究以P区、B区、J区、C区、X区、H区的教师人才梯队建设为例,发现各区都将教育人才按照不同类型、不同发展阶段划分

---

① 杨庆媛.教师专业发展路径的上海经验[J].长春师范大学学报,2019(5):130-133.
② 付炜.上海基础教育师资何以国际领先[N].中国教师报,2020-09-16(15).

出不同层级,并且形成层级带教、逐级提升的选拔机制、评价机制和培养机制(见表 2 - 23)。

总体来看,各区基础教育人才梯队建设均体现出连贯性和区分性特征。第一,各区教师人才梯队建设基本做到教师发展机会与平台的全教龄覆盖,且无缝衔接。各区均开始在入职 0—5 年的教师中选拔和培养教坛新秀,对教师的分层培养一直覆盖到具有丰富教学经验和教育理念的特级教师和正高级教师。很多区域的人才梯队建设都显示出前一梯队为后一梯队储备人才的特点。第二,各区教师人才梯队建设基本做到在选拔的基础上,为不同发展阶段的教师提供不同类型的培养模式和支持平台。例如,X 区为青年教师提供以导师带教和自主发展相结合的培养形式,为骨干教师提供以协同研修为主的自主发展和示范辐射培养形式,为学科带头人提供以引领团队发展为主的培养形式。

表 2 - 23　上海市区域教师人才梯队分层汇总表

区域	级数	梯队分层名称					
P 区	五级	教坛新秀	教学能手	高级指导教师	学科带头人	特级教师(含正高)	
B 区	五级	区教学能手	区学科带头人(骨干教研员)	区首席教师(首席教研员)	区拔尖人才、区青年尖子	市领军人才、市名师	
X 区	五级	青年新秀	教学骨干	学科带头人	学科工作坊主持人(优秀学科带头人)	学科基地主持人(特级教师)	
J 区	五级	见习教师	职初菁英	学科团队	学科实训基地主持人	拔尖人才	
C 区	六级	教坛新秀	区教学能手	区优青承担人	区学科带头人	市名师后备人选	市特级教师
H 区	七级	教学新秀	教学能手	骨干教师	学科带头人	学科培训工作室主持人	学科培训基地主持人	学科高地理事长

2.上海基础教育教师队伍建设的特征分析

上海市为所有中小学、幼儿园教师的队伍建设与专业成长进行了遵循教师学习特点和成长规律,以满足教师专业成长的个性化需求作为培训工作的出发点和落脚点的顶层设计。聚焦三个"转变",即从注重育分转变为注重育人为本,从注重教师如何教好转变为如何使学生学好，从注重教师单一地站稳课堂转变为基于提高教师课堂实践能力为主的专业境界、专业能力和专业知识。通过分析发现，上海基础教育教师成长支持体系呈现如下特征。

第一，超越教育空间，紧随经济与社会发展的机遇，不断开创新局面和建立新秩序。教师培训是为教育提供人力资源的重要保障，社会对教师的要求随着时代发展而不断变化，教师培训要提供与之相一致的内容。从学历提升到知识增长，再到专业能力和素养的提升，上海教师培训一直紧跟国家教育改革的步伐，整体规划，全面提升，确保教师队伍的高素质、教育质量的高水平。教师培训不能局限在基础教育内部，要将教育的需求与新资源、新技术、新理念充分融合，在政策和机制上不断突破，形成开放创新的教师培训新格局。

第二，发挥多方合力，市级统筹优质资源顶层设计，区校凸显特色发展。教师培训不能关起门来靠培训机构完成，必须激发教师活力，调动学校、社会方方面面的积极性。市级层面构建了覆盖教师整个职业发展阶段的教师培训项目，形成了教师人才梯队的连续性培养，并带动了区域和学校的配套跟进项目，形成了市区校的有效联动，让每一位教师从入职开始的每个阶段都能接受有针对性的培训，让其职业发展有保障。上海教师培训还帮助和支持教师通过合作，构建专业的共同知识、共同话语系统，形成学习型实践共同体。教师在培训过程中与同伴运用不同的工具和方法，共同实现新经验、新实践的知识创造。

第三，发掘主体潜力，使教师成为专业学习的主动体验者、专业成长的自觉建构者。上海教师培训模式丰富，针对不同发展阶段教师的特征，提供有针对性的专业成长支持项目，如见习教师以浸入式培训为主，高端教师以基地培养为主，让出色的人带领一批优秀的人对教育教学的重难点问题攻坚克难，促进了学科建设和人才发展。这种培训体系强调通过多元、分层、弹性的课程体系和发展平台，这种分层分类意味着精准助力的发生，以不同类型教师专业成长需求为目标，以不同发展阶段教师的学习特征为依据，满足教师发展的个性化需求，激发教师主动参与、深度体验、自主改进的意愿。

第四，走向世界前沿，引进先进理念，学习国际经验，利用国际资源，输出上海经验。海纳百川、追求卓越是上海城市精神，共赢共荣是上海城市精神的魅力所在。上海基础教育发展和教师队伍的培养培训要放眼世界，学习、比较、借鉴国际教师专业发展动态和优质实践成果。上海教师培训不仅实现"请进来""走出去"，学会在国际坐标中寻求教师培训工作的突破点和前瞻点，还在互学互鉴的基础上实现了经验"输出",在世界舞台上讲述上海教师故事,发出上海教师声音,传播上海教育和上海教师培训的经验。

三、规律探索及经验启示

本节选取英国英格兰、芬兰、新加坡和中国上海作为研究对象,利用 TALIS 2018 调查数据对上述国家或地区处于不同发展阶段教师群体间的差异进行比较,发现不同专业成长阶段的教师在专业表现、专业发展投入、专业发展活动形式、专业发展内容、专业成长需求及障碍上均呈现出不同程度的差异性。同时,对上述四个国家或地区的教师专业成长支持体系特征及发展进行分析,提炼对我国教师专业成长支持体系建设的经验及启示。

（一）发现教师成长阶段的特征规律

TALIS 2018 调查数据结果显示的英国英格兰、芬兰、新加坡和中国上海等四个国家或地区的不同发展阶段教师之间存在的差异性问题,从另一个角度也反映了在专业表现和专业成长需求等方面,即使在不同国家或地区,处于同一发展阶段的教师在专业成长过程中有很多特征和需求是相似的。

从教学实践情况来看,随着教师教龄的增长和教学经验的丰富,教师用于课堂管理的策略强度越来越弱,用于提高教学清晰度的策略强度越来越强。可见,随着专业经验的累积,教师对课堂掌控的精熟程度也逐渐提升。但这类规律多体现在基础的教学策略和教学能力上,不适用于教师激发学生认知参与等高水平的教学策略。从数据比较的结果来看,教学经验与教师高水平的教学策略之间没有显著相关。这也意味着,对教师的成长特征和专业表现进行分析与评价时,有必要打破仅考察教龄和经验的惯性思维,要善于发现每一位教师本身所具备的个性优势。

从专业发展内容来看,所有国家或地区的教师都需要教学能力、学科知识理解、学生评价、课程知识、信息技术等与课堂教学实践密切相关的培训内容。不过总体而言,新教师在对专业发展需求的认识和专业发展活动选择的精准性上,尚不及经验教师和专家教师。比如,新教师在学生评价和激发学生认知参与的实践能力上较弱,但是仍有一部分新教师受困于适应教学的过程,无法主动提出或主动发现自己需要加强这些方面的专业培训和专业引领。也就是说,新教师对自身专业成长需求的识别与反思能力还有待加强。

从专业发展需求来看,有两个共性问题值得关注:第一,上述四个国家或地区都出现新教师和经验教师需求较高,但是 10 年以上教龄的专家教师专业发展需求较低的情况,如何激发专家教师专业发展的动力是教师专业支持需要突破的"天花板"问题;第二,6—10 年教龄的经验教师表达的专业发展障碍最多,无论是东亚文化下教师呼吁的"缺乏激励机制",还是欧洲文化下教师反映的"缺乏经费支持",都加剧了这一成长阶段教师的职业倦怠和发展懈怠。

（二）构建教师成长支持的贯通体系

虽然英国英格兰、芬兰和新加坡的教育发展体系在很多方面有所不同,但它们的共同点是都有教师和领导层发展体系,包括多个组成部分,而不仅仅是一个单一的政策。这些组成部分既有一致性又相互补充,以确保每个地区的每个学校都配备高效能的教师,并由高效能的校长领导。这种教师发展体系的构想有时被描述为"人力资本管理",在商业中被称为一种以人为本的方法。这一框架将组织机构的注意力吸引到招聘、发展和留住有才能的个人上,同时使领导者专注支持这些人才的效能。在创建人力资本系统时,组织可以从满足其最迫切需求的组成部分开始筹措,并且各要素必须有效合作。

芬兰和新加坡的教育体系涵盖了影响教师和学校领导发展与支持的所有政策,包括招聘合格人员从事教师职业,教师的职前准备,新教师的入职培训,教师评价和教师职业生涯发展,教师的留任。

芬兰和新加坡的领导人认识到所有的政策都需要协调一致,否则教育体系将失衡。例如,过于强调教师招聘,而不同时关注教师职业发展和教师留任,可能会导致教师职业的不断变动。

例如,芬兰自 1979 年以来一直在寻求通过投资来加强教师的初始职前准备,要求包括小学阶段的所有教师至少获得一个或多个内容领域的学士学位,并且至少获得教育学硕士学位。为了补充发展强大的教师初试准备,芬兰为教师提供了相当大的支持,主要是教师有时间与同伴合作开发课程和评价,并有相当大的自主权。

新加坡通过高度发达的绩效管理体系,来加强其教师初始准备和入职培训。该体系阐明了教师职业生涯每个阶段所需的知识、技能和态度,并基于细致评估和有力支持,提供了一系列教师可以追求的职业生涯发展路向。这些路向使教师能成为导师、课程专家或校长,从而在教育系统的每个组成部分都能发展相应的人才。芬兰和新加坡教育体系都在不断完善,比如:芬兰教育部已经开始担心教师需要更多的支持,因此正在考虑加强对实习教师的上岗培训和专业成长;新加坡正寻求加强教师的专业技能教育,如培养教师解决问题的能力和批判性思维,这些专业技能在全球化的经济和社会中越来越重要。

（三）搭建教师专业成长的攀登阶梯

进阶式发展不仅能为各国家或地区做好教师队伍储备的"蓄水池"工作,还能为教师专业成长提供新的目标与愿景,激发教师专业价值上的自我实现。英国英格兰、新加坡和中国上海都为教师搭建了不断攀升的成长阶梯。

英国英格兰从初级教师、中级教师、优秀教师和高级技能教师的资格标准到大师级教师的专业标准,以有效教学和学生学习改进为核心目标,从教师的专业理念、专业知识、专业技能、专业辐射等多维度逐层提高发展目标。英国英格兰对不同发展阶段教师提出的专业标准,从表面上看是用指标裁量教师的专业能力,但它的每一个指标都在指向以"学生的学"这一教育质量衡量基准,将"学生的学业改进"作为教师专业成长阶梯的根本线索,激发教师提升专业品质的勇气。

新加坡明确提出多轨道并进的教师专业成长路径,为教师提供了更多的选择。在新加坡,绩效管理体系和职业阶梯制的设计有助于创造卓越的教师职业,教师会有许多基于个人能力展示的机会,以及在专业上得以成长并承担领导责任。教师依靠自己的能力和职业目标进行选择,既可以选择留在课堂上,成为领导教师和特级教师,也可以担任教育专家,如课程专家或指导顾问,还可以走领导路线,成为管理者。新加坡教育部一直在寻找认可和提升教师领导力的方法,既针对表现出各种才能的个人,也针对全体教师。

中国上海为教师专业成长搭建了三个强有力的支柱[①](见图 2 - 29),不仅如英国英格兰设置了不同专业水平教师的资格标准,即教师的职称评定阶梯,以及以专业表现考核评价为主的教学工作绩效体系,还设计了激发教师专业成长动机的分层分类在职培训体系。

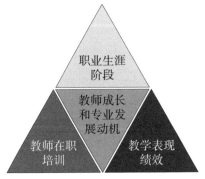

图 2 - 29　上海教师成长和专业发展的三大支柱

---

① 王友缘,张民选. 增进相互了解 分享教育经验——第三届中美省州教育厅长对话会综述[J].教育研究,2015(8):158 - 159.

在上海，市—区—校三级教育管理部门都在探索分层分类选拔教师、激励教师和培养教师的模式。与英国英格兰和新加坡的不同之处在于，上海教师的专业成长阶梯主要体现在根据教师不同发展需求而设立不同的培养项目，提供不同的培养平台，采用不同的培养模式。尤其是市级层面和区级层面，逐步优化教师人才梯队的专业培养策略和专业支持路径。

（四）推动教师持续性的专业学习

新加坡教师每周约有 20 个小时的时间用于教师共同制订教学计划和参观彼此教室的合作学习，以及每年 100 个小时的课外时间用于参与由国家支持的专业发展活动。NIE 和新加坡教育部对教师进行课堂教学及行动研究方面的培训，以便他们能研究教学和学习问题，并找到可以推广给其他教师的有效解决方案。新加坡教育部成立了一个新的教师学院，以提供教师跨学校的职业发展机会。该学院旨在为教师发起由教师主导的学习机会提供便利，以帮助他们组建围绕学科章节和特殊兴趣的小组。"教师网络"还为教师学习圈、教师主导的工作坊、会议以及用于共享知识的网站和出版物系列提供支持。为了支持教师基于学校的学习，新加坡教育部任命了高级教师和特级教师来领导每个学校教师的培训与发展。

新加坡的绩效管理体系与教师专业成长挂钩，并为优秀教师提供成长机会。这一系统的教师职业道路不仅允许教师留在教室，成为领导教师或特级教师，还允许其承担额外的责任，如在从学校至教育部的各个层面上进行兼职或全职的课程开发工作。教师甚至可以选择教学领导的路线，成为学校、地区或国家教育系统的领导者。新加坡所有教师和领导的培训都由政府出资。随着教师被提拔到这些职位上，在教学或者休假期间，他们可以通过 NIE 的教育部免费课程进行学习。教师进步的程度取决于教师的兴趣和通过评鉴体系所展现的能力。更高的报酬意味着更大的责任，一个处于高级专业发展路向顶端的教师可以取得和学校校长一样多的报酬。

与此同时，芬兰为教师提供了发展教学实践的机会。在国民教育课程的范围内，教师参与联合课程的规划并批准学校一级的课程。提高课程设计在教师实践中的重要性有助于将教师专业成长的重点从分散的在职培训转向更系统的有理论基础的全校范围的改革。由于芬兰教师对课程、评价以及教学方法的实验和改进负有重大责任，他们工作的某些重要方面超出了传统的教学角色。教师承担了许多其他国家由教育顾问和教育专家担任的角色，但由于芬兰教师是高度专业化的，教师承担着不同的责任,教师不会离开教学角色或被置于更受官僚尊重的、薪酬更高的角色中。虽然各国的职业结构没有等级之分,但是有经验的芬兰教师比美国的同龄人挣得多。许多芬兰教师利用国家提供的专业成长机会在学校授课的同时,还攻读了教育领域的博士学位。

综上所述,在对已有研究的检索与梳理中,本研究发现教师专业成长与培养面临着一些新的问题和挑战,需要在对教师职业、角度角色、教师成长属性的系统判断上构建新型的教师培养体系。

首先,教师是知识构建者。托马斯·古斯基(Thomas Gviskey)曾指出,"长期以来,人们将教师成长和教师专业成长建立在培训的范式上",并以此发展出"不足—培训—掌握"的教师培训模式。但教师的学习是一个整体过程,不能将实践经验与理论思维分开。教师作为学习的主体,并不是实践经验的旁观者,而是将所学知识与实践需求相互渗透的主动构建者。

其次,教师是资源统整者。探索教师专业成长影响因素对教师成长与发展的具体推动作用,以及这些影响因素的推动作用是如何催化发生的,基于自身内部动机驱使,整合社会系统、教育系统、学校系统和课堂系统的外部动力源,推动自身专业成长。再根据从中推导出来的教师专业成长机理,逐步构建科学实效的教师继续教育培养路径。

最后,教师是实践行动者。成人教师的学习有其特殊性,表现出以需求为导向、以问题为中心、基于已有经验和自我导向等特点。也就是说,教师成长既是对外部世界的发现和探索之旅,也是对精神世界的自我升华之旅。教师将自身的教育情境知识通过行动和反思循环交互、协作地显现出来。

第三章

学理阐思:教师专业成长理论基石

【本章导图】

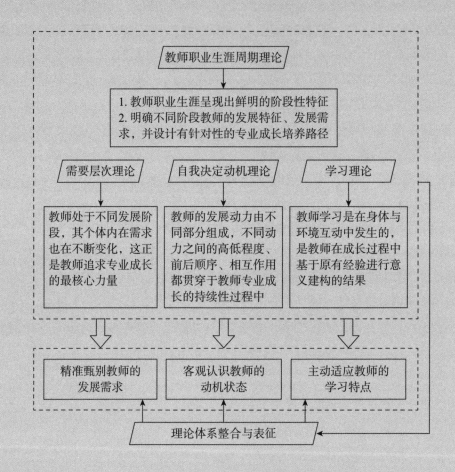

教师职业生涯周期理论

1. 教师职业生涯呈现出鲜明的阶段性特征
2. 明确不同阶段教师的发展特征、发展需求，并设计有针对性的专业成长培养路径

需要层次理论

自我决定动机理论

学习理论

教师处于不同发展阶段，其个体内在需求也在不断变化，这正是教师追求专业成长的最核心力量

教师的发展动力由不同部分组成，不同动力之间的高低程度、前后顺序、相互作用都贯穿于教师专业成长的持续性过程中

教师学习是在身体与环境互动中发生的，是教师在成长过程中基于原有经验进行意义建构的结果

精准甄别教师的发展需求

客观认识教师的动机状态

主动适应教师的学习特点

理论体系整合与表征

第一节　教师职业生涯周期理论

教师职业生涯阶段研究大致兴起于 20 世纪六七十年代,至今仍然是教师专业发展研究体系中具有广泛影响力的研究领域。[①] 伴随着这一研究领域的深化,人们对教师专业发展的阶段性特征有了相应的认识,构建与这些特征相匹配的教师专业成长支持策略成为教师培训变革的新的增长点。

一、基本观点

(一) 国外教师生涯阶段研究

20 世纪 60 年代末期,美国学者弗兰西斯·富勒(Frances Fuller)率先采用关注阶段理论,按照教师关注的重点将教师专业发展阶段划分为:教学前关注阶段、关注生存阶段、关注教学情境阶段、关注学生阶段。虽然揭开了教师发展阶段研究的序幕,但仅仅从关注层面对教师专业发展进行描述,过于片面和单一,并不能充分展示教师发展过程的全貌。富勒的研究开启了教师职业生涯阶段研究的新篇章,自此,教师专业发展阶段理论逐渐成为教师专业发展研究中的一个新的增长点。到 20 世纪后期,逐渐发展出几个有影响力的经典理论和观点。[②]

美国学者丽莲·卡茨(Lilian Katz)在富勒的基础上,对 1—5 年教龄的教师群体进行研究,将教师发展划分为求生存阶段、巩固阶段、更新阶段和成熟阶段。[③] 保罗·伯顿(Paul Burden)领衔的团队对处于不同生涯发展阶段的教师进行研究,把教师专业发展阶段分为生存阶段、调整阶段、成熟阶段。[④]

20 世纪 80 年代,国外的教师专业发展阶段研究进入了蓬勃发展期,不少研究者提出了各自对教师专业发展的理解。比较有代表性的有,1984 年美国学者拉尔夫·费斯勒(Ralph Fessler)构建了教师职业生涯发展周期模型,该模型将教师发展历程分为八个阶段:职前教育阶段、引导阶段(或入职阶段)、能力形成阶段、热心

① 郑志辉.教师专业发展阶段的 PCK 考察与教师 PCK 发展[J].华南师范大学学报(社会科学版),2019(3):65-70.

② 贺敬雯.教师愿景与教师发展的关系研究[D].长春:东北师范大学,2014.

③ 肖丽萍.国内外教师专业发展研究评述[J].中国教育学刊,2002(5):57-60.

④ 张维仪.教师教育——改革与发展热点问题透视[M].南京:南京师范大学出版社,2000.

成长阶段、职业挫折阶段、稳定和停滞阶段、生涯低落阶段、生涯退出阶段。1988年美国亚利桑那州立大学教授大卫·伯林纳(David Berliner)根据教师"教学专业知识与技能的学习和掌握情况",从心理学的认知角度提出教师成长阶段论。他认为,教师成长会经历五个阶段,即新手教师、熟练新手教师、胜任型教师、业务精干型教师和专家型教师。①

到 20 世纪 90 年代,肯尼斯·利斯伍德(Kenneth Leithwood)等学者运用心理学、社会学理论对教师的专业认知发展和专业社会化发展进行划分。利斯伍德将教师发展分为相信权威阶段、墨守成规阶段、自我意识阶段和个人主见阶段。科林·莱西(Colin Lacey)将教师社会化发展分为"蜜月"阶段、寻找教学资料和教学方法阶段、危机阶段和设法应付过去或失败阶段。贝弗利·贝尔(Beverley Bell)和约翰·吉尔伯特(John Gillbrert)将教师发展划分为三种情境:确认与渴望变革、重新建构和获得能力。②

(二) 国内教师生涯阶段研究

国内对教师职业生涯阶段的研究起步相对较晚,直到 20 世纪末期才零散出现。这些研究基本上都是建立在西方学习研究的基础上③,以西方研究成果的引介为主。

我国学者大多认为教师专业成长有四个阶段。根据教师来源多元化的发展态势和教师成长过程的显著性变化特征,将教师的成长过程分为职业定向、职业适应、职业调整和职业成熟四个阶段。④ 其中,比较有代表性的是申继亮将教师成长阶段划分为以下四阶段。

第一阶段:学徒期或熟悉教学阶段,入职起的 3—5 年,主要特点是不了解教学,所面临的主要任务是熟悉教学内容、教学过程、教学对象、教学任务,适应学校环境,积累经验。第二阶段:成长期或个体经验积累阶段,持续 5—7 年,主要特点是具备一定教学能力,主要任务是积累个体经验,形成自己的教学特色。师范生经过见习期,开始能独立、熟练地从事教学,并逐渐形成自己的教学风格,创造出自己

① 申燕,吴琳娜,张景焕.优秀教师成长历程的质性研究[J].当代教育科学,2009(6):25 - 29,35.

② 教育部师范教育司.教师专业化的理论与实践[M].2 版.北京:人民教育出版社,2003.

③ 程妍涛,顾荣芳.21 世纪以来国内外教师专业发展阶段研究述评[J].教育导刊.2017(11):17 - 22.

④ 粟艾华.关于教师成长的研究综述[J].科教文汇(中旬刊),2013(2):29 - 30.

的特色。第三阶段：反思期，持续时间不等，主要特点是具有丰富的教学经验，但可能出现职业倦怠，主要任务是深刻领会理论。教师已经具备了丰富的教学经验，工作上驾轻就熟，心态平和稳定，比较满足现状。第四阶段：学者期，持续时间不等，主要特点是具有较强的教学监控能力和反思能力，主要任务是开展科研，成为一名学者。一部分教师摆脱了反思期的麻木和满足，继续成长，学识不断丰富，教学监控能力和反思能力进一步提高，并在不断开展科研的过程中使教育能力达到炉火纯青的地步。[1]

根据这四个阶段的教师专业发展特点，形成了新教师、有经验的教师、成熟型教师和专家型教师的教师职业成长阶梯。[2] 有研究者从知识、教学内容的设计、文本（成果）的表达三个维度分析了各阶段教师表现出的特点（见表 3-1）。

表 3-1　教师专业发展不同阶段不同维度的特点

维度特点 发展阶段	知识	教学内容的设计	文本（成果）的表达
新教师	学科知识	模仿（讲解）	随笔、观察、感悟
有经验的教师	学科教学知识	借鉴（情境）	案例、经验总结
成熟型教师	教育学、心理学知识	优化（交互）	学术论文
专家型教师	最新教育理论、热点问题	创新（探究）	科学研究报告

也有研究将教师成长阶段划分为五阶段，比如，我国台湾学者王诞生将教师的教龄注入迈克尔·休伯曼（Michael Huberman）的生命周期理论来分析教师的职业生涯，并将其划分为五个阶段。第一，1—3 年教龄为生涯起点。教师生涯前三年，因为工作的复杂性和压力，往往怀疑自己是否适合从事教师职业，投入教育的热情日渐消减。第二，4—6 年教龄为稳定阶段。经过前三年的磨炼及适应，教学技能逐步形成，教学压力得到一定程度的释放，教师对教学较为投入，表现出自信、愉悦和幽默，工作进入一种相对稳定的状态。第三，7—18 年教龄为

---

①　申继亮,费广洪,李黎.关于中学教师成长阶段的研究[J].天津师范大学学报(基础教育版),2002(3):1-4.

②　殷凤.教师专业发展阶段特征及诊断路径分析[J].现代中小学教育,2012(3):43-45.

行动主义阶段或自疑阶段。有些教师经过多年教学经验的累积,开始尝试各种不同的教学策略,以提高教学质量;有些教师却因为工作稳定而开始怀疑是否有必要投入一生的心力,因而选择离开教职工作。第四,19—30年教龄为平静阶段或保守主义阶段。由于年龄已到中年,体能及热情均处于衰退中,大部分教师能平静对待这一过程,还有部分教师因为已具备丰富的教学经验,常对教育改革保持保守态度。第五,31—40年教龄为脱离阶段。此时,教师已临近退休,部分教师坚守教学方位,以平静方式等待退休,部分教师采取消极方式,选择提前离开岗位。[①]

有学者基于教师对教学活动中教师、学生和教材之间张力关系与互动关系的认识及理解,提出教师专业成长之路可分为三个主要阶段:教师专业成长的初始阶段以教材为本,只有走进教材,才能教好教材并不断实现对教材的创新与超越,促进自身专业成长;教师专业成长的发展阶段以教师为本,他们在教育教学活动中形成了个性素质,因此会突破教材的框架约束,自主组织和编排教学内容,创造性地选择教学手段和方法;教师专业成长的成熟阶段以学生为本,经历从以学生的知识学习为本到以学生的能力提升为本再到以学生的人格培养为本三个发展过程。[②]

几乎所有研究者都认可"教师成长最准确地反映了一种成人成长的必然结果"这一论据。因此,教师专业成长的阶段遵循成人成长的基本规律,教师专业学习需考量成人学习的基本特点。这些经典的教师专业发展阶段论说中,虽然很少提及不同教师发展阶段所涉及的教师年龄,但是会将教师专业成长阶段与教师的教龄相联系,处于不同教龄阶段的教师在专业成长过程中反映出不同阶段成人学习和成人职业行为的特点。根据教师职业发展的经历来看,一名大学毕业生从初次走上教育岗位到成长为一名在业务上崭露头角的教师,一般要经历四个阶段:探索期(1年)、适应期(2—3年)、成长期(2—3年)、成熟期。[③]

二、对本研究的启示

梳理教师职业生涯周期理论的相关研究,根据不同研究焦点对教师职业生

① 连榕.教师职业生涯发展[M].北京:中国轻工业出版社,2008.
② 彭红琴.从"课本"到"生本"——教师的教学专业成长[J].中国教师,2012(9):53-55.
③ 粟艾华.关于教师成长的研究综述[J].科教文汇(中旬刊),2013(2):29-30.

涯进行阶段划分，有以下几种分类。其一，以年龄为主要指标，具有代表性的如帕特丽夏·西克斯(Patricia Sikes)等人根据年龄将教师职业生涯分为五个时期：第一时期为 21—28 岁；第二时期为 28—33 岁；第三时期为 33—40 岁；第四时期为 40—50/55 岁；第五时期为 50/55 岁以后。[①] 其二，以教学年资为主要参考依据，如美国学者夫茨把教师发展分为四个阶段：(1)求生存期；(2)巩固期；(3)更新期；(4)成熟期。[②] 伯顿提出了教师发展的三阶段论：(1)求生存阶段；(2)调整阶段；(3)成熟阶段。休伯曼提出了教师职业周期主题模式：(1)入职期；(2)稳定期；(3)实验和歧变期；(4)重新估价依据关注的重点期；(5)平静和关系疏远期；(6)保守和抱怨期；(7)退休期。[③] 其三，依据关注的重点，如富勒提出的教师关注阶段将教师发展分为四个阶段：(1)教学前关注阶段；(2)关注生存阶段；(3)关注教学情境阶段；(4)关注学生阶段。[④] 其四，依据发展需求的顺序，如伯林纳将教师发展分为五个阶段：(1)新手阶段；(2)熟练新手阶段；(3)胜任阶段；(4)业务精干阶段；(5)专家阶段。[⑤] 其五，按照"自我更新"取向，如学者叶澜等人将教师发展分为五个阶段：(1)非关注阶段；(2)虚拟关注阶段；(3)生存关注阶段；(4)任务关注阶段；(5)自我更新关注阶段。[⑥] 从这项研究中可以得出以下两点启示。其一，就教师生涯成长的阶段性特征而言，教师的职业生涯呈现出鲜明的阶段性特征已经成为共识，尽管对如何划分这些阶段还存在争议，这也意味着在促进教师专业成长的过程中，应该充分认识到教师职业成长的阶段性特征，特别是要充分考虑本土教师成长的区域特征，构建具有本土特质的教师成长阶段划分体系。本书基于文献的梳理和上海基础教育教师队伍多年的管理、培训实践，认为教师专业成长分为四个点和三个阶段。四个点是入职教师、合格教师、教学能手、学科专家。三个阶段是从入职教师到合格教师，一般是 1—5 年教龄，这个

① Sikes P J, Woods L M P. Teacher careers：Crises and continuities[M]. London：Falmer Press，1985.

② Katz L G. Developmental stages of preschool teachers[J]. The Elementary School Journal，1972(1)：50 - 54.

③ Huberman M. Burnout in teaching careers[J]. European Education，1993(3)：47 - 69.

④ Fuller F F. Concerns of teachers：A developmental conceptualization[J]. American Educational Research Journal，1969(2)：207 - 226.

⑤ Berliner D C. The development of expertise in pedagogy[M]. Washington DC：AACTE Publications，1988.

⑥ 叶澜，白益明，王枬，等.教师角色与教师发展新探[M].北京：教育科学出版社，2001.

阶段称为角色适应期,其专业成长特征是专业体验;从合格教师到教学能手,一般是 6—10 年教龄,这个阶段称为经验积淀期,其专业成长特征是专业自省;从教学能手到学科专家,一般是 10 年以上教龄,这个阶段称为专业成熟期,其专业成长特征是专业自觉。其二,就教师生涯成长的研究价值而言,可能最为关键的并不是确定教师的职业生涯究竟应该划分为几个阶段,而是要明确不同发展阶段教师的发展特征、发展需求,并设计有针对性的专业成长支持体系。也就是说,教师生涯成长阶段研究的真正价值在于其实践价值。由此,本研究将依据上述研究成果和我国的教师专业标准,分别从职业认同、学科专业、教学能力、师生关系、专业学习五方面对处于不同发展阶段的教师进行专业能力的描述和分析,并据此总结不同发展阶段教师的专业发展规律,设计有针对性的教师专业成长支持体系。

第二节 需要层次理论

一、基本观点

美国心理学家亚伯拉罕·马斯洛(Abraham Maslow)从人类动机的角度提出需要层次理论,该理论强调人的动机是由人的需要决定的,即由生理需要、安全需要、归属与爱的需要、尊重的需要、自我实现的需要五个层级构成,如图 3-1 所示。五种需要是最基本的、与生俱来的,构成不同的等级或水平,并成为激励和指引个体行为的力量。[①]

马斯洛将人的需要理解为一体化的结构,即各种需要是统一的有机整体。生理需要是有机整体中最要优先满足的需要。安全需要是在生理需要之上相对高一级的需要层次,表现为对稳定、安全、秩序性的需要。如果这些基本需要没有得到相应满足,生命体会出现恐慌、焦躁和混乱的心理状态。在生理需要和安全需要得到相对满足后,就会产生归属与爱的需要,即人们对亲人、朋友、同事等产生情感关系。第四个层次是尊重的需要,是指人们希望有信心、有实力、有成就,希望自己的努力得到认可。马斯洛认为,自我实现的需要是最高层次的需要,同时他指出并非每个人都能成为自我实现的个体,这是因为自我实现的需要

---

① 彭聃龄.普通心理学(修订版)[M]北京:北京师范大学出版社,2002.

依靠许多前提条件,一旦条件得不到满足,就会受到影响,使得自我实现目标落空。①

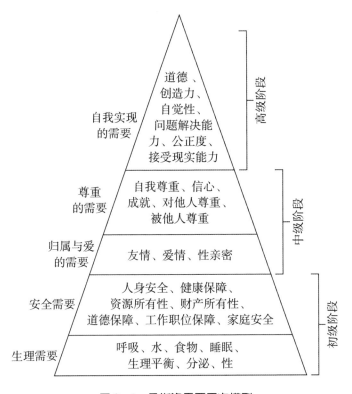

图3-1　马斯洛需要层次模型

二、对本研究的启示

人是一种不断有需要的动物,除了短暂的时间外,极少达到完全满足的状态。一个欲望满足后,另一个迅速出现并取代它的位置,当这个被满足了,又会有一个站到突出位置上来。② 对教师而言,当他处于不同发展阶段时,他的内在需要也在不断变化着,个体微观系统的内部体验与即时环境相互作用的结果所形成的内在需要,也正是教师追求专业成长的最核心力量。

---

① 李飞.基于马斯洛需要层次理论的中学教师教学发展策略[J].教学与管理,2015(3):67-69.

② Maslow A H. Toward a humanistic psychology[J]. ETC:A Review of General Semantics,1956(14):10-22.

表 3-2　马斯洛需要层次理论与教师发展阶段之间的关系①

需要层次	教师发展阶段	不同发展阶段的需求问题、任务和关注点
生理需要阶段	0—5 年	需求问题:学校环境和文化如何? 如何教? 应该需要哪些学科知识? 如何做好课堂管理? 任务:教学生存,找到合适的教学模式,站稳讲台。 关注点:职业理解,自我关注,教学的基础层面,如教学规范、内容的把控等。
安全需要阶段	5—10 年	需求问题:有效的教学技术有哪些? 学科知识与学生的背景如何结合? 任务:建立职业安全感,掌握基本的教学技术和学生有效沟通方式方法,快速成长。 关注点:职业理解,自我关注,通过事前各种精心准备,找到自己的教学安全区。一旦构建了教学的基本框架,就会感到安全,不再害怕教学,从不会到会,从会到熟练驾驭、从容面对。
归属与爱的需要阶段	10—15 年	需求问题:如何在团体中找到自己的位置和归属? 怎样完成从自我关注到关注学生的转变? 任务:找到归属感和爱,一方面是职业的认同和归属,另一方面是对学生的了解和把握。 关注点:职业认同,从关注自我向关注学生的需求转变,包括课外的内容和教学过程。同时,扩展视野,关注其他学科的教学实践。
尊重的需要阶段	15—20 年	需求问题:怎样扩大在教育教学或学科领域的知名度、话语权和影响力? 自尊如何得到满足? 任务:通过把个人发展与事业发展结合起来,扩大自己的影响力,让自身的价值不断彰显。 关注点:职业信念,更深入关注学生,以学生为中心,意识到自身对学生的影响,并以此为出发点,尽力做好教学,扩大辐射。比如,利用自己的影响力来鼓励学生规划自己的生涯,塑造一个值得尊重的积极的个人风格和形象。
自我实现的需要阶段	20 年以上	需求问题:如何在个人风格的基础上,在学科发展前沿和教育教学等方面形成自己的见解和思想,进而实现自我价值? 任务:形成自己的教育智慧,成为学生的榜样。 关注点:教育智慧,学生榜样。关注持续的进步,教学会有顶峰,但要能持续性地去探寻教学能力的提升,并且能正面思考教育发展的未来,改革创新,引领发展。

从马斯洛的需要层次结构透视教师的专业成长,可以发现教师在入职初期的

---

① Simmons N. Caught with their constructs down? Teaching development in the pre-tenure years[J]. International Journal for Academic Development,2011(3):229-241.

需要多停留在生存需要和安全需要层面,要保证自己的收入和工作条件能满足自己的生活,要确保自己的工作表现能满足学校管理和考核制度的基本要求。因此,这一阶段的教师最重要的是学会如何教学,如何站稳讲台。随着教龄的增长,教师的教学经验不断累积,在教育教学过程遇到的各类复杂问题增多的同时,也掌握了一定的应对策略和办法。这时,很多成长期的教师适应了教学工作,已经不再满足于基本的安全需要,而是渴望在备课组、教研组、其他研修和学习共同体中发出自己的声音,表达自己的思考,在结群行动中得到同事和朋友之间的信任及友爱。

在社交需要获得满足的基础上,教师会希望自己的工作能得到他人的认可,获得相应的地位、名誉和尊重等。更有一部分教师由于他们的个性及先前经验和所处职业阶段的影响,对效能非常敏感,有强烈的创造欲望和成就需要,这促使他们采取行动,期待通过发挥自身的智慧,挖掘自身的潜能,进而获得献身教育事业的自我实现。

对教师而言,他们的生存需要、安全需要、归属与爱的需要、尊重的需要和自我实现的需要并非按照一定序列化或者固定的程度排列组合,根据个人和条件的不同,需要状态可以是持久稳定的,也可能是多变的,而且满足程度和满足作用也是非常个性化的。这些内在生长需要的先决条件就是教师个体内在状态发生、控制与表达的。教师专业成长需要的识别与分析是一个循环过程。

第三节　自我决定动机理论

动机是一个重要的心理学和组织行为学的研究领域。目前,就教师发展动机而言,自我决定理论(self-determination theory)是主流理论之一,是由美国心理学家爱德华·德西(Edward Deci)和理查德·瑞安(Richard Ryan)等人在20世纪80年代提出的一种关于人类自我决定行为的动机过程理论。瑞安和德西认为,人的自我决定动机是自我决定程度从低到高的连续过程,从完全无动机(非自我决定)到另一端内部动机(自我决定)之间存在外部调节、内摄调节、认同调节和整合调节等外部动机状态。当外部动机满足个体自主需要、能力需要和归属需要时,外部动机就可以内化为内部动机。[①]

---

① Ryan R M, Deci E L. Self-determination theory and the facilitation of intrinsic motivation, social development, and well-being[J]. American Psychologist,2000(1):68-78.

一、基本观点

自我决定动机理论关注的焦点在于,个体行为在多大程度上是自愿的,或者是由自我决定的。它并没有将动机视为单一的因素,也不采用简单的二分法把个体的行为动机划分为内部动机和外部动机,而是首次提出了动机内化和动机连续统一体的概念(见图3-2)。

其中,无动机是指完全缺乏动机,个体无论怎样都对某种行为没有兴趣,完全不关心这种行为。内部动机源于个体对活动或者事物本身的兴趣、喜爱、探索精神和好奇心等。不需要任何理由,完全是因为个人喜欢,所以这件事情或者行为对个体来说很有价值。

在外部动机的各环节中,外部调节是自我决定程度最低的动机。个体进行某项行为或者某项活动,完全出于物质上的报酬、奖励或者免于惩罚等原因,是一种完全的控制性动机。内摄调节是指当个体行为与其自尊或自我价值发生密切相关时,迫于压力而产生内疚感或者负罪感。这种动机仍然受外部控制,但已经开始产生自我卷入。认同调节是指个体在行为过程中已经可以在一定程度上感觉到自主。因为个体已经充分认识到了目标、规则等的重要意义,内化了价值观,所以在行动中更能体会个人意志与自由,带有一定的自主性。整合调节是外部动机的最高程度内化。原本来自外界的目标、价值、规则等,已经与个人价值观内在糅合,个体能在最大程度上感受到自主性。

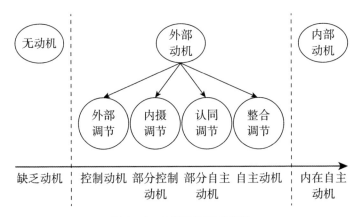

图3-2 自我决定动机理论

根据瑞安等人对儿童自我决定动机模型的研究,发现满足儿童的三类基本心理需求,即可以实现他们对学习活动的投入,这三种需求分别是自主需求、能力需求和归属需求。①

自主需求是指自我决定的需求,个体从事各种活动时可以根据自己的意愿进行选择。② 很多心理学家的研究发现,给个体提供自主支持,提升个体自治感,可以促进个体动机的内化和整合。例如,学校和家庭给予学生的高自主支持,与学生的成绩、能力和自主性都呈正相关。然而,由于外部动机对内部动机的破坏,评价与奖励把人们的内在归因变成了外在归因,降低了人们对行动的自主需求,忽略人们的内在渴望。③

能力需求是指个体控制环境的需求,即人们在从事各种活动中,需要体验到一种胜任感。④ 为行动付出的努力最大化,有益于内在动机的实现,但这种最大化努力要保证既不是简单到缺乏挑战,也不能超出个人能力所能完成的范畴。

归属需求是指个体需要来自周围环境或者他人关爱、理解与支持,从而获得关系归属的体验。⑤有研究表明,当个体体验到来自团体或重要他人在情感上的高归属和高联系时,会自愿地内化其价值观或调解方式;反之,当个体与团体或重要他人产生情感上的隔阂,或在交往过程中受到忽视或冷漠时,会对其价值观和行为方式产生怀疑。

二、对本研究的启示

与其他动机理论不同,自我决定动机理论反对将个体的内部动机和外部动机二元对立,而是强调个体动机自治水平的变化,把动机看作是一个以内部动机和外部动机为两端的连续体。其中,个体对外部动机的自我决定行为最少,因此也更容易受到外部动机的影响,但随着个体逐步接受动机,外部动机会出现内化、整合等情况,逐步内化为出于个体自由意志的行为。个体对外部动机的调节被划分为四种状态:外部调节、内摄调节、认同调节和整合调节。

这一理论与本研究假设的教师专业成长动力机制不谋而合,教师的发展动力也由不同部分组成,并且不同动力之间的高低程度、前后顺序或者相互作用等,都贯穿在教师专业成长的持续性过程中。

---

① 暴占光,张向葵.自我决定认知动机理论研究概述[J].东北师大学报,2005(6):142-147.
② 林桦.自我决定理论——动机理论的新进展[J].湖南科技学院学报,2008(3):72-73.
③ Ryan R M, Deci E L. Self-determination theory and the facilitation of intrinsic motivation, social development, and well-being[J]. American Psychologist, 2000(1):68-78.
④⑤ 同②。

第四节 学习理论

随着社会发展和教师教育研究不断走向深入,教师专业发展日渐被"教师学习"一词所替代[①],教师专业发展的范式也从"培训问题"转变为"学习问题"[②]。因此,教师职后培训体系的构建将围绕教师的学习如何发生、学习什么内容、学到何种程度、如何有效学习等主要问题进行探索,从而促进教师的角色从教学专家向学习专家转变。

一、基本观点

(一) 教师学习理论的新取向

知识时代使人的学习在内容、方法、结构以及学习发生的时间和空间上都有很大变化,这促使学习理论呈现出一些新的取向。进入 21 世纪,脑科学研究取得了新的进展。研究者们提出,要从课程导向的教育体系转向教学论引导的教育体系。换言之,要从人是如何学习的视角出发,考虑学习内容的安排。教师教育研究向"学习研究"的转向与脑科学研究的发现相呼应,特别是两个流派的观点已在教师教育实践中凸显其价值:一是认知主义的学习理论,关注教师的认知发生机制,试图解释教师学习如何发生的问题,特别是以具身认知为代表的第二代认知心理学理论,强调学习不再仅仅是大脑对信息的加工运算过程,而是身体、心智、大脑、环境的动态耦合与互动;[③]二是建构主义的学习理论,关注教师学习的过程,解释教师如何有效学习的问题。其中,社会建构主义还强调文化、社会环境在学习发生过程中的作用。学习是一个文化参与的过程,通过建构一种"文化工具"(即有文化参与的高级心理机制)来实现学习的发生,这意味着学习者可以通过参与某个共同体的实践活动,来建构有关的知识。学习不仅是个体对学习内容的主动加工,还需要学习者进行合作互助。

① Fenwick T J. Teacher learning and professional growth plans: Implementation of a provincial policy[J]. Journal of Curriculum and Supervision, 2004(3):259-282.

② Webster-Wright A. Reframing professional development through understanding authentic professional learning[J]. Review of Educational Research, 2009(2):702-739.

③ 谢瑞琦,洪伟. 具身认知视域下的思想政治教育方式研究[J].科教导刊(下旬),2017(6):65-68.

教师学习理论的研究是对知识社会的及时回应,它的深入聚焦表明了教师教育的研究者已经认识到在知识社会中,常规技能的培训已不能帮助教师适应日趋复杂的时代变革和具有高度不确定性的教学工作所提出的挑战,而帮助教师形成不断学习、持续性发展的能力,促使教师从教学专家向学习专家转变则成为当前乃至未来教师教育的重要任务。因此,学习理论在实践中的应用也推动了教师学习理念的更新,即走向深度学习。深度学习囊括了学习的各阶段,包括深度参与、深层动机、深度信息处理、深度和有意义的联系、深度和挑战反思等。该理论揭示了教师应学到何种程度,教师的深度学习状态才能有效发生。面对未来的社会,教师应该能基于不同的情境,恰当地处理与解决不同的新问题和新挑战。

(二)学习在身体与环境互动中发生

在认知科学发展的过程中,符号加工主义和联结主义两种认知学习理论长时间占据主流地位。符号加工主义将人脑的认知机制类比于计算机的运算过程,认知是大脑对信息符号的加工,而联结主义将人脑的认知机制类比于神经网络,是简单而大量的信息加工单元彼此联结,在动态的网络中互相关联的整体活动。但这两种认知机制适用的认知范围依然有限,其讨论的是独立于身体外的认知发生过程,这种以"离身认知"为主要特征的认知理解忽视了身体在与外界信息互动过程中的重要作用,因此具身认知是作为认知心理学的一个子领域而成为一种新取向。

具身认知理论认为身体在认知过程中发挥重要作用,认知是通体身体的体验及其活动方式而形成的。在认知过程中,生理体验与心理状态之间有着强烈的联系。[1] 它超越了传统意义上的精神和身体之间的区别,认知行为或交互深刻影响了精神,反之亦然。除了对身体本身物理属性的关注外,具身认知还关注个体(脑、身、心)与环境(社会、环境、教学)之间的相互作用,可以视其为一种认知主体与外部世界互为影响、相互决定、相互塑造的耦合关系。因此,这种认知过程不再单单被视为大脑的加工功能,而是一个植根于身体经验,与身体行动和其他个体或环境互动的生物系统中。学习发生于身体与环境互动中,且是脑—身—心共同作用的结果。

基于具身认知的基本观点,一些研究者提出具身认知具有具身性、情境性、生成性和动态性等特点。[2] 事实上,具身认知理论已经在很多教学中得以应用,如教学融

---

[1] 叶浩生.具身认知:认知心理学的新取向[J].心理科学进展,2010(5):705-710.

[2] 胡万年,叶浩生.中国心理学界具身认知研究进展[J].自然辩证法通讯,2013(6):111-115,124,128.

入手势、触摸和身体动作,结合积木搭建进行绘本阅读,虚拟现实环境中开展教学等。对教师教育而言,基于具身认知的培养体系要突破传统的学习内容、学习方式以及创设的学习环境等基本范式。在学习内容设置上,如教师培训课程,一方面要与教师的经验相融合,通过知识与身体、心灵、知识的对话,实现知识与个人经验的双向建构;另一方面,必须与知识产生的背景相联系,通过知识与自然、生命、语境的互动,促进专业知识与生活世界的共同成长。① 同时,由于环境包括与教师关联的学习伙伴也是知识信息的载体,在学习的过程中,教师与环境、他人的互动,深刻影响着教师的学习发生,因此团队学习、合作学习的价值亦凸显其价值。

(三) 学习是个人在社会交往中基于原有经验进行意义建构的结果

随着心理学家对人类学习过程认知规律研究的不断深入,建构主义学习理论也愈来愈显示出其强大的生命力。建构主义学习理论认为,人的学习并不是一个刺激与反应的过程,而是一个以文化为中介的意义建构的过程。同时,它也不是一个纯粹的内省过程,而是一个与文化和他人交往的社会建构的过程。其社会性主要体现在,文化的内化通常从人与人的交往开始。② 也就是说,教师的学习通常从社会交往开始,此时的学习发生于社会层面,而当外在信息与个人经验进行联结发生内化后,学习开始发生于心理层面,这样一个运行过程也就是利维·维果茨基(Lev Vygotsky)关于认知的社会层面和心理层面两个空间的表述。

基于维果茨基的建构主义学习理论,哲学家罗姆·哈瑞(Rom Harré)提出了一个学习环路模型来理解教师学习的过程机制,解释了维果茨基空间的转化运行过程。哈瑞的学习环路模型由四个过程构成:第一,内化,即个体在与文化和他人的交往中,在已有经验的基础上努力理解与重构新知识;第二,转化,即个体将这种理解与个人情境进一步结合,形成新的能指导个人实践的理解;第三,外化,即新的理解通过实践行动外化出来,形成成熟的个人经验;第四,习俗化,如果经验有效,则被他人所仿效,从而实现某个群体中的习俗化。③

哈瑞的学习环路模型阐释了教师学习的路径:首先,教师的学习往往开始于与

① Wang M, Zheng X. Embodied cognition and curriculum construction [J]. Educational Philosophy and Theory, 2018(3):217-228.

② 毛齐明,蔡宏武.教师学习机制的社会建构主义诠释[J].华东师范大学学报(教育科学版),2012(2):19-25.

③ Harré R. Vigotsky and artificial intelligence:What could cognitive psychology possibly be about? [J]. Midwest Studies in Philosophy, 1990(15):389-399.

他人的交往或对他人知识经验的学习,强调了教师与他人互动学习的重要性,因此共同体中的学习是一种有效策略;其次,教师需要将学习任务以有计划的、实质性的方式与学习者的已有知识相联系,让内化实质性地发生,强调了教师已有知识基础的重要性,本体性知识牢固,跨学科、多领域知识的广泛程度和思维品质影响着内化程度;再次,教师必须进一步将其与自己的教学情境相联系,从而产生新的理解,生成可以有效地指导自己实践的个人理论,将学到的知识进行转化,此阶段反思性学习的作用凸显,有助于形成有意义的知识建构;然后,将转化形成的个人理论用于指导自身的实践,并在这种指导实践的过程中不断调整,即通过外化,从而形成个人理论的实践经验;最后,将个体经验公开化,成为新一轮学习之旅中各教师个体进行学习的新资源,总结、提炼、表达也是学习不可或缺的重要部分。由此,教师的学习实现了从群体学习到个体学习再到群体学习的循环,教师在社会交往中基于自己已有的经验意义进行建构,让学习持续发生。

二、对本研究的启示

具身学习揭示了学习的发生机制,环路学习呈现了学习的实现路径,具身学习更多地关注身体的作用与外在环境的创设,环路学习则更关注对学习者基于个人经验的意义建构,两者实质上都是帮助学习者达到深度学习状态。

教师专业成长是教师不断发展、不断接受新知识、提高专业能力的过程,不仅包括教师个体生涯中知识、技能的获得与情感的发展,还涉及学校、社会等更广阔情境中的道德与政治因素。[①] 教师的学习停留在浅表的知识与技能习得和机械训练的水平,已经无法满足各方对教师专业性的要求,教师专业活动必须帮助教师实现深度学习。约瑟夫·索尔斯(Joseph Shaules)表示对于深度学习,有两种思考方式:(1)学习者体验;(2)所涉及的心理过程。前者强调学习的深度,包括意义、情感投入、持久影响和对整个学习者的关心,而不仅仅是测试分数或绩效指标。后者涉及有意识的、分析性的思维过程在学习中所起的作用,而不是直觉思维更直观的、经验的学习过程。[②] 也就是说,它既强调学习过程中的全身心投入,也强调高阶思维过程的形成与运用。基于以上关于深度学习的理解,教师深度学习一方面强调教师作为学习者在学习过程中的体验,包括深层的意义建构、持续的情感投入、持

---

① 卢乃桂,钟亚妮.国际视野中的教师专业发展[J].比较教育研究,2006(2):71-76.

② Shaules J. Language, culture, and the embodied mind[M]. Singapore:Springer, 2019.

久的学习影响等;另一方面旨在关注教师个体对所学知识的深度理解与转化运用,重在对学习过程的深度体验、学科知识和学习方法的迁移运用,重在对教师个体批判性能力的培养与运用。[①]

从某种意义上说,深度学习实际上是对新时期教师教育方向的一个总目标,以期改变以往教师动机不足、方式被动、内容零碎、效果不明显的学习[②],转而注重在培训过程中整合教师的信念和价值观,立足他们自己课堂实践的有意义的背景,在培训过程中展开积极的自我意义建构,通过积极参与,获得洞察力和深刻理解,最终实现教师身份的建构。

第五节　理论体系整合与表征

在国内外已有研究和本研究前期的现状调查基础上,本研究认为,教师职后成长存在"多因素的碰撞",其中识别并支持教师成长动机与需求是构建培养体系的基石,其核心要义是教师成长需要与发展动机的协调发展,即教师通过亲身体验适切的培训学习和培养支持,获得满足后生成更高层次的需要与动机的过程。因此,本研究认为,教师职后成长与培养重在需要识别教师需求、认识教师动机、尊重教师主体学习规律,进而激发教师在成长过程中与自我和外部支持的主动关联。

一、精准甄别教师的发展需求

博尔诺夫(Otto Friedrich Bollnow)在研究人的发展时论述道,"人是不断求新的生物",是一种"还不定型的本质还在发展中的动物"[③]。谢弗勒(Israel Scheffler)认为,发展可以是充分、综合的从低到高程度的变化过程,可以通过"从人们不太期望的持续到更加期望的状态"来判断。[④] 马斯洛的需要层次理论为认识不同发展期的教师核心需求,制定相应的以品格与能力为主的培养方案提供了思考的依据。在这个过程中,最关键的环节是认识到"真实的需求"。通常情况下,

---

① 张燕,程良宏.教师的深度学习如何深入:学习要素的视角[J].当代教育科学,2019(8):45-51.

② 李育球.论教师专业学习深度化新路径[J].教师教育研究,2019(3):26-30.

③ [德]O·F.博尔诺夫.教育人类学[M].李其龙,等译.上海:华东师范大学出版社,1999.

④ [美]伊斯雷尔·谢弗勒.人类的潜能——一项教育哲学的研究[M].石中英,涂元玲,译.上海:华东师范大学出版社,2006.

只有教师本人能清楚地知道自己"想要"什么。然而很多情况下,"想要"与"需要"之间还存在一定差异,仅让教师以自我证据来评估他的"需求"是不够的。对个体而言,其他人和其他环境都可以帮助教师了解到自己的需求。在理想状态下,内在需求与外在需求是一致的,即"我想要"与"我需要"是一致的。① 内在需求很多时候反映的是一种自我沉醉,而非一种责任,而外在需求反映的是环境、形势、问题、外部世界价值的要求或需求。何时、何地、何人,如何来定义、认识和精准识别不同的"需要",是实现和满足教师成长需求的关键。

从职业生涯周期理论的研究看来,当教师的成长与发展处在不同阶段时,总是可以在人为分层后的教师群体身上找到一些趋同的发展需求。这些需求既来自教师完成职业工作的本能,也来自教师对教育事业的好奇心、了解、解释、理解、自我发挥和自我完成的积极冲动。但是,发展需求的等级次序排列并非固定的,在教师成长过程中有很多迂回的、创造性的甚至是等级颠覆的例外。关键在于两点:其一是提取出不同发展阶段教师在成长需要上的共性特征,尤其是辨别出每个发展阶段最核心的需要要素;其二是帮助教师识别和满足最核心的成长需要,也就是要设计能满足教师最核心需要的培养内容。

二、客观认识教师的动机状态

马斯洛的需要层次理论解开了教师专业成长的密码——动机。人的任何行为都会受动机的影响,适时地激发动机是促进教师专业持续发展的开门钥匙。对教师成长动机的剖析,必须避免简单的分类,要将动机的复杂化结构和动态生长的迭代过程加以剖析。一方面是因为对不同发展阶段的教师来说,他们并不一定能完全准确地认识到自己存在的问题和面临的问题,尤其是 5 年及以下教龄的职初期教师;另一方面是因为人总是趋利发展的,很多教师的发展动机完全是根据外部评价的标准和评价的目标形成的,外部如何评价,教师就如何开展专业行动,简单说就是"评价什么就发展什么"。

总体而言,理想的教师成长过程和教师培养支持应该是帮助教师发现与实现自我同一性,也就是帮助教师从追求初级动机的实现,不断获得激励和生成超越性动机,并且选择一种能让它们表达出来的方式。

---

① ［美］马斯洛.人性能达到的境界[M].马良诚,等译. 西安:陕西师范大学出版社,2010.

三、主动适应教师的学习特点

教师对需求和动机的反映与实践通常以学习、互动、反思和改进的循环方式呈现，是教师从学习到自我否定、再学习的过程。什么样的教师学习是有效的？广泛性与深度性是教师学习的重要思考原则，而敏锐性与关联性则是专业的支持要素。如何识别需求和激发动机，至少有三种途径：一个是自我认识；一个是外部引导；一个是自我与周围环境的关联。

尽管人本主义理念引导下的教师成长，鼓励教师自我觉醒，但这个过程中有一个重要的环节，就是必须超越人本主义，考虑到教师与存在的环境和支持的关联。就如艾默生所说的"我们是什么，我们就只能看到什么"。在这个说法的基础上，他还补充道："我们看到的东西往往反过来使我相信它是什么和我们是什么。"也就是"人与世界之间的沟通关系是一种相互塑造、彼此互升互降的动态关系，这一过程可称为'互惠同构'"①。

无论是个人倾向学习理论，还是社会文化倾向学习理论，都认为"学习与外在事物的获得相关，这种外在事物在学习活动开始之前就已经存在"。尤其是教师学习，不仅是单向度的获取、掌握和内化，还是对外在事物干扰的反应，是"一种遭遇分解之后再度去重组、重构的努力"②。对教师的成长与培养而言，一方面要反思教师个体的认知能力和思维品质；另一方面更要关注教师存在的环境与条件，是否能支持教师学习和反思的广度与深度。与其他职业不同，教师是极具特殊性的专业岗位，教师遇到的每一个学生、经历的每一个课堂，都是基于个体经验生成的。这给教师带来的最大挑战是如何用过去的经验去判断下一个对象的未知特征。对教师的成长发展来说，同样也面临这一挑战。从拥有需求到满足需求，从具备动机到新动机的产生，从累积经验到否定或重构经验，这些将教师的成长与培养定义为一个超越固有模式、超越标准、超越自我潜质的过程。这既是教师的成长规律，也是教育的发展之道③。

---

① [美]马斯洛.人性能达到的境界[M].马良诚，等译.西安：陕西师范大学出版社，2010.

② [澳]约翰·B.彼格斯，凯文·F.科利斯.学习质量评价：SOLO分类理论（可观察的学习成果结构）[M].高凌飚，张洪岩，译.北京：人民教育出版社，2010.

③ 周增为.学习与超越：教师发展之道[J].现代教学，2016(Z3)：1.

第四章

机理透视：教师专业成长模型建构

【本章导图】

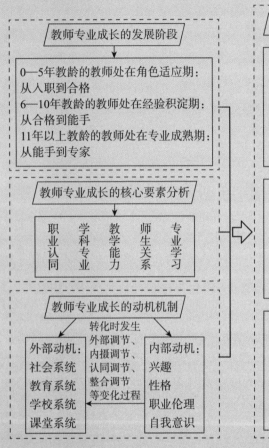

教师专业成长的发展阶段

0—5年教龄的教师处在角色适应期：
从入职到合格
6—10年教龄的教师处在经验积淀期：
从合格到能手
11年以上教龄的教师处在专业成熟期：
从能手到专家

教师专业成长的核心要素分析

职业认同　学科专业　教学能力　师生关系　专业学习

教师专业成长的动机机制

外部动机：　　转化时发生　　内部动机：
社会系统　　外部调节、　　兴趣
教育系统　　内摄调节、　　性格
学校系统　　认同调节、　　职业伦理
课堂系统　　整合调节　　　自我意识
　　　　　　等变化过程

教师专业成长模型的理路与运行

专业成熟期：通过"五懂"发展，从
教学能手走向学科专家，显教学主张
职业认同：懂职业
学科专业：懂学科
教学能力：懂课堂
师生关系：懂学生
专业学习：懂发展

经验积淀期：通过"五善"发展，从
合格教师走向教学能手，有教学专长
职业认同：善进取
学科专业：善创作
教学能力：善驾驭
师生关系：善引领
专业学习：善钻研

角色适应期：通过"五会"发展，从
入职教师走向合格教师，能胜任教学
职业认同：会适应
学科专业：会设计
教学能力：会上课
师生关系：会沟通
专业学习：会学习

专业成长过程中，教师个体行为越倾向内部动机的推动，越表现出自主或自我决定。专业成熟期教师的动机调节过程中总是体现出比角色适应期教师更高的自主意识近年来,在教师队伍建设特别是教师专业成长的研究中,教师成长的机理研究成为一个独特的研究领域。围绕这一核心问题,研究者们试图进一步理顺教师成长过程中各要素之间的内在逻辑关系,形成对教师成长诸多问题的新的规律性认识,进而建构具有系统性、针对性的教师队伍建设方略。从目前来看,围绕这一问题的研究丰富多样,有的研究呈现了教师知识的生成机理及向教师能力的转化机理;[①]有的研究分析了有效教师培训的内在机理;[②]有的研究分析了教育实践活动对教师核心素养与能力形成的作用机理;[③]有的研究分析了教师职业道德形成的机理等。[④]然而,仔细分析这些研究后发现,尽管其提出的研究视角、思路是新颖的,分析问题的框架也是完整的,但都忽视了从概念上对教师成长机理本身的整体性分析。对教师专业成长机理的要素与构成的透视,可以从以下几个维度入手:教师专业成长的发展阶段、教师专业成长的核心要素和教师专业成长的动力机制。

第一节　教师专业成长的发展阶段

教师专业成长关系到教师的持续发展、接受新知识和运用新教学手段,它是教师在职业生涯中不断发现问题,对问题进行研究并解决的过程,教师在过程中得到了自我发展和提升。在教师发展阶段的研究上,学者们较多根据教龄并结合教师素质、能力表现来进行划分。根据教师职业生涯周期理论分析,教师发展阶段论主要有"三阶段论""四阶段论""五阶段论""多阶段论"。"三阶段论"中,连榕认为1—5年教龄的教师为新教师,6—10年教龄的教师为熟手教师,10年以上教龄的教师为专家教师。[⑤]"四阶段论"中,卡茨认为教师专业发展阶段分为求生阶段

---

①　王帅.教师个体间知识隐藏发生机理及多维矫正[J].南京师大学报(社会科学版),2020(1):55-67.

②　李巍,郭平.教师培训的本体性功能及其内在机理[J].继续教育研究,2020(4):50-54.

③　徐章韬,王光明.教育实践活动对教师核心素养与能力作用机理研究[J].基础教育,2019(4):5-12.

④　陈帅,徐士元.高校教师师德他律与自律的互动机理[J].中国大学教学,2019(4):87-91.

⑤　连榕.教师专业发展[M].北京:高等教育出版社,2007.

（1—2年）、巩固阶段（2—3年）、更新阶段（3—5年）、成熟阶段（5年以上）。[①] "五阶段论"中，钟祖荣和张莉娜认为工作的第1年为初步适应期，工作的3—5年为适应和熟练期，工作10年左右为探索和定位期，工作15年左右为教学成熟期，工作20年左右为专家期。[②]

本研究依据上述不同发展阶段论的主要观点，结合日常工作中笔者对教师专业成长问题的认知与感悟，主要从三个阶段来划分和界定教师的专业成长。其中，入职0—5年为入职教师到合格教师的角色适应期，入职6—10年为合格教师到教学能手的经验积淀期，入职11年以上为教学能手到学科专家的专业成熟期。

一、角色适应期：从入职到合格

一般而言，教师入职前5年被界定为入职教师到合格教师的角色适应期，这一时期教师的主要任务是快速适应教学，站住讲台，度过入职适应期，能胜任教学。从当前的研究看，这一时期的教师往往具有如下群体性特征：从教学的角度看，这一时期的教师刚刚踏入工作岗位，职业的新鲜感使得他们往往具有比较强的工作动机，特别是在教学工作上，往往表现得比较积极。他们普遍对自身工作表现出较强的兴趣和动力，在自身工作中能主动投入，也愿意花费时间和精力与学生、家长、同伴等进行交流。[③] 这一时期，教师对自身工作和专业成长的积极性为其发展带来了良好的机遇期，其主动思考、主动投入、主动建构、自我发展的意识比较强烈。但是，这一时期的教师也普遍存在对教育教学活动认识不够深刻的问题，对教书育人的情感积淀不够丰富，教学方法掌握的丰富程度和运用的灵活程度也存在很大的提升空间。更为重要的是，由于经验的缺乏，他们在教书育人的实践中还缺少灵活、流畅、合理地解决各类突发情况的能力，因此，这一时期的教师往往容易在遇到困难的时候产生畏难、烦躁情绪。特别是当其教育实践体会与其读书过程中形成的专业认知不相匹配的时候，更容易对工作产生消极情绪，甚至会影响到其职业的坚守程度。因此，这一时期教师的专业成长核心任务就是想方设法地保持自己的

① Katz L G. Developmental stages of preschool teachers[J]. The Elementary School Journal, 1972(1):50-54.

② 钟祖荣,张莉娜.教师专业发展阶段的调查研究及其对职后教师教育的启示[J].教师教育研究,2012(6):20-25,40.

③ 潘贤权,连榕,李亚真.新手—熟手—专家型教师教学动机特点研究[J].教学与管理,2005(18):23-24.

职业热情,在实践中不断丰富自己对教书育人事业的认知,历练学科教学的基本功,早日成为适应教书育人工作的合格教师。

二、经验积淀期:从合格到能手

总体而言,教师入职的6—10年被视作合格教师到教学能手的经验积淀期,这一时期的教师同样具备鲜明的群体性特征。经过数年的教学实践,这一时期的教师对教育教学工作已经形成了相对固定的认知,在学科教学上经过了一轮甚至多轮历练,教学中的重点、难点已经把握得较好,对教学方法的选择和运用也已经比较熟悉、科学。他们往往能轻松地面对教学和管理中的各类问题,基于实践的经验积累比较丰富,开展工作有了得心应手之感。但是,这一时期的教师,一方面从年龄上看,基本上已经到了组建家庭的时候,要承担起养育家庭的重任,他们的生活压力相较于之前有所增加,特别是在"上有老,下有小"的阶段,生活压力的陡增势必会影响到其工作的积极性和专业成长的动力;另一方面,从其工作本身看,这一时期的教师对本职工作已经驾轻就熟,单一的、机械的、重复性的教学活动容易引发教师的厌烦情绪,从而对工作产生消极情绪和职业倦怠,进入专业成长的"高原期"。在这样的情况下,面对充满诱惑的外部世界,有的教师会对自身工作产生怀疑和否定,以及对职业理想和信念产生动摇,有的教师会放弃教书育人的职业选择,重新选择自己的职业生涯。因此,这一时期教师专业成长的核心任务是通过有效刺激和引导,帮助教师克服专业成长的倦怠心理;通过有效支持,帮助教师化解生活中的现实困难,让教师能有更多的时间、动力和平台来保持自己的专业成长态势,不断将自己积累的实践经验进行内化和升华,成长为学校、区域知名的教学能手。这既为其职业生涯的再次腾飞奠定基础,也为学校教育质量的不断提升提供人力资源保障。

三、专业成熟期:从能手到专家

一般而言,入职11年以上的教师将迎来专业成熟期。他们有着稳定而崇高的职业理想,对教育事业充满感情,从内心深处认可教书育人工作的重要价值,也愿意将自身的成长与学校教育事业的整体发展相融合,认可在教育事业的发展中能实现自我的人生价值。他们不仅能主动研究教育教学过程中出现的问题,主动与学生进行交流和沟通,还能在实践中展现出较为高超的专业技能,能凭借娴熟的技术、丰富的经验高效率地处理各类问题。在某一领域成长为"专家"是这一时期教师专业成长的关键目标。值得一提的是,即便是达到了专业成熟期,教师职业退缩的危险依然存在,这一时期的教师会因为缺乏专业成长的平台、机会而感到受挫。[①] 因此,从教师专业成长的外部支持看,对于这一时期的教师最为重要的工作有两个层面:一方面要通过有针对性的干预,尽可能延长职业生涯,提升其专业成长的可持续性;另一方面要充分利用这些教师自身具备的资源,将其自身的专业优势转变为可共享的教师队伍建设资源,通过他们的专业引领和带动,实现教师队伍整体的专业成长。

无论采取怎样的方式来划分教师的职业生涯,有两方面的基本认识必须树立。其一,教师的专业成长是一个先后相继的过程性行为,尽管总体上可以划分为不同的阶段,但是这些阶段的界限未必明显,不同阶段的成长特点、成长需要也不会孤立存在。只有强调整体性建构和逻辑关系思维,才能真正把握教师专业成长的特征,才能正确发挥基于生涯成长阶段的教师专业成长机理建构的内在要求和价值。其二,教师的专业成长在不同阶段的差异性往往以教学能力为核心表征。教学尽管是教师职业生涯和职业生存的基本形态,但却不能涵盖教师专业成长的全部内容。[②] 要全面分析和了解不同成长阶段教师的专业成长需求,特别是要对教师专业成长的核心要素形成科学的认识,这样才能让教师成长围绕教学而又不拘泥于教学,真正培养教师适应未来教育工作的综合能力与素养。

第二节　教师专业成长的核心要素

教师专业成长是一种有目的、有计划的活动,必须围绕一定的内容体系实施。现代教育的复杂性赋予了教师专业成长领域越来越多的期许和要求,也在不断丰富教师专业成长的内容体系。国际培训、绩效、教学标准委员会(The International Board of Standards for Training Performance and Instruction,简称 IBSTPI)基于大样本调查,总结概括了教师胜任教学工作必须具备的能力标准体系,涵盖专业基础、计划与准备、教学方法与策略、评估与评价和教学管理维度,下设 18 项能力和

① 陈晨,单福利.基于职业生涯周期的教师发展[J].教育现代化,2019(24):116-118,128.
② 崔杨,蒋亦华.中小学教师专业成长的阶段划分及相应标准建构[J].湖南师范大学教育科学学报,2020(3):80-86.

96 条具体绩效指标①，足见教师专业成长在内容维度上的丰富性。进入新时代，社会变革更加急剧，教育事业的发展也随之呈现出很多新的特点和需要，这也在重构着教师专业成长的内容体系。

笔者看来，教师专业成长的核心价值并不在于让所有的教师都能在所有的维度上达到完美的状态，实际上这种完美的状态也不可能达到，教师需要历练的是适应教学岗位的核心能力与素养。教师是否在这些维度上实现成长，实现了怎样程度的成长，需要相应的衡量指标。综合现有的关于教师专业成长的研究，特别是考虑到教师专业成长的实践性价值，笔者认为，教师的职业认同、学科专业、教学能力、师生关系、专业学习等维度可以作为衡量教师成长的指标。这些指标构成了教师专业成长机理的核心内容，起到了目标和导向的作用。

一、职业认同

职业认同也称作职业认知，是主体对某一职业内在本质和外在特征的总体性认识。它既可以作为影响职业选择的重要因素，也可以构成培养职业素养、提升职业能力的内在动力。从教师队伍和教师专业成长的角度看，教师的职业认同就是教师对自身工作性质、内容、要求、价值等形成的总体认知与判断。它是用以理解教师思考、教学实践和专业成长的重要概念，既有助于更加准确地判断教师的思想和行为，也有助于设计有针对性的教师专业成长路径。

纵观西方关于教师职业认同的相关研究，可以将研究的视角归纳为特质理论和生态文化主义两大类型。特质理论认为，教师的职业认同是一个恒定不变的个性化因素，是一个稳定的结构。这种既定的理解导致了教师特定的教学实践行为，从而使得职业认同成为预测教师行为、促进教师专业成长的重要条件。生态文化主义倡导把教师的职业认同置于教师所在的即时社会环境中进行理解，这些环境包括课堂、学校、家庭、社会等。在社会生态主义看来，教师的职业认同不是固定的，其与教师的教学行为和专业成长也并非简单的因果联动关系，而是复杂的互动关系。安妮·布西斯（Anne Bussis）等人的研究表明，教师的职业认同产生于教师的教学实践活动和生存环境中，受制于教师所处环境中的价值观和文化，同时也影

---

① Klein J D，Spector J M，Grabowski B，等. 教师能力标准——面对面、在线及混合情境[M].顾小清，译.上海：华东师范大学出版社，2007.

响和指导教师的实践活动。① 反之,教师在教学活动中的不断反思和积累又会影响与重构教师的职业认同。

教师的职业认同是一个复杂的概念,梳理西方关于教师教育的相关研究可知,即使在当下,学者们对教师职业认同的解读也没有形成一致的认识。在大量的研究文献中,职业认同往往与职业信念、职业认识、职业态度、职业观念等互换使用。综合现有的研究,笔者认为,教师的职业认同涵盖教师对于职业生涯的信念、态度、认识和期望等元素。

从教师专业成长的角度看,教师的职业认同构成了教师专业成长的认知和情感基础,正确的职业认同可以提升教师的自我效能。正如朱迪思•马尔霍兰(Judith Mulholland)等人所指出的,教师正确地理解自身工作,既能帮助他们在实践中获得丰富的教学经验,也能提高其教学效能,有助于其开展有效的学生管理和自我发展行为。② 教师职业认同可以成为讨论和检视教师专业成长的重要维度,马丁•西蒙(Martin Simon)等人认为,教师的职业认同往往是在教学实践中形成的,但是教师深层次的职业认同要想发生改变并不容易,需要经过相当长的专业实践和相应的培训支持。③

总而言之,教师的职业认同是判断和检视教师专业成长的重要维度,不同发展阶段的教师对职业的理解与认知往往存在差异。这种差异性既是区分教师不同职业生涯发展阶段的标志,也是设计有针对性的教师专业成长支持路径的重要维度。

二、学科专业

教师的学科专业主要是指从知识的角度界定教师的专业成长。一般而言,教师的知识体系通常包括条件性知识、实践性知识和本体性知识。条件性知识主要是教师从事教书育人工作的普遍性知识,是任何学科、任何领域教师都必须掌握的与教育工作相关的基础性知识,如教育学知识、心理学知识和基本的自然科学知识、社会科学知识。这些知识既是教师开展教学工作的重要基础,也意味着教师应

① Bussis A M, Chittenden E A, Amarel M. Beyond surface curriculum: An interview study of teachers' understandings[M]. Boulder CO: Westview Press, 1976.

② Mulholland J, Wallace J. Teacher induction and elementary science teaching: Enhancing self-efficacy[J]. Teaching and Teacher Education, 2001(2):243 - 261.

③ Simon M A, Schifter D. Towards a constructivist perspective: An intervention study of mathematics teacher development[J]. Educational Studies in Mathematics, 1991(4):309 - 331.

该在这些知识的基础上形成对教育价值、规律、原理和学校、学生的深度认识,应该充分运用这些知识形成对教育过程中认知、情感、意志、个性等内涵的深度理解,形成对学生发展特点与规律的科学把握。实践性知识是指教师在教育教学实践中实际使用或者表现出来的知识,教师真正信奉的能支配思想和行为的知识,具体包括教师的教育信念、自我认知、人际知识、情境知识、策略性知识和批判反思知识等。[①] 实践性知识不仅能反映出教师在教学过程中积淀的理性与智慧,还体现了教师在教学过程中形成的独特品质、特征、情感、倾向,在很大程度上影响着教师专业成长的整体水平。

除去条件性知识和实践性知识,教师知识体系中最为核心的是其学科专业的本体性知识,这既是区分不同学科、不同领域教师的关键元素,也是教师能承担起学科领域独特育人价值的基本依靠。教师的学科专业侧重解决教师在专业实践中"教有所指"的问题,意味着教师必须对所教学科的整个知识体系和教学要求有清楚的了解和思考。在实践中,教师的学科专业往往是以单一状态存在的,对于关注教师整体发展的部分教师,其所承担的学科也可能有多个。[②] 在教师专业成长的支持路径中,建构学科专业的整体理解和认知,对教师而言是最为基础也是最为重要的。

三、教学能力

教学能力的研究是当今时代教师专业成长理论研究与实践应用中的组成部分,甚至是核心组成部分。这一方面是因为时代发展和教育变革赋予了教学能力维度更深层次的要求;另一方面是因为教学能力的提升也是促进教师队伍整体发展的核心任务。梳理国内外的相关研究可知,尽管对教学能力的探讨非常丰富,但是对教学能力这一概念的认知并未形成共识,其中一个重要的原因就是教学能力本身具有的复杂性特征。能力原本是心理学范畴的概念,"它是作为掌握和运用知识技能的条件并决定活动效率的一种个性心理特征",而"活动的效率是指活动的速度、水平以及成果的质量"。但由于能力的使用频率越来越高、使用范围越来越广,如今它的外延已经扩大,包容性极广。它既可以针对个体而言,也可以针对某

---

① 陈向明,等.搭建实践与理论之桥——教师实践性知识研究[M].北京:教育科学出版社,2011.

② 崔杨,蒋亦华.中小学教师专业成长的阶段划分及相应标准建构[J].湖南师范大学教育科学学报,2020(3):80-86.

一群体甚至一个国家而言。从内容上看,它不仅包括人的实际能力,还包括人的心理潜能。从能力的概念出发,教学能力可以被界定为教师在教育教学活动中形成并表现出来的带有明显职业特点的特殊能力,它体现教师履行教师职责的适应程度和承受水平,是教师从事教育教学活动所需的一种无形的能动力量。

教师的能力是一个复杂的结构体系,结构性教师能力观也是教师能力研究中的代表性观点。持这一观点的代表人物如道格拉斯·米勒(Douglas Miller)、罗伯特·雷利(Robert Reilly)等认为,教师的能力和素质包括不同种类,应该遵循这些种类构建一个教师能力评价体系,并设计有针对性的教师专业成长支持策略。在现有研究的教师能力结构体系中,教师的能力被界定为一种多元的、复杂的系统性体系,其中,教师的教学能力是最为核心和基础的。米勒提出的教师 10 项能力素质中,有 6 项与教学直接相关。伦弗克·曼尼(Renfro Manning)则指出,教师的核心能力主要包括教学计划能力、教学活动能力、课堂管理能力和知识传授能力[①],这 4 项能力都是围绕教学开展的。由此可知,教学能力是教师整体能力中最为核心和关键的,也理应成为教师专业成长的核心判定要素。

四、师生关系

师生关系既是教育系统中的最核心层级,也是最基础的关系,这一价值判断是由教学活动本身的属性和特征决定的。教学活动中最基本的构成要素是教师和学生,在师生相互交往中产生最特殊、最活跃的人际关系,即师生关系。师生关系是教师和学生为实现教育目标,以其独特的身份和主体地位,通过教与学的直接交流活动而形成的多性质、多层次的关系体系。纵观当前的教育教学研究可知,对师生关系的研究占据了重要的比例。这些研究大致分为三个维度:其一是从哲学的角度按照"主体""客体"的二元分类,强调教师和学生在师生关系建构过程中的权利与义务;其二是从伦理的角度强调教师要通过情感、道德的投入,主动建构和谐的师生关系;其三是把师生关系作为一种独特的教育活动或者教育方式,强调师生关系的独特教育价值。[②]

毋庸置疑,良好的师生关系既是教学活动开展的重要前提,也是教学质量得以保障的重要基础。要构建良好的师生关系,需要教师和学生双方的努力,而教师应

---

① 朱旭东.教师专业发展理论研究[M].北京:北京师范大学出版社,2011.
② 司长城.师生关系教育功能的解读[J].基础教育研究,2013(1):3-5.

该在这一过程中承担更多的角色和任务。大量的研究都把如何建构良好的师生关系作为教师的一种重要专业技能,倡导构建"民主—平等—对话"的新型师生关系,要求教师从善意出发,通过教育学生来构建和谐师生关系,要求教师尊重学生,平等地对待自己所教的学生,以此来更好地实现现代师生关系应有的价值。① 从这个维度出发,构建良好的师生关系,不仅是教学活动顺利开展的基础,还是教师的一项重要专业能力和素养。换言之,可以通过教师对和谐师生关系构建的认知、行动、成效等来判断教师的专业素养。

五、专业学习

现代教育的快速发展凸显了教师作为学习者的角色导向。教师学习是一个涵盖性的术语,就本研究的指向而言,它主要针对在职教师,这一概念既包括学习的内容和领域,又包括学习的途径和方法;既包括学习的过程,又包括学习之后教师在专业知识、能力、态度、情感等维度上的变化结果,并且尤其强调教师自身主动性和能动性的发挥,强调教师能自觉意识到因为自身发展的需要而必须进行知识的更新,而不是单纯期待自己的知识能随着年龄的增长自然而然地发生。②

"教师学习"一直或明或暗地存在于社会和教育领域,但由于长期依赖"师范教育""教师培训""教师教育"等概念的流行和遮蔽,在过往的研究和实践中,很少明确地把"教师学习"作为一个单独的概念术语提出并加以思考和研究。③ 20世纪80年代以来,教师学习和教师发展的问题日益受到关注,各国政府纷纷出台了各种旨在促进教师学习的政策文件,颁布教师学习指导用书,提出了教师学习的目标、任务和要求。④ 近年来,随着建构主义等理论在教育领域的传播,教师学习作为促进教师专业成长的一种有效方式开始受到越来越多的关注。

教师专业成长在内容上的多元性意味着教师学习在内容和方法上的丰富性。从知识的维度看,教师既要学习学科知识、专业知识、教学知识、育人知识等静态知识,也要学习能直接作用于其教育教学活动的实践性知识;从方法的维度看,基于实践的学习、基于案例的学习、基于同伴互助的学习、基于环境创设的学习、基于自

①　陈桂生.现代师生关系的价值定位[J].教育学术月刊,2008(1):11.

②　杨骞,溪海燕.教师学习的应然分析[J].新课程研究(教师教育),2007(10):3-6.

③　孙福海.关于教师学习的理论与调查研究[D].广州:华南师范大学,2005.

④　张奎明.国外建构主义教师教育改革研究[J].外国教育研究,2007(2):81-85.

我反思的学习、基于问题解决的学习、基于信息技术运用的学习、基于行动研究的学习等,都可以成为可供教师选择的学习方式。

总而言之,教师的学习,特别是专业领域的学习是教师能不断积累适应现代教育所需要的能力与素养的关键举措。不同生涯成长阶段的教师在学习的能力、学习的诉求、学习的方法等维度上可能存在一定的差异。如何了解这些差异并遵循教师学习特点,进而通过有效的路径设计来满足教师的学习需求,提升教师的学习能力,这是教师专业成长过程中必须思考和解决的实践性问题。

第三节　教师专业成长的动力机制

教师的成长是一个复杂的过程,需要与自身和外部进行持续不断的互动。这种持续性的互动过程意味着教师的专业成长不可能是孤立的,必然会受到诸多因素的影响。一般而言,教师在其成长过程中会受到各方面因素的影响,社会、时代、文化、地域、家庭、学校、同事等外部因素无一不在教师的成长过程中留下一定的印痕,教师自身的性格特质、思维品质、能力素养、成长经历、教育背景等[①],也在很大程度上决定着其自身成长的效果和效能,这些因素整体上看可以划分为内部和外部两大类别。政策层面的研究表明,世界各国都在政策制定与实施过程中重视对教师队伍建设和能力水平的外部激励。然而,教师不仅是专业学习、在职培训等的对象,还是自身发展与生涯规划的主体。因此,教师专业成长水平与程度更多地取决于其内在的动力机制。在上述已有研究的基础上,根据自我决定动机理论分析,本研究思考了以下几个问题:一些政策战略和行政措施有机会通过教师的自主调节系统,转化为教师专业成长的内在动机;教师的专业成长是一个连续性的过程,有必要关注内外动机的纵向历时变化;对不同发展阶段和发展状态的教师而言,动机的类型可能不同,质性研究可能更容易预测行为、分析成因。

一、外部动机

教师的成长既发生在一定的社会环境中,也发生在具体的学校中,因此,借用并改造教育生态系统的概念,将教师专业成长的外部动机分别划分到课堂生

① 王荐.特级教师成长特征及影响因素研究——以江苏省生物学特级教师为例[D].上海:华东师范大学,2017.

态系统、学校生态系统、教育生态系统和社会生态系统中。[①] 社会系统由自然环境、社会环境和生态环境构成。对教师专业成长来说，社会环境是主要的外部影响因素之一。如果整个社会环境是重视教育的，是尊师重道的，教师就能在社会中感受到被尊重、被认可，也就能从内心中形成更多的专业自豪感和使命感。这种情感作用于其专业成长过程中，就能产生积极的推动力量，成为促进教师专业成长的有利因素。反之，如果整个社会是忽视教育的，是不尊重、不认可教师工作的，教师因为环境因素导致的挫折感、失败感就会占据上风，其专业成长的积极性就会受到压制。

源自社会系统的动机包括社会环境的影响变化；新时代对教师专业能力的挑战，如"互联网＋"时代，教师运用多媒体、自媒体进行教育教学的能力；家长和社会公众对教师的评价与认可；教师职业的社会地位和福利待遇在相近领域内的水平变化，尤其是教师的工资待遇。

教育系统是社会生态系统中相对独立的一个子系统，由教育制度、教育资源、教育文化等方面构成，受到一定的社会环境影响。源自教育系统的动机包括当前教育教学改革，如中高考改革、统编三科教材的使用等新变化对教师专业成长的挑战；教师专业标准不断提升，面向高质量教师队伍建设目标的专业素养新要求，一些教师自觉地认为教育对象需要更专业的教师；教师在职务职称晋升过程中，必须面对的评审要求和评审制度；教师还会面临多种多样的考核评价，如常规的年度考核、学期考核和绩效考核，再如很多教学评比、展示和竞赛。

学校系统是制度化教育的载体，包括学校中的规章制度、校园文化、领导管理等。学校系统内部给教师带来专业成长的外部推动力包括学校为教师提供的参与培训、学习、评比、展示等机会和平台，也包括学校对教师发展提出的要求、规划、目标等；来自学校领导层、专家、教研组组长、带教师傅等多方主体对教师给予的指导与鼓励、期待与要求等；来自学校同事之间的人际关系、团队合作、能力比较，也涉及如学校教师的学习共同体文化、教师队伍团队发展的氛围；学校改革、教学改革、教科研修等方面的实践项目、课题研究给教师带来的机会和挑战。

课堂系统是教育生态系统最核心的部分，它聚焦课堂中的主体——学生，以及师生互动关系等。聚焦到课堂系统内部，教师专业成长外部动机来自学生，既要适

---

① 范国睿.教育生态学［M］.北京：人民教育出版社，2000.

应新时代学生心理、身体和知识信息获得与存储特征变化,又要回应知识时代和信息时代背景下,学生的求知欲和高难度的提问,努力成为学生的榜样。

表 4-1 教师专业成长外部动机的构成要素

外部动机维度	具体要素
源自社会系统的动机	社会环境的影响变化 新时代对教师专业能力的挑战 家长和社会公众的评价与认可 教师社会地位和福利待遇的变化
源自教育系统的动机	教育教学改革的要求 教师职业性和专业性的要求 教师职务晋升制度的要求 教师考核评价制度的要求
源自学校系统的动机	学校给予的培养机会和平台 领导给予的压力或鼓励 同事之间的比较与评价 项目驱动
源自课堂系统的动机	适应新时代学生的变化 满足学生的求知欲

二、内部动机

从哲学的角度看,外因是事物变化发展的条件,内因是事物变化发展的根本保障。因此,研究教师专业成长的动机,除了外部动机外,还应该特别关注影响教师专业成长的内部动机。任何一项工作的开展都需要有相应的动机、动力作为保障,教师专业成长作为一项持续性的、复杂的系统工程,更需要教师持久而稳定的内部动机作为基础。内部动机包括兴趣、性格、职业伦理、自我意识。

从专业情感的角度来说,教师是否对教育事业充满感情,是否能在教书育人的工作中体会到幸福和快乐,这直接影响到教师的职业体验,进而影响教师职业情感的积聚。在现实生活中,教师如果对教育事业充满兴趣和热情,就能积聚和沉淀专业情感,构成其专业成长的原始动力。兴趣方面的构成要素主要体现为两点:一是喜欢与学生相处的享受型兴趣;二是对教师职业感兴趣的创造型兴趣。

性格方面的构成要素主要体现在态度特征、理智特征、情绪特征和意志特征四方面。态度特征是指个体对现实工作和生活各方面的态度,包括待人诚恳、有同情心、有礼貌、勤奋等。理智特征是指个体在认知活动中的表现,包括强烈的求知欲,喜欢迎接教育教学工作中的挑战。情绪特征是指个体在情绪上的表现,主要体现在情绪的强度、稳定性、持久性、主导性等方面。意志特征是指个体在调节自己心理活动时的特征,比如果断性、坚定性、自制力等。另有研究指出,教师的人格特质会影响其在专业成长过程中的行为选择,进而影响其专业成长。[①] 值得一提的是,一项对优秀教师的实证研究表明,越是优秀的教师越是倾向把自身在专业成长中的成功归因为后天的努力,而非先天的性格特征。[②] 这意味着在设计教师专业成长的支持体系时,既需要充分考虑不同教师先天的个体特质,更需要考虑其后天的针对性培养。

职业伦理方面的构成要素包括教师的职业自豪感、职业责任感、职业认同感和职业理想信念。职业自豪感是指教师在与学生或其他利益相关者的交往过程中获得的满意感、幸福感,具有一定的亲和性。职业责任感是指从教师职业对学生学习和成长的影响角度出发,表现为教师的责任心和使命感。职业认同感是指认可职业工作内涵和性质的驱动力,个体可能因高质量地完成工作而获得满足,并从注意到他们工作的人那里获得尊重等。职业理想信念是指个体为试图追求和达到一定的目标而产生的驱动力。从职业理想的角度看,教师的职业理想是其职业发展的精神支柱。只有具备了崇高的职业理想,教师才能主动把自己的人生与教育事业的发展相融合,才能在职业生涯中不断成长、不断探索,用自己的努力去实现自己的理想。

自我意识是指教师对自我以及自我与周边环境的总体认知和态度,它所强调的是教师在职业生活中表现出来的对自己及周围人之间关系的认识与评价、情感体验和自我调控。根据现代社会学和心理学的相关研究,独立的自我意识往往有助于形成自我控制能力,这种能力能把个体对自身发展的影响提高到自觉的水平,并对人的发展产生实际性影响。[③] 正如人本主义心理学家罗洛·梅(Rollo May)所言,一个人越有自我意识,就越能变得既有自发性又有自觉性。

---

① 王彦.影响教师成长的四个要素的探究[J].现代教育技术装备,2020(10):62-64.
② 赵昌木.教师成长论[M].兰州:甘肃教育出版社,2004.
③ 叶澜.教育概论[M].北京:人民教育出版社,1991.

有自我意识的人不再是被动地适应生活,而是主动地改造生活。① 由此,在教师专业成长过程中,教师是否有清晰的自我意识已经是其发展动力方面的构成要素。自我意识包括讲求个人存在价值、主动学习和争取机会、坚持自我主张、善于自我反思。其中,前两个要素面向的是自我存在需求的实现,后两个要素面向的是自我决定需求的实现。

表4-2 教师专业成长内部动机的构成要素

内部动机维度	具体要素	要素属性
兴趣	对教师职业的兴趣 对与学生相处的兴趣	创造型特征 享受型特征
性格	做事认真,肯吃苦 喜欢挑战,求知欲强 追求完美,有上进心和好胜心 自信、独立,超然独处	态度特征 理智特征 情绪特征 意志特征
职业伦理	职业自豪感 职业责任感 职业认同感 职业理想信念	亲和特征 权力特征 能力特征 成就特征
自我意识	讲求个体存在价值 主动学习和争取机会 坚持自我主张 善于自我反思	自我存在 自我存在 自我决定 自我决定

第四节　教师专业成长模型的理路与运行

教师专业成长是一个纵向延伸横向拓展的链轴系统过程。从纵向上看,其表现为不同的发展阶段,每一个发展阶段的教师表现出不同的专业特点与需求;从横向上看,其表现为不同维度的要求,蕴含着职业认同、学科专业、教学能力、师生关

① 岳欣云.“迷失”与“回归”——试论教师自我意识对教师生命发展的作用[J].当代教育科学,2006(8):11-14.

系、专业学习等不同层面的要求;从动态上看,教师专业成长动力机制从外部动机向内部动机转化时,教师个体行为越倾向内部动机推动,就越表现出自我决定,如专业成熟期教师的动机调节过程中总是体现出比角色适应期教师更强的内部动机调节力度。从本研究所要解决的核心问题看,要从这些研究中寻找教师专业成长共性的作用机理,在此基础上通过对上海地区基础教育教师调研数据的分析,进一步剖析不同发展阶段教师专业成长的特点和需求,并以此为基础设计促进教师专业成长的支持路径。

一、模型设计

从本质上讲,教师的专业成长是教师持续不断的自我建构过程,是教师“由内而外”不断创生和发展的过程。教师专业成长尽管在内容和路径上表现出一定的独立性,但是从总体上看,教师的成长不是孤立存在的,既总是与一定的外部环境因素发生关联,也总是受到教师自身的个体因素影响。因而,教师的专业成长是一个受到多种因素共同作用的复杂过程,了解这些机理,有助于针对性地设计教师成长的支持路径,帮助教师实现快速有效成长。在文献研究、国际比较和理论研究的基础上,基于对教师专业成长机理的深度透视,本研究提出了三阶段、五要素、双动机的教师专业成长模型,如图4-1所示。

从发展上看,表现为三个不同的发展阶段,教师入职前5年处于角色适应期,这一时期教师的主要任务是适应教师角色身份和能力要求,实现从入职教师到合格教师的转变。教师入职的6—10年被视作合格教师到教学能手的经验积淀期,这一时期的教师在各种专业任务的驱动下进行思考、学习、研究、实践、交流、总结,深入钻研问题,探索改革实践,提升执行能力,积累个人经验,成为有风格专长的教学能手。入职11年以上的教师迎来专业成熟期,这一时期的教参悟了职业内涵并理解透彻,已经站好讲台,纵览学科教学全局,驾驭引领学科教学,成为学科教学专家,把专业能量辐射到周围,形成的教学主张影响学校、区域学段学科的整体水平。

从特征上看,表现为五个要素的分层要求,蕴含着职业认同、学科专业、教学能力、师生关系、专业学习等不同层面的要求,这五个要素对应三个发展阶段的要求分别是“会适应—善进取—懂职业”“会设计—善创作—懂学科”“会上课—善驾驭—懂课堂”“会沟通—善引领—懂学生”“会学习—善钻研—懂发展”,具体内容见表4-3。

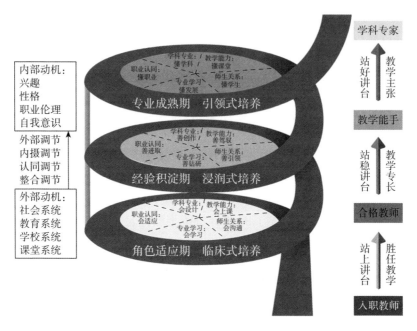

图 4-1　三阶段、五要素、双动机的教师专业成长模型

表 4-3　三阶段、五要素的分层要求

要素　＼　阶段	角色适应期：从入职到合格	经验积淀期：从合格到能手	专业成熟期：从能手到专家
职业认同	会适应：克服不善人际交往、自我封闭的弱点，打开自己，积极调整，适应教师身份	善进取：调整自己的职业境界，从满足会教书到追求教好书，持续提高自己的教育教学品质	懂职业：在教学实践中不断加深对职业生涯意义、价值的认识和境界提升，做到专业自觉，在理解教师工作意义的基础上形成职业精神和理想抱负
学科专业	会设计：熟悉学科，熟知教材，会开展各种各样的教育教学活动设计	善创作：善于根据自己对学科的认识与理解，改造和重组教学过程和内容，使其更适合学生的学习	懂学科：对学科的认识与理解是一切学科研究和实践的逻辑起点，正确认识、把握学科功能与核心素养，据此落实培养学科素养

154

（续表）

阶段 要素	角色适应期:从入职到合格	经验积淀期:从合格到能手	专业成熟期:从能手到专家
教学能力	会上课:熟知上课的基本范式、环节和流程,会有效管理课堂,调动学生,教学效果良好	善驾驭:能同时兼顾教案执行和学生听课情况,善于即时生成最佳教学过程,取得最优教学效果	懂课堂:把握课堂教学改革的重心,对教材融会贯通,善于用接近学生经验的方式讲解给学生听,使学生能听懂并转化为自己的经验,实现学生在课堂里的主动、合作、愉快学习
师生关系	会沟通:会与学生有效对话沟通,在学生面前有一定权威,会有效组织各类学生活动	善引领:在学生心目中具有较高威望,善于引领学生的学业和人格发展	懂学生:时时处处把学生当作与自己一样的生命体对待,与学生平等相处,走进学生的内心世界;具备较强的学情分析能力,做到懂学生
专业学习	会学习:积极参与各种教学研究活动,会通过反思,完善自己的教育教学,形成一定的专业学习和研究能力	善钻研:具有较强的教育研究能力和敏锐的专业视野,善于通过课题研究,形成研究性工作习惯,具备一定的专业学术水平	懂发展:明白自己的发展路径,可以通过对自己成长中的一些关键事件,来自我诊断或评价自己的发展

　　从动力上看,由内部动机和外部动机组成教师专业成长的双动力机制,同时包括以内部动机和外部动机为两个端点的动机调节连续体。其中,内部动机分为兴趣、性格、职业伦理和自我意识四大维度,外部动机分为社会系统、教育系统、学校系统和课堂系统。这些外部动机和个别内部动机还根据教师个体的自我决定程度,在教师外部动机向内部动机内化过程中,进行外部调节、内摄调节、认同调节和整合调节,同时也面临着内部和外部的不同影响因素。教师的内部动机、外部动机和内外部动机调节过程是有差异的、个性化的,取决于教师个体的自我决定意识。外因是事物变化发展的条件,内因是事物发展变化的根本保障,需要关注动机调节,构建回应教师成长需求的培养支持路径。

二、模型运作

入职前 5 年的教师处在角色适应期,这一时期的教师通过临床式培养模式,学会操作,在职业认同、学科专业、教学能力、师生关系和专业学习要素上呈现"会适应、会设计、会上课、会沟通、会学习"的阶段特征,完成规范发展,能站上讲台并胜任教学,实现一次飞跃。从教 6—10 年的教师进入了经验积淀期,这一时期的教师通过浸润式培养模式,学会创作,在职业认同、学科专业、教学能力、师生关系和专业学习要素上呈现"善进取、善创作、善驾驭、善引领、善钻研"的阶段特征,完成模范发展,能站稳讲台并有教学专长,实现二次飞跃。从教 11 年以上的教师到了专业成熟期,这一时期的教师通过引领式培养模式,学会研究,在职业认同、学科专业、教学能力、师生关系和专业学习要素上呈现"懂职业、懂学科、懂课堂、懂学生、懂发展"的阶段特征,完成示范发展,能站好讲台并显教学主张,实现三次飞跃。

在实现每一次飞跃的专业成长过程中,内外双动机发挥引擎作用,两股动力的耦合汇聚作为动力源持续推进教师成长。培养路径作为外部动力,基于对不同发展阶段教师独特的学习特点、成长需求、发展规律和影响因素等的清晰认识,设计有针对性的支持路径。外部动机转化为内部动机转化时,随时表现出动态变化的连续体。一般处在角色适应期的教师,外部动机在形成动力源力量上更强。随着教师成长不断往上发展,处在专业成熟期的教师往往在动机调节过程中体现出更强的自我意识。

基于现有的理论研究体系,融合 TALIS 2018 调查中的相关数据,本研究构建了横向"五要素"、纵向"三阶段"的完整体系。横向的五要素主要是判断和检视教师专业成长的职业认同、学科专业、教学能力、师生关系、专业学习五个角度;纵向的三阶段主要是指 0—5 年教龄的角色适应期、6—10 年教龄的经验积淀期、11 年以上教龄的专业成熟期。角色适应期教师的专业成长主要应该关注其教学实践领域能力的提升,解决的核心问题是让教师能迅速适应教学岗位,能真正实现站上讲台;经验积淀期教师的专业成长应该关注其教学经验的积累和职业倦怠的克服,通过广泛地搭建平台,帮助其更好地积累岗位经验,提升岗位综合胜任力,最终能更好地站稳讲台;专业成熟期教师的专业成长应该关注其品牌的打造和专业成长价值的挖掘,通过发挥其引领、辐射价值,让其站好讲台,并在教师队伍整体专业成长中体现独特价值。教师专业成长的过程是一个多种因素综合作用的复杂过程,受到来自内部和外部动机的影响。这些动机尽管是综合作用的,但是在不同发展阶段的作用方式和作用程度可能存在差异,内部和外部动机内化耦合,形成动力源,以持续推进教师专业成长,从而助推教师实现从规范成长到模范成长再到示范成长的飞跃。

第五章

本土行动：教师专业成长实证分析

【本章导图】

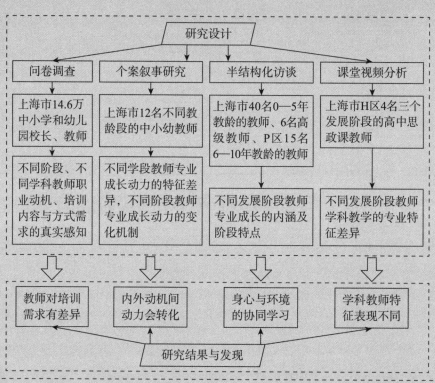

研究设计

问卷调查	个案叙事研究	半结构化访谈	课堂视频分析
上海市14.6万中小学和幼儿园校长、教师	上海市12名不同教龄段的中小幼教师	上海市40名0—5年教龄的教师、6名高级教师、P区15名6—10年教龄的教师	上海市H区4名三个发展阶段的高中思政课教师
不同阶段、不同学科教师职业动机、培训内容与方式需求的真实感知	不同学段教师专业成长动力的特征差异，不同阶段教师专业成长动力的变化机制	不同发展阶段教师专业成长的内涵及阶段特点	不同发展阶段教师学科教学的专业特征差异

教师对培训需求有差异	内外动机间动力会转化	身心与环境的协同学习	学科教师特征表现不同

研究结果与发现

以激活动机为起点	以甄别需求为根本	以关联学习为途径	以精准培养为愿景
1. 理解成长动机是尊重教师自我同一性的基础； 2. 善用成长动机是回应教师需求适应性的保障	1. 以符合规律、形式多样为培养理念； 2. 以主题明确、定位精准、满足需求为培养内容； 3. 以资源动态开放、成果学以致用为实施要求； 4. 以明确指向、反映过程、凸显反思为评价策略	1. 教师学习特点决定目标定位； 2. 教师学习需求决定内容生成； 3. 教师学习机制影响实施环节； 4. 教师学习方式影响结果成效； 5. 教师学习应用影响评价跟进	1. "让我发展"，面向能力需求的素养提升； 2. "帮我发展"，面向归属需求的生态支持； 3. "我要发展"，面向自主需求的自主发展

研究结论

教师专业成长在 20 世纪七八十年代已经成为西方主要教育发达国家的一个主要研究领域,对这一领域的研究主要有两种取向:一种是从横向上研究教师专业成长的各方面,如教师在成长过程中所需要的知识、能力等方面的特征、要求、发展状况等;另一种是从纵向上研究教师专业成长的整个过程,如探索教师不同发展阶段的特征等,这就是教师发展生涯的研究。教师发展生涯是指教师的职业素质、能力、成就、职称等随时间轨迹而发生的变化过程及其相应的心理体验与心理发展历程。[①] 促进教师专业成长是一项复杂的系统工程,需要熟悉教师成长需求、了解教师发展动机、遵循教师学习特点等。在上述章节中,笔者系统性地回顾了教师职业生涯周期理论、需要层次理论、自我决定动机理论和学习理论的相关研究及其代表性观点,并从理论上对教师专业成长的机理进行了分析,建构了三阶段、五要素、双动机的教师专业成长模型。本研究关注的是地区层面教师专业成长支持路径的建构。众所周知,不同地区的教师队伍建设和教师专业成长因为面临着不同的外部环境、政策支持、教师群体特征,在实践的过程中必然存在一定的差异性。因此,除了理论层面的分析外,还需要通过调查分析地区层面教师专业成长过程中不同阶段的特征、表现,分析其动力机制,在此基础上再设计有针对性的支持路径,以便提升研究的针对性和应用的实效性。

第一节　研　究　设　计

实证主义作为一种重要的研究范式,大致起始于 19 世纪 30 年代。就其历史变革而言,先后大致经历了经典实证主义、逻辑实证主义和后实证主义三个阶段。教育领域引入实证主义的研究方法和理论大约起始于 19 世纪下半叶,比较有代表性的起点是斯宾塞(Herbert Spencer)在《教育论》中提出的经典问题"什么知识最有价值",对这一问题的追问和反思开启了教育研究与实证主义相融合的大门。到了 20 世纪初,拉伊(Wilhelm August Lay)等人将实验心理学的方法引介到教育研究领域,开创了实验教育学研究。[②] 教育研究与实证主义之间的联系更加紧密,因为实验方式的引入,教育实证研究的科学性也得到了很大提升。近年来,虽然在教

---

① 申继亮.教师人力资源开发与管理[M].北京:北京师范大学出版社,2006.
② 王思遥.教育实证研究的理论依据、争议与去向[J].大学教育科学,2020(5):12-17.

育研究方法的讨论中,实证主义教育研究范式依然面临着"科学与否""道德与否"等层面的拷问,但是从教育研究的实践看,教育研究的实证范式转型已经成为一种备受推崇的变革路径,教育实证研究的成果甚至被广泛地视作更新教育决策和鉴别教育理论的重要标尺。[①] 教育实证研究成果在整个教育研究成果体系中的比重不断扩大,这一研究范式呈现出鲜活的生命力。

本研究的核心使命不是论证实证研究的利与弊,而是借用实证研究的方式分析和呈现本文关注的核心问题——不同发展阶段教师专业成长的需求、特点、动力和成长规律。在笔者看来,实证研究并非一种具体的研究方法,而是一个不断丰富、不断创新的方法链条,实验研究、准实验研究、数据分析、个案观察等,都应该属于这一研究体系。[②] 基于这样的认识,本研究的实证分析框架可以从以下几个维度进行阐释。

一、对象选择

本文的调查对象是上海市基础教育教师,主要包括四部分。

其一,调研对象为上海市中小学、幼儿园具有师训号的在编在岗教师(含校长、书记),了解不同教龄、不同学科、不同职称教师对教师职后培训的真实感知。本次调查共回收问卷 146011 份,其中无效问卷 2432 份,问卷有效率为 98.34%。

其二,在幼儿园、小学、初中、高中四个学段选取入职 5 年内、入职 10 年内和入职 16 年以上的教师各 1 名,共计 12 名上海市中小幼教师。对这些教师进行访谈和专业成长叙事案例研究,分析 12 名教师在专业成长过程中的动机水平和构成要素。

其三,是部分个案教师,包括 6 名上海市中小幼高级教师、40 名入职 5 年内的中小学教师和 P 区 15 名 6—10 年教龄的初中数学教师。试图通过个案分析,以形象化的语言和案例更加清晰直观地呈现研究结果,对数据调查的结论形成更好的支撑。

其四,是上海市 H 区 4 名不同教龄段的高中思政课教师,教师 A 为 15 年教龄,教师 B 为 3 年教龄,教师 C 为 12 年教龄,教师 D 为 10 年教龄。授课班级中,只

---

① 姜勇,柳佳炜.论教育研究方法论要摆脱唯实证主义的三个"崇拜"——兼谈坚持运用马克思主义辩证方法论开展教育研究[J].教育发展研究,2018(12):12-20.
② 袁振国.实证研究是教育学走向科学的必要途径[J].华东师范大学学报(教育科学版),2017(3):4-17,168.

有教师 B 为本班学生,教师 A 和 C 为本校借班上课,教师 D 为跨校借班上课。笔者围绕教师课堂教学的水平、特点和整体感受进行评述与分析。

二、基本维度

借助对上海市"十三五"期间教师职后培训的全市调研,内容包括教师基本信息、教师入职动机、参与培训的动机、对培训内容和方式的需求与期望,了解中小幼教师职后专业成长水平、培养需求与满意度的现状。

借助教师访谈调查和案例研究相结合的质性研究方法,对 12 名教师进行访谈和专业成长叙事案例研究。从横向上,考察不同学段教师专业成长动机的特征差异;从纵向上,考察不同发展阶段教师专业成长动机变化的影响要素,从而识别出影响教师成长动机的各要素以及各要素之间的内在联系。

借助教师访谈研究,通过与不同发展阶段教师的对话,跟随教师分析他们在职业生涯各阶段中自我迷茫、自我认识、自我定位、自我突破和自我实现的经历与重要转变,识别教师专业成长的内涵变化,总结不同发展阶段教师的专业特征和阶段特点。

借助区域教师专业人才梯队建设市区共建项目,用同课异构录像课的观察分析方式,对 H 区高中思政课教师的专业特征进行研究。其一是用自编课堂教学水平分析表,围绕教师课堂教学的水平、特点和整体感受进行评述与分析。其二是用自编课堂观察量表,围绕教师对学生的态度与行为、教师对学科的态度与行为、教师对教学的态度与行为、学生对课堂的参与四个维度和 12 个指标要素进行记录与评分。

三、数据处理

本研究采用问卷调查、访谈、案例叙事文本、同课异构录像课的方式收集数据核心。

关于问卷调查,采取网络在线填写的方式开展,调查对象登录上海市教师教育管理平台完成问卷,研究者采用 SPSS 24.0 软件对调查数据进行分析。

关于动力机制研究的数据,12 名样本教师均接受 75—120 分钟的访谈;4 名入职 5 年内的教师不仅接受了访谈,还提交了教师专业成长内部动力思维导图和外部动机调节过程叙述表。将访谈资料作为获取 12 名教师成长叙事的途径,通过故事和叙述来描述他们的世界。但由于是非概率性样本抽样方式,本身就决定着其无法代表教师整体,也无法代表教师整体的专业成长动机特征。① 因此,本研究根据罗伯特·殷(Robert Yin)提出的执行研究外推逻辑"分析扩大化"原则,将 12 名样本教师的访谈内容作为 12 个个案,再将他们的叙述作为教师专业成长动机的"集体故事",从个案和集体故事中挖掘多元变量之间的复杂关系。

关于不同发展阶段教师成长内涵研究的数据,对 6 名中小幼高级教师、40 名入职 5 年内的中小学教师和 P 区 15 名 6—10 年教龄的初中数学教师进行半结构化访谈,总结和梳理访谈数据中体现的不同发展阶段教师具备的专业素养与映射的成长特征。

关于学科教师的教学专业特征研究的数据,采用同课异构录像课的观察分析方式,对沪教版高二下册政治常识第七课"独立自主　和平发展"中"中国特色大国外交"一节进行同课异构。课程录制标准一致,均为前后两个机位,第一机位在教室前方进行整体拍摄,第二机位在教室后方进行聚焦教师走位的跟踪拍摄。由 12 名思想政治学科教研员、教师教育研究者、教师培训管理者组成的录像课观察团队,集体进行录像课观察分析,根据课堂观察量表上的指标维度进行"背靠背打分"。课堂观察量表的打分标准分为 3 个梯度、7 个分数等级,每一个维度和指标要素都有"低(1、2)""中(3、4、5)""高(6、7)"相应的评分标准说明,并填写教学水平分析表和总体评价意见。最终对观察团队的课堂观察量表数据进行统计分析,对观察团的教学水平分析和评议的文本进行质性分析。

第二节　研究结果及发现

亚历山大·克拉克(Alexander Clark)指出,任何一种特定的研究范式和研究方法都不足以把握教育研究的所有问题②,但是,这些范式和方法必定能呈现出分析与解决教育问题的某些特定依据。因此,按照实证主义的逻辑,通过对调查数据的分析,有助于我们把握所要研究的核心问题在实践中的现实表现,进而通过一定的分析归纳,推断和形成研究所关注的教育问题。

---

① 宋萑.质性研究的范式属性辨[J].全球教育展望,2018(6):56-66.
② Clark A M. The qualitative-quantitative debate: moving from positivism and confrontation to post-positivism and reconciliation[J]. Journal of Advanced Nursing,1998(6):1242-1249.

一、教师对培训需求有差异

博尔诺夫认为,"人原则上是并且始终是需要教育的,因此人在整个一生中始终在向更新的阶段发展,始终在产生新的学习任务"①。

(一)教师对培训内容的需求具有明显的学段学科特征

在小学阶段,语文、数学和外语教师对班主任工作的需求较高,与这些学科教师担任班主任的比例多有一定关系。小学科如体育、美术、生活与劳动、科学、心理学教师的需求体现各自学科的特点。体育教师对"教师成长与职业规划""教师礼仪与人际沟通""教师职业道德与行为规范"方面的需求最高,美术和自然教师对"学科本体性知识"方面的需求最高,信息科技教师对"课程标准的解读与教材分析"方面的需求最高,生活与劳动教师对"信息技术与课堂教学的整合"方面的需求最高,科学教师对"有效落实学科核心素养的教学设计与实施能力"方面的需求较高,心理学教师对"学生心理与师生沟通技巧""教师成长与职业规划""特殊学生的教育""课题研究与论文撰写""校本课程开发"方面的需求较高,均体现了较为鲜明的学科特征。思想品德和社会学科教师的培训内容需求最多,对当前教育教学存在一定的困惑,表现出对培训较高的热度。

在初中阶段,外语和数学教师对"班主任工作"的培训需求最高,劳动技术和信息科技教师对"学科本体性知识"培训班的需求最高,物理、化学、历史、政治、地理、生物和科学教师对"有效落实学科核心素养的教学设计与实施能力""课程标准的解读与教材分析""基于学科核心素养、学业质量标准的作业设计与命题能力"方面的需求均较高,体育教师对"学生心理与师生沟通技巧""教师成长与职业规划""教师礼仪与人际沟通""特殊学生的教育"方面的需求均较高,美术教师对"学科综合活动设计"与"校本课程开发"方面的需求较高,心理学教师对"生涯发展规划指导""学生心理与师生沟通技巧""教师成长与职业规划""特殊学生的教育""课题研究与论文撰写"方面的需求均较高,也都体现了其学科特征。

在高中阶段,化学、物理、政治、历史、生物、地理教师对学科前沿问题较为关注,对"有效落实学科核心素养的教学设计与实施能力"和"基于学科核心素养、学业质量标准的作业设计与命题能力"方面的需求较高。生物和地理教师对"学生心理与师生沟通技巧"和"班主任工作"方面还有较高需求。信息技术、艺术和音乐教

---

① [德]O・F.博尔诺夫.教育人类学[M].李其龙,等译.上海:华东师范大学出版社,1999.

师对"学科本体性知识"的培训需求最高。心理教师对"生涯发展规划指导""特殊学生的教育""课题研究与论文撰写"的培训需求最高。

值得注意的是,中小学教师均认为"教师身心保健、心理调适与减压"是最需要的。在教育教学工作中,教师的心理压力较大,该状态需要持续改善。教师对学生心理、教学设计与实施相关的培训需求仍较大,所有学段教师调研的结果均靠前。相较于"十二五"调研,教师对自身成长与职业规划的培训需求提升明显。

（二）教龄较长的教师对培训内容的需求呈多元样态

研究发现,各学段不同教龄段教师的需求主要集中在教育教学中基本的实践知识与技能,教龄较长的成熟教师的发展需求比青年教师丰富。教师对专业成长与职业规划方面的需求有趋于低教龄的特点,即教师从入职开始就有重视教师专业成长与职业规划的意识,而随着教龄的增长,教师的心理调适与减压诉求逐渐上升。

在关注教育教学的策略、教育教学热点问题方面,小学段6—10年及11—15年教龄的教师在"有效落实学科核心素养的教学设计与实施能力""基于学科核心素养、学业质量标准的作业设计与命题能力"方面的需求较高。21年以上教龄的教师对"信息技术与课堂教学的整合"方面的需求较高。初中段16—20年教龄的教师在"有效落实学科核心素养的教学设计与实施能力""基于学科核心素养、学业质量标准的作业设计与命题能力""学科本体性知识""学科综合活动设计"方面的需求较高,反映出有一定经验的教师对学科前沿发展更为重视。高中段11年以上教龄的教师对"课程标准的解读与教材分析"方面的需求较高,21年以上教龄的教师对"教育教学评价""信息技术与课堂教学的整合"方面的需求较高。

关于教育教学研究和学生发展,如"课题研究与论文撰写",幼儿园段16—20年和21—25年教龄的教师、小学段2—5年和6—10年教龄的教师、初中段6—10年和11—15年教龄的教师有较高需求。此外,初中教师和16—20年教龄的高中教师需要"生涯发展规划指导",更加关注教学研究与学生长远发展。各学段21—25年和26年以上教龄的教师均对"信息技术与课堂教学的整合"方面的需求较高。

就学前阶段而言,幼儿园教师在"心理调适和人际沟通"方面的需求更高,在"班级工作与育儿指导""幼儿心理与师幼互动技巧""教师成长与职业规划"方面的培训需求随着教龄的增长逐渐减弱,在教学礼仪、沟通策略和职业道德上的成长需求随教龄的增长而增强。例如,入职1年的幼儿园教师在"一日活动设计与保教实践"方面的需求很高,入职5年的幼儿园教师在"班级工作与育儿指导"方面的需求很高,体现出该阶段教师能较好地掌握基本技能。21年以上教龄的幼儿园教师在"教师礼仪与人际沟通""特殊儿童的教育""幼儿评价与激励"这三方面的需求较高,需求上升到形成个人教育教学风格和策略上。

（三）入职6—10年的教师培训内容需求更聚焦学科教学

在对上海市P区15名入职6—10年的初中数学教师的针对性调查中,也体现出这一阶段教师对专业成长需求的独特性。这一时期的教师非常需要发展的专业领域集中在学情诊断、给予学生及时反馈并基于数据提供个别化指导的专业能力,他们"分析和使用学生测试""教学相关的信息和通信技术（ICT）""所教学科领域的知识和理解"方面的需求很强（见图5-1）。这与处于这一时期教师的工作情况吻合。另外,本研究追问了解了教师每周工作时间的分布情况。如图5-2所示,这一时期教师的主要工作集中在批改学生作业和辅导学生上。因此,如何分析学生的作业或测试的结果,提供及时的反馈是该教师群体反映最亟待加强的专业能力。同时,如何把ICT融入教学,促进学生表现和学情数据的收集与诊断同样也成为该教师群体非常需要提升的技能。

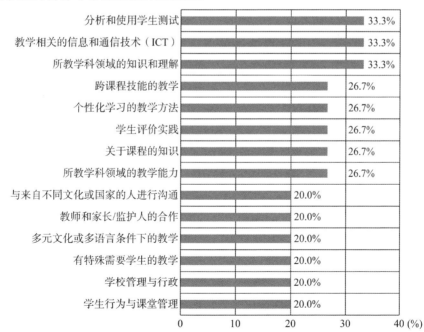

图5-1　上海市P区15名6—10年教龄的初中数学教师"非常需要"的发展领域

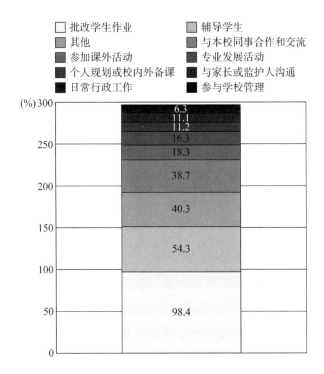

图5-2 上海市P区15名6—10年教龄的初中数学教师每周工作时间分布情况

（四）教龄越长的教师越喜欢自我主体性强的培训方式

从上海市"十三五"中小学、幼儿园教师培训的调查数据中发现，不同学段、不同教龄的教师在培训方式的喜好上都有差别。

按学段分别检验教师对不同培训方式的倾向程度，教师对自主研修、国内外考察培训方式的倾向程度随所在学段上升而增强，而对师徒带教培训方式的倾向程度则随所在学段上升而减弱。教龄越短的教师越倾向师徒带教、跟岗实践的培训方式，尤其是0—1年教龄的教师，人数比例分别达到了72.3％和54.3％，其次是2—5年教龄的教师（58.9％和47.7％）。0—1年教龄的教师对课题研究的需求也相对较高。11年以上教龄的教师更倾向自主研修、团队研修、网络研修等培训方式。

此外，对上海市P区15名入职6—10年教师的专项调查也体现了这一时期教师在专业学习活动和专业成长需求上的独特性。这一调查询问了样本教师最近12个月参加各类专业学习活动的情况。从参与率看，这一时期教师正式学习的参与率较高，参与观摩课（100.0％）、讲座（93.3％）、在线课程（86.7％）和研讨会

(80.0％)的比例较高。校外商业机构或非政府机构考察(6.7％)、正式资格课程(13.3％)和工作坊(40.0％)是教师参与率最低的三类专业学习活动。

如果从各类专业学习活动的参与度看,非正式学习是这一时期教师最主要的学习方式。如图5-3所示,"与同事交换教学资料"和"观摩其他教师的课并提供反馈"是这一时期教师每个月都会开展1—3次的专业学习活动;参与度较高的讲座和研讨会的频度为1年2—4次。其中,参与度最低的是工作坊、团队教学和跨班级或年级协作。这说明,浸润式学习和同伴学习是这一时期教师最主要的专业成长形式,尤其是教学观摩和教研活动。但调查结果发现,在培养教师专业协作的能力上(团队教学、跨班级或年级协作),这一时期教师获得的学习机会相对较少。

经T检验后发现,教师的职称和性别在个别类型的专业学习活动参与强度上存在显著差异。在"与同事交换教学资料"的频度上,一级教师(频度均值为6)显著高于二级教师(频度均值为4.7),$P=0.008$;在参加"研讨会"的频度上,男教师(频度均值为4.1)显著高于女教师(频度均值为2.7),$P=0.049$;在参加"工作坊"的频度上,男教师(频度均值为3.1)也显著高于女教师(频度均值为1.6),$P=0.007$。可见,这类教师群体中,男教师在获得参加工作坊和研讨会的机会上显著高于女教师。

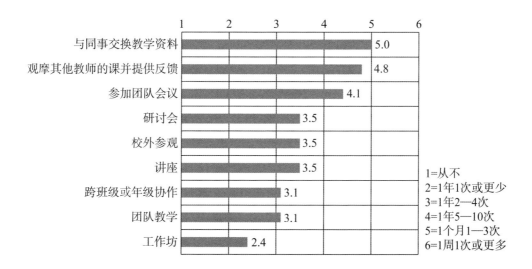

图5-3　上海市P区15名入职6—10年教师专业学习活动参与情况

二、内外动机间动力会转化

动力机制是教师可持续性专业成长的根本所在。本研究采用个案叙事研究，以自我决定动机理论为基础，识别出影响教师专业成长的内外部动力要素，以及各要素之间的调节关联。对访谈数据进行归类编码后发现，教师专业成长的动力机制构成可以分为内部动机和外部动机，以及以内部动机和外部动机为两个端点的动机调节连续体。其中，内部动机包括兴趣、性格、职业伦理和自我意识四大动力维度；外部动机包括社会系统、教育系统、学校系统和课堂系统四大动力维度。不同发展阶段教师在专业成长内在动力和外在动力上存在些许差异，同时还存在外部动力向内部动力转化调节的过程，见表5-1和图5-4。

表5-1 教师专业成长动力的构成要素及编码

内部动力	具体要素及编码	外部动力	具体要素及编码
兴趣	对教师职业的兴趣 I1.1 对与孩子相处的兴趣 I1.2	社会系统	社会环境的影响 E1.1 新时代特征的挑战 E1.2 家长和其他利益相关者的认可 E1.3 教师的社会地位和福利待遇变化 E1.4
性格	做事认真，肯吃苦 I2.1 喜欢挑战，求知欲强 I2.2 追求完美，上进好胜 I2.3 自信、独立，超然独处 I2.4	教育系统	教育教学改革的要求 E2.1 教师职业性和专业性的要求 E2.2 教师职务晋升制度的要求 E2.3 教师考核评价制度的要求 E2.4
职业伦理	职业自豪感 I3.1 职业责任感 I3.2 职业认同感 I3.3 职业理想信念 I3.4	学校系统	学校给予的培养机会及平台 E3.1 领导给予的压力或鼓励 E3.2 同事之间的比较与评价 E3.3 项目驱动 E3.4
自我意识	讲求个体存在价值 I4.1 主动学习，主动争取机会 I4.2 坚持自我主张 I4.3 善于自我反思 I4.4	课堂系统	适应新时代学生的变化 E4.1 满足学生的求知欲 E4.2

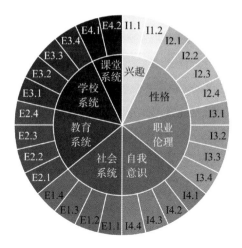

图 5-4 教师专业成长动力要素构成

（一）不同阶段教师专业成长的内部动机差异特征

研究数据结果表明,每一位教师的专业成长都有丰富的内部动机和复杂的外部动机作为驱动力,没有完全无动机的情况。归类编码结果表明,样本教师的内部动机可以分为四类,分别是兴趣、性格、职业伦理和自我意识。兴趣方面,比如,入职 5 年内的初中教师认为"站在讲台上很享受上课过程,有意思,有成就感"。性格方面,样本教师的表现主要集中在"做事认真""肯吃苦",能"在苦中寻找乐趣",有非常独立的个性,做事情很自信。其中,仅有一位入职 6—10 年的小学样本教师表示"自己比较懒惰",另外,入职 16 年以上的幼儿园样本教师表示"喜欢个人独处"。职业伦理方面,例如,入职 5 年内的初中样本教师和高中样本教师表示"教师要对学生负责,是良心活儿""要无愧于教师育人职业角色要求"。

从 12 位样本教师的专业成长内部动机构成要素的分布情况上看,喜欢与孩子们相处、教师职业的使命感与责任感是最好的内部动机。入职 5 年内的教师专业成长内部动机集中在性格和职业伦理两个维度。从这些教师的访谈叙述中都能看到要强、进取的性格特点,以及对教师职业的认同感、使命感和自豪感,这表明在这些青年教师身上已经体现了高尚的职业伦理精神。

入职 11 年以上的样本教师专业成长内部动力则集中在自我意识方面,比如,具有较强的主动学习意识、自我反思意识,已经形成并能坚持一定的教学主张。这方面的内部动机是前两个发展阶段教师较为缺乏的。不同发展阶段教师在专业成长内在动力上存在些许差异,具体见表 5-2。

表 5-2　样本教师的专业成长内部动机构成要素分布

样本教师		兴趣		性格				职业伦理				自我意识			
学段	教龄	I1.1	I1.2	I2.1	I2.2	I2.3	I2.4	I3.1	I3.2	I3.3	I3.4	I4.1	I4.2	I4.3	I4.4
幼儿园	5年及以下		✓			✓			✓		✓				
小学						✓		✓	✓	✓			✓		
初中		✓	✓		✓		✓								
高中							✓	✓		✓		✓			
幼儿园	6—10年		✓			✓									
小学										✓					
初中			✓		✓										
高中												✓	✓		
幼儿园	11年以上	✓	✓								✓	✓		✓	✓
小学		✓	✓										✓		
初中			✓	✓					✓	✓					✓
高中						✓			✓				✓		

（二）不同阶段教师专业成长的外部动机差异特征

教师专业成长的外部动机来自社会系统、教育系统、学校系统和课堂系统,可细分为 14 个具体要素。12 位样本教师的专业成长外部动机构成要素分布情况见表 5-3。入职 5 年内的教师受到的外部动力明显多于其他阶段的教师。总体上看,获得家长和社会其他利益相关者的认可是教师专业成长最重要的外部动力。教师们普遍看重来自社会、家长和学生对自己的评价,也就是入职 5 年内的幼儿园样本教师和入职 16 年以上的高中样本教师提到的“口碑”。多数入职 5 年内的教师和个别入职 6—10 年的教师专业成长动力来自教师社会地位和福利待遇的保障,希望通过专业成长,保证自己继续留在行业内工作,保障有稳定收入和较高的职业声望,这也是吸引和保留青年教师的一个基础条件。另外,绝大多数入职 5 年内和入职 6—10 年的教师都认为学校为教师专业成长制定的制度、规划,以及提供的发展机会和培训平台是推动他们实现专业成长的重要抓手,不过入职 11 年以上的教师都没有提到这一点。有入职 11 年以上的小学样本教师和入职 11 年以上的初中样本教师都提到了项目引领和项目驱动使他们不断寻求专业进步的外在动力。

表 5-3　样本教师的专业成长外部动机构成要素分布

样本教师		社会系统				教育系统				学校系统				课堂系统	
学段	教龄	E1.1	E1.2	E1.3	E1.4	E2.1	E2.2	E2.3	E2.4	E3.1	E3.2	E3.3	E3.4	E4.1	E4.2
幼儿园	5年及以下				✓	✓									
小学				✓	✓		✓		✓	✓		✓			✓
初中								✓	✓	✓					✓
高中			✓	✓	✓	✓				✓		✓		✓	✓
幼儿园	6—10年				✓					✓					
小学										✓					
初中				✓	✓			✓	✓			✓			
高中			✓							✓				✓	✓
幼儿园	11年以上	✓		✓										✓	✓
小学													✓		
初中													✓		
高中		✓		✓				✓						✓	

（三）教师的自我决定意识影响内外部动机的分布与调节

教师的成长动机是一个以内部动机和外部动机为两端的连续体。当教师对外部动机的自我决定行为最少时,更容易受到外部动机的影响,但随着教师逐步接受动机所产生的行为后,外部动机会出现内化、整合等情况,逐步内化为出于个体自由意志的行为。其间,教师可能会经历外部动机调节的四种状态:外部调节、内摄调节、认同调节和整合调节。本研究对 12 位样本教师访谈叙述中表达的专业成长外部动机的认可、整合和内化程度等进行了梳理与归纳,以探讨 12 位样本教师在外部动机整合调节中的一些特征(见表 5-4)。

表 5-4　样本教师的专业成长外部动机的整合调节

	外部调节	内摄调节	认同调节	整合调节
入职 5 年内的幼儿园教师	E1.4 E2.1 E2.2	E2.3 E1.3 E2.4	E3.1 E3.2 E1.2	E4.1

（续表）

	外部调节	内摄调节	认同调节	整合调节
入职5年内的小学教师	E1.4	E1.3 E1.1	E3.1 E2.4 E3.3	E4.2
入职5年内的初中教师	E1.2 E3.1 E3.2	E1.3 E2.4	E1.4 E2.4 E3.2	E4.1 E4.2
入职5年内的高中教师	E2.3 E3.1	E3.3 E2.4 E3.2 E1.4	E1.3 E2.2	I4.1 I1.1
入职6—10年的幼儿园教师	E1.3 E3.1	E2.3 E2.4	E3.2	I3.1 I3.2 I3.3
入职6—10年的小学教师	E3.1	E2.4	E3.2	E3.2 E4.1
入职6—10年的初中教师	E1.2 E2.4	E1.3	E3.1 E2.3	E4.1 E3.2
入职6—10年的高中教师	E2.4	E2.4 E3.2 E3.3	E3.1 E3.3	/
入职11年以上的幼儿园教师	E3.2	E3.3 E3.4	E3.1	E4.1
入职11年以上的小学教师	/	E3.4	E3.3	E4.1
入职11年以上的初中教师	E3.1 E3.4	E1.1	E2.2 E3.3	I4.1 I4.4
入职11年以上的高中教师	E1.1 E2.4 E3.2 E3.4	E2.4 E3.3 E1.3	E3.1	E4.1 I4.1

整体上看,样本教师访谈叙述中表达的专业成长外部动机认可、整合和内化等调节过程呈现出一些共性特征。来自学校系统的各项外部动机要素在教师动机调节过程中最为活跃,在每一个调节环节都有出现。课堂系统对教师的外部推动发

生在整合调节的过程中。社会系统和教育系统这两个维度的要素对入职 5 年内教师的影响较大。

从外部动机调节的各个环节来看,在自主决定程度较小的外部调节过程中,入职 5 年内教师的推动力多来自学校和领导的各类要求,而入职 11 年以上教师的推动力则更多来自项目的引领和驱动。在内摄调节过程中,样本教师提及较多的均是能在一定程度上通过个人努力展示自己能力的外部动力,如符合家长的要求与期待,通过职称评审和考核评价,参与一些教育教学评比、比赛等。在认同调节过程中,样本教师的推动力多来自同行、同辈和学术共同体的影响、评价、认可、肯定、分享、交流。在师父认可、专家指导、同伴沟通、组内评价表扬、学术共同体交流等动力支持下,样本教师能发自内心地接受专业成长的规则,并且根据个人的想法来实施专业成长行动。在整合调节过程中,样本教师已经完全内化了专业成长的外部要求和外部规则,从内心出发,聚焦于课堂教学实践与变革,秉持学生立场,关注学生的发展与成长。还有一些样本教师的动机表述中将内化了的外部动机与纯粹的内部动机有机融合,关注到作为教师的自我价值、责任感与使命感,产生了与价值观相一致的行为,以及与行为相一致的价值观。

每个样本教师的外部动机调节过程都是独一无二的,这与他们的个性特征、发展阶段、成长需求等都有一定的关系。例如,四位入职 5 年内的样本教师都提到了薪酬福利对他们追求专业成长的外在推动,但是他们把薪酬福利的外部推动分在三个不同的调节过程中。幼儿园样本教师和小学样本教师认为薪酬福利属于外部调节,因为它的自我决定可能性最低,完全是物质化的奖惩结果。高中样本教师把薪酬福利划分到内摄调节,将薪酬与职业尊严相联系。初中样本教师则认为薪酬福利属于认同调节,认同薪酬和福利水平取决于自身的努力。

再如,四位入职 11 年以上的样本教师都提到了项目驱动对其专业成长的外部助推作用。幼儿园样本教师和小学样本教师将项目驱动放置在内摄调节过程中,初中样本教师和高中样本教师则将项目驱动放置在外部调节过程中。究其原因,具体如下:初中样本教师既是教育部"领航工程"的主持人,又是上海市"双名工程"的基地主持人,还担任学校校长的职务;高中样本教师不仅是学校的副校长、"双名工程"的基地主持人,同时还因特级教师流动计划要到另外一所学校担任副校长,可见这两位样本教师所遇到的项目都比较多,项目启动与运作过程中有一定的行政要求,因此他们的自主决定性相对较小。

三、身心与环境的协同学习

在教师发展日益被教师学习一词所取代、教师的成长从"培训问题"转变为"学习问题"的背景下，教师的成长与发展开始真正走向"以学习者为中心"，这意味着成长的主体是学习者，离开了学习者的主动参与和卷入，学习将难以真正发生。

（一）教师成长是从教学专家走向学习专家

知识时代使人的学习在内容、方法、结构以及学习发生的时间、空间上都有很大变化，这促使学习理论呈现出一些新的取向。进入 21 世纪，脑科学研究取得了新的进展。研究者们提出，要从课程导向的教育体系转向教学论引导的教育体系，以学习方式支配学习内容。换言之，要从人是如何学习的视角出发考虑学习内容的安排。

教师学习理论的研究是对知识社会的及时回应，它的深入聚焦表明了教师教育研究者已经认识到在知识社会中，常规技能的培训已不能帮助教师适应日趋复杂的时代变革和具有高度不确定性的教学工作所提出的挑战，而帮助教师形成不断学习、持续性发展的能力，促使教师从教学专家转向学习专家则成为当前乃至未来教师教育的重要任务。因此，学习理论在实践中的应用也推动了教师学习理念的更新，即走向深度学习。深度学习涵盖了学习的各阶段，包括深度参与、深层动机、深度信息处理、深度和有意义的联系、深度反思等。教师学习理论揭示了教师应学到何种程度，让教师呈现深度学习的状态，面对未来的社会，教师要能基于不同的情境，恰当地处理与解决不同的新问题和新挑战。

在对市级骨干教师的访谈中发现，优秀教师在成长过程中始终不断地学习，在各类学习中始终能保持积极的心态，接纳不同的理论。有位特级教师说道："数学知识和学习心理学知识的系统学习，为我的课堂转变奠定了基础。"这位教师早期接受过师范教育，在后期的学习中，他利用各种机会，向数学教育研究的前辈学习，主动钻研，不断在自己的教学实践中学习新理念，尤其是数学认识方面的知识，一直有很浓厚的兴趣。在他教学专长的发展中，可以看到这种问题空间的设计，针对的是一个个具体的知识内容，设计教学情境，引导学生主动思考，这些内容的习得过程就是认知机制。他自身的专业成长也是从教学专家走向学习专家。

（二）教师学习是身体与环境互动中脑身心的共同作用

在教师访谈中，不同发展阶段教师都提到通过汲取团队集体智慧，可以加速自身的发展，就好像按了快进键，每位教师的经验都可以汇聚在一个人的头脑中，帮助教师获得更多的经验。有教师讲道："有一次我参加了特级教师领衔的'青青工作坊'培训,专家级教师的经验和专业水准非同一般,感觉一次培训顶十次,而且经常有一对一和专家面对面研讨的机会,思维的碰撞使我想着要不断进步。"还有教师讲到同伴对自己专业的促进作用时说:"我和教研组组长年龄相仿,同时她也是我的好朋友,平时跟她交流探讨得比较多,在学习和积累经验方面没有压力,这样各方面的技能提升得比较快。"更多入职5年内的教师提到了带教导师的关键作用,如"工作第一年的带教导师很大地促进了我的专业成长,其精湛的业务能力和积极的工作态度都激发了我对幼儿教育事业的热情"。

反思是教师具身学习的原则之一。很多教师在访谈时指出,及时反思有助于破解他们在专业成长中遭遇到的各种问题。尤其在对市级骨干教师的访谈中发现,越是优秀的教师,其反思意识是在不断发展的,反思的对象、反思的路径、反思的载体等都向自动化、个性化、结构化转变。教师从最初课后对教学环节设计是否合理、教学引导是否有效、预设是否充分等方面逐步进行专题性反思,围绕课堂问题,进行系统的理论学习,撰写教学案例,把反思与系统的案例研究结合起来,形成一个更为结构化的反思框架。反思的深化、结构化是教师教学专长得以不断提升的重要因素。

四、学科教学特征表现不同

学科教学能力的发展是教师专业成长最核心的要素,本研究采用同课异构录像课的观察分析方式,对不同发展阶段的高中思政课教师的专业特征进行研究。总体来看,四位高中思政课样本教师具有较好的专业水平,教学基本功扎实,教学目标明确,精心备课,在课堂上注重知识点的逻辑架构,注重学生知识学习的逻辑思维生成,运用多元化的教学方法引导学生参与课堂学习,激发学生的学习兴趣和深层次思考,鼓励学生运用所学知识分析和解决现实问题。同时,本研究还发现多位样本教师在对教学素材的深度挖掘上有所欠缺,在对学生课程学习认知水平和对学生的及时反馈上存在一定的提升空间,学科教学专业特征表现有差异。

(一)教师在专业表现上存在一定差异,状态各不相同

从四位样本教师的个人单项得分比较上看,教师C在所有12个要素指标的单项得分上均列居首位;教师A在各要素指标上的得分均与平均分趋同;教师B的专业表现均低于平均分,但总体趋势与平均分趋同;教师D在各要素指标上的得分差异起伏较大,而且存在一些矛盾之处。例如,在对教学的态度与行为上,教师D在教学基本功指标上的得分较高,位列第二,但在这一维度中的其他三个指标上的得分都是最低的。再如,其对学生的尊重方面的得分不是最低的,但对学生需求的

敏感度方面的得分却是最低的。同时,对照学生参与课堂学习状态的分数也可发现,其在学生参与度和积极性方面的得分很低。

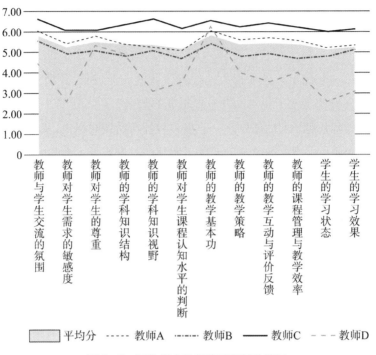

图5-5　四位样本教师的课堂得分情况

(二)专业表现差异性反映出各自的教学风格

从专家团队对四位样本教师教学水平的分析与评议数据上看,四位样本教师在专业特征上具有一些共同的特点,例如:在教学目标方面,能聚焦学生核心素养,具有价值观念的引领;在教学实施方面,课程导入以学生学科阅读和信息收集与分析内容为主,吸引学生快速进入学习状态;在教学材料的准备方面,为学生提供了大量与课程主题相关的辅助阅读材料;在教学基本功方面,教学语言、板书和信息化水平等基本功都很优秀;在与学生沟通和交流方面,非常尊重学生,对学生有大量的正面积极评价。但整体上看,四位样本教师的专业表现存在较大的差异性,同时也反映出各自的教学水平和教学风格。

教师A:提问式课堂

优点:第一,体现了价值性和知识性的统一。教师A聚焦核心素养,通过教学,引导学生分析中国外交政策,基于资源辅之以引导性问题,培养学生阅读、信息收集处理、分析、评价等不同层级的学科能力,培养学生历史的、全面的、辩证的思维分析方法,提升学生的科学精神,达到认同我国外交政策的目标。第二,体现了主体性和主导性的统一。教师 A 坚持以学生为中心,有情感,有肯定,有启发,建立了一个民主的课堂气氛。其精选资源,创设情境,设置议题,注重生成性教学,引导学生进行自主探究和小组协作学习,发挥了学生学习的主体作用。同时,教师 A 通过与学生积极有效的对话,引导、推进学生的思维不断向前发展,发挥了教师的主导作用。

不足:教师 A 在设置问题时进行了坡度设计,问题较多,部分问题难度较大,且提问进度较快,造成了一种急迫的、压迫的教学与学习气氛。尽管师生之间的交流氛围不错,但一些问题无法在短时间内获得学生优质的回答,故而造成教学内容的深度不够,学生的学习效果一般。另外,教师 A 的课堂中未体现新旧知识之间的关联,没有很好地搭建支架,而且其对学生课程认知水平的判断上有一些问题。例如,教师 A 认为学生对中外贸易战争了解深刻,其实不然,学生的回答仍停留于事件表面,缺乏深层次思考。

教师 B:循循善诱式课堂

优点:第一,凸显了学科知识的逻辑性。首先,教师 B 以学科知识为主题进行导入,通过让学生画本课的知识结构图,教师在点评典型的过程中点出知识结构图的实质不是简单的知识罗列,而是体现知识之间的逻辑关系,有效帮助学生理解学习内容结构性。其次,教师 B 围绕核心议题的教学设计的"纵横"逻辑非常清晰。纵向上以时间为主线,体现"一边倒、一大片、一条线"的外交政策变化;横向上以"一带一路"为例,通过层层设问,层层剖析本课的本体性知识,即我国外交政策的具体内容。第二,培养了学生的政治认同感。教师 B 的课堂有两处精彩的教学活动设计。其一是通过援助形式、内容、目的的变化,点出我国是有中国特色的大国外交——重义轻利。"马歇尔计划"有很强烈的政治目的,而有中国特色的外交政策,如"一带一路"是开放的、透明的、包容的,不仅是经济上的互利共赢,还是政治环境上的互利共用。其二是点出参与全球治理的中国自信,展现出有中国特色的外交政策,培养了学生对我国外交政策的高度政治认同感,同时体现了教学活动和教学任务的一致性。

不足:教师 B 的课堂以其循循善诱的讲授为主,课堂教学语言稍显生硬,语言不够精练,而且预设性内容过多,缺乏生成性,对学生回答的内容归纳较少,没有太多激发学生思辨的内容设计。与学生互动不多,缺乏情感沟通,难以达到一种共鸣。虽然有时关注到学生的学习需求,鼓励学生回答问题,组织学生开展讨论,但留给学生深层次思考的时间和机会并不多,也未及时调整课程内容深度与学生理解认知水平的适宜程度。

教师C:逻辑思维式课堂

优点:第一,体现了知识的广度。教师C以学生知识结构图分析导入,使课堂更实效、朴素、有效,与学生情感互动融洽,且与大多数学生建立了相互信任的关系。教师C的教学目标明确,本体性知识水平较高,能将前后的知识、哲学与政治知识不断进行整合,对教学材料进行编排与筛选,课堂主线清晰,知识组合精彩,知识线非常清晰,帮助学生对书本知识进行深入理解,体现了较高的教学基本功与课堂把握能力。第二,体现了思维的深度。教师C的教学设计条理清晰,对纷繁复杂的国内外形势能放大抓小,视野宏观,有大格局。教师C的提问非常有深度,以大量讨论串起课堂内容,学生充分参与讨论,给学生呈现出关键信息,鼓励和引导学生进行深层次思考,对学生的回答不断跟进,聚焦变与不变,层层推进,生成性强,引导学生如何思考问题、解决问题,激发了学生的学习兴趣,培养了学生的思维能力和解决问题能力。教师C通过有效追问来提升学生的思维能力和引导其形成正确看待事物的历史观,通过评价标准来引导学生思考到底应该"怎样观察这个世界",这一做法既有深度又有高度。

不足:教师C为学生提供的阅读材料过多,阅读量过大,学生需要提前预习,否则无法在课堂上完成所有阅读工作。

教师D:无共情式课堂

优点:教师D的课堂教学设计与实施表反映出其对课程的结构化设计和精心备课。课堂前半段生动、有趣,试图通过"复兴"的名字导入,拉近与学生关系。导入部分关注学生已有学习基础,用关键词概括,基于学情设计教学,通过风趣、有感染力的语言,吸引学生的参与。教师D的本体性知识较丰富,教学目标清晰,逻辑性较强,授课的知识面宽广,选取了很多素材,设置教学情境,印证我国的外交政策。其教学基本功扎实,PPT结构化程度较高。

不足:教师D的引导和鼓励有方式、有方法,但总体来看,从课程进入后半段开始,以教师讲授为主,互动不多,课堂讨论较少,学生参与互动的效果一般。究其原因,主要如下:第一,教师D提供的学习素材过多,因为有一些素材没有让学生提前了解,所以导致课堂上的阅读量较大,进而影响了学程;第二,教学素材的知识点零散,教师 D 对教学素材的整合不够,对素材的分析与挖掘不足,对教学素材的把握不够透彻;第三,教师 D 提出的问题多为"是什么",对学生思维的启发性不够,甚至限制了学生的思维;第四,在观点推导过程中,让学生通过素材自己推导,缺少教师的引领。

第三节 研 究 结 论

本研究以上海基础教育教师为例,借用实证研究的方式分析不同发展阶段教师专业成长的特点、规律、需求及动力等方面,并对这些研究结果和发现进行深度梳理和剖析。促进教师专业成长的关键在于识别并激发教师成长的需求和动机,遵循教师学习特点,设计以学习者为中心的路径策略,从而精准助力每一位教师高质量发展。

一、以激活动机为起点

教师专业成长动力机制的构成及来源是多元的、变化的和复杂的。由于教师的成长过程不是分割式和片段式的,具有一定的生命或职业历程的整体性,在对教师成长动机进行研究时需打破简单的线性思维,不能仅立足教师的当下境遇,而是要对教师成长动机生成与变化的连续性过程进行全景、立体的考量。[①] 要把激活动机作为落实教师成长目标的起点,关注动机调节,设计回应成长需求的教师培养支持策略。

(一)理解成长动机是尊重教师自我同一性的基础

按照马斯洛的建议,动机构成要素不应该以分解式的表格形式呈现,因为表格的条目会导致各构成要素的均等化和彼此之间关系的排斥或孤立化。虽然本研究中亦是用表格形式来表现教师专业成长的内部动机和外部动机的不同维度及具体要素,但是并不意味这些动力要素是独立的关系和均等的强度。

与此同时,访谈数据还反映了样本教师在专业成长和动机调节过程中一些支持性需求。按照自我决定理论分支下的基本心理需求理论来对这些数据进行分类,在教师专业成长动力的自主需求方面,要注重每一位教师的个性发展,挖

---

① 崔友兴.中小学教师专业发展动力论[M].成都:西南交通大学出版社,2018.

掘每一位教师的专业优势和教学特长,尊重、理解教师,帮助教师认识自我,树立专业自信,进而保持持久的主动工作动力和主观能动性。除了关注教师的专业工作外,还应适当关注教师的心理状态、情绪状态和生活状态。在能力需求方面,应重点提升教师的课堂把控能力、学生本位能力和教学专长,提升教师的反思能力。外部动力系统对教师的支持应营造"帮助你""支持你"的正面的、有效的动机支持。在归属需求方面,学校要为教师搭建发展平台,形成共同发展氛围,创造共同发展文化,打造共同发展生态,才能让教师有归属感。

(二) 善用成长动机是回应教师需求适应性的保障

每一个个体都受到主体对自身的支配,才能用自己的思想支配自己的行动。因此,要以教师成长中激发的自主需求来改变"要我发展"的被动状态,实现"我要发展"的自主状态。

第一,营造高峰体验与共同愿景,精准应对教师成长的能力需求。适应课堂教学变革,提升教育教学知识与能力是教师专业成长的最底层需求。值得注意的是,教师的专业成长与获得高峰体验密不可分。构建针对教师高峰体验的培养路径,要关注把相对零碎的专业知识整合为统一的整体来解决实际问题的能力。强化多元主体对教师正面、及时的评价反馈,鼓励与肯定能帮助教师发展的优势,有助于教师获得成功的体验,定位自己的发展方向,找到个人意义与职业意义的平衡。

第二,优化成长生态与共振效应,充分满足教师成长的归属需求。教师专业内涵提升的必由之路是觉察与识别出解决一类问题的经验,使零碎的个体经验或事例经验转化为体系化经验,即通过亲身体验,在反思中获得感悟,形成一种情境性经验和个体认知。这种个体经验应当建立在亲身体验中,然而为了缩短入职教师的专业成长周期,仅依靠教师的个人经历是远远不够的,向他人借经验成为快速积累经验的有效途径。尤其是青年教师,在教育教学领域的棘手问题难以把握、个人情感亟须被理解的阶段特征下,其专业学习与发展既需要优秀教师的专业引领,又离不开同侪教师的伙伴支持。以伙伴支持为主渠道的学习共同体则通过同侪教师的分享互助,获取共同成长。一方面,与同侪的相似经历容易唤起情感共鸣,在情感上相互支持;另一方面,同侪间对教育教学问题的发掘与不同处理策略会引发个人思考,激发个人教育教学灵感,促使学习共同体在相互支持下发挥共振效应。每一位教师在团队中都会感到自己存在的意义,并互相影响、互促成长。①

二、以甄别需求为根本

调查结果显示,不同教龄和学科的教师在培训内容上体现出发展规律特征,如既较为关注职后培训内容的分层分类分科细化,也呈现出不同的需求样态。教师的成长需求既来自教师完成职业工作的要求,也来自教师对自我认知和自主发展的本能,但是教师的成长需求并非根据发展阶段逐级排列,也并非固定不变的。因此,破解教师成长机理的关键在于,在提取不同发展阶段教师成长的共性需求基础上,甄别出不同发展阶段教师的关键需求,帮助教师识别和满足自己的核心成长需求,设计能满足教师核心需求的培养路径。

（一）以符合规律、形式多样为培养理念

第一,符合规律。促进教师专业成长培养路径的开发、实施与评价,要符合内容设计、实施操作、评价机制等具体标准,满足不同阶段、不同层次、不同学科教师的发展需求,激活教师专业思维,厚植教师专业理解,拓宽教师专业视野,增强教师解决问题技能,丰富教师教育教学经验,提升教师教育研究水平,形成教师自我建构的意识与能力。

第二,形式多样。关注教师的参与、互动、体验与自建构,活动设计渐进、有序、环环相扣,凸显教师的同伴互助,利用技术手段在课程实施过程中同步进行教师学习成果的交流。

（二）以主题明确、定位精准、满足需求为培养内容

第一,主题明确。关注教师的职业伦理道德、课程开发与设计素养、学科（领域）知识与能力素养、课堂教学与评价素养、课堂与班级管理素养、信息技术应用素养、教育科研与反思性实践素养等。

第二,定位精准。适用对象明确,适合不同学科、不同学段、不同发展阶段教师的需求。学习资源反映相关学科和领域的核心知识与前沿动态,拓展资源加深教师对学习内容的理解和拓宽教师的专业视野。

第三,满足需求。培养目标聚焦教师的专业素养,关注教师的专业自觉,促进教师的知识、技能、态度、境界等专业素养不断发展,形成终身学习与应对挑战的能力。内容设计基于教育教学的真实问题,符合成人学习特点和专业成长规律,满足

---

① 陈鹏.后见习期教师专业发展困境与支持策略[J].上海教育科研,2020(9):63-67.

多元化、个性化、进阶化的学习需求,提升教师的实践智慧和实践能力。

（三）以资源动态开放、成果学以致用为实施要求

第一,资源动态开放。过程中随时关注教师的学习需求、学习兴趣和学习进程,注重教师对学习内容的理解,将生成性资源用于丰富并完善教学预设,形成动态、开放的资源。

第二,成果学以致用。提升教师将成果用于改善教学实践的能力,丰富教师的实践智慧与能力,引领教师获得自我实现的高峰体验。

（四）以明确指向、反映过程、凸显反思为评价策略

第一,明确评价的目标指向。确保评价与培养目标、内容和实施相一致,指向目标的达成度和教师学习的满意度。

第二,反映学习的整体过程。根据目标和内容,采用多元化评价方式,提供学习过程跟踪性记录,注重过程性评价与终结性评价的有机统一。

第三,凸显教师的自主反思。引导教师自行评估学习过程和学习成效,思考新知识与新技能对学生成长的影响,以及对课堂、学校和周围环境的改进效果。

三、以关联学习为途径

基于具身学习、环路学习和深度学习,在促进教师专业成长时可以给教师提供反思、外显已有观念与知识的机会,帮助教师进行新旧观念的正面交锋与相互作用,从而实现新观念的内化;推动教师将内化的新观念与自己的教育教学情境关联起来,引导教师去思考"这些知识适合我的情境吗""如何才能使它适合我的情境",从而将内化的新观念变成可以有效指导个人教育教学实践的行动;鼓励与支持教师用自己迭代升级的新知识去实践行动,只有在真实教育教学情境中探索实践,新观念才能与教师新获取的知识进行真正的融会贯通。在两者的不断磨合中,新观念不断得到检验、修正与完善,最终成为教师个体的成熟经验,成熟经验再通过教育教学实践得以显性化。

（一）教师学习特点决定目标定位

教师专业成长要唤醒与激发教师作为学习者的主体意识,再好的支持路径如果没有教师积极主动的参与和毫无保留的智慧付出,深度学习将无法真正实现。在观念上,教师教育工作者要把培养支持路径等视为培训者与学习者共同建构的学习经验,内容不是一套预先存在的、不可改动的经验。只要教师需要,有助于教师的学习与发展,内容可以进行适当的调整或生成新的内容,给教师的深入学习留

有适当的空间。

（二）教师学习需求决定内容生成

教师是学习的主体,培训者起着教练员、助推者或支持者的作用。教师培训者与学习课程资源存在的意义在于,这些是教师学习与发展的支持性条件。[①] 因此,识别与准确把握教师的学习需求,为不同需求的教师提供合适的课程资源,是促进教师专业成长的首要之责。在上海教师培训课程开发与实施中,行政主管部门和市级业务单位要求教师培训课程开发者在课程开发之前要对参训教师的培训需求进行调研与分析。此外,在参训教师人员确定后,正式学习之前,还需要对参训教师的学习起点水平进行前测,以便具体了解参训教师的专业需要、学习准备和发展目标等情况,为课程的适当调整提供依据。

（三）教师学习机制影响实施环节

专业活动实施依据教师学习的内在机制,即以理解内化、情境转化、实践外化与知识公共化为依据,关注教师学习的全过程,包括学习前的准备、学习中的投入与学习后的迁移应用,调动教师学习的积极性与主动性等,让教师在充分参与、互动、体验、实践与反思中建构新知识,实现教师的深度学习。[②] 在教师学习过程中,培训者需要让教师将内化的知识变成有效指导个人实践行动的具体任务举措,需要引导教师进行实践性思考,比如,如何将所学知识运用到教育教学实践中,可以从哪些方面入手进行改善。培训者还需要设计教师可以操练和应用培训所学知识的演练环节,鼓励他们在真实或模拟的情境中应用所学知识以及产生的新观念和新思路。在教师学习过程中,需要为教师提供教育理论与实践之间互通的桥梁,提升其实践智慧。

（四）教师学习方式影响结果成效

采取有效的教师学习方式可以提升教师专业成长的实效。通过营造身体参与的具身培训环境,激发具身学习,让参训教师在参与体验中实现自建构,深化认知,进而强化情感体验,促进情感认同,在身体—环境—认知三者耦合中形成外显行动。身体参与——从静态到动态,适当帮助教师调整紧张或是疲倦的物理身体,提高精神和肌肉的兴奋性,从而使教师的身体更加舒适,思维更加活跃,以更好的状

---

① 陈霞.以教师学习为中心的教师培训课程重构路向[J].教育发展研究,2017(18):58-64.
② 同①。

态参与后续的学习;情境创设——从接受到生成,引导教师自主探索,降低知识的预设性,提升知识的生成性,从而增强对知识的感知、理解、反思、建构,"不可预知性"让单项传授走向交互共创;反思觉知——从感性到理性,教师专业素养的提升不仅需要先验性概念和知识,还需要亲身感知体验以及据此形成的对外部世界的解读。在这个过程中,反思成为有效桥梁,帮助培训者、教师获得更为理性的思考,帮助后续培训内容及时调适。[①]

（五）教师学习应用影响评价跟进

教师的学习评价应包括学习过程与学习结果两方面,由终结性评价和过程性评价两部分构成。终结性评价以作业递交、问卷反馈、测评等为主,注重学习结果;过程性评价考察教师在学习过程中的参与情况、互动程度、体验结果等,往往采用前测、研讨、阶段成果展示、体会交流等形式。两类评价方式可设定一定权重比例。无论采用哪种方式,培训者应提供具体、可操作的教师学习表现、学习过程和学习成效的评价标准,这样会使教师更加清楚学什么、学得怎样、如何在过程中调整自己的学习状况等。此外,完善相关学习支持,如精细化的教学管理、便捷的网络平台、大量适切的教学资源等,对教师的深度学习来说都是不可或缺的。[②]

四、以精准培养为愿景

（一）"让我发展",面向能力需求的素养提升

新时代特征对教师专业性的要求、教育教学改革对教师专业素养的要求、教师考核评价与职称晋升制度、家长对教师教育教学能力的认可等外部动力源,始终要求教师在专业素养上取得长足进步。此时,需要教育管理部门、教师教育研究机构制定科学的教师专业成长目标和专业成长标准,需要一线学校制定符合当前教师能力发展需求的研修目标和提升项目,从制度上、规范上、内容上满足"让"教师进行专业成长的行动需求。

（二）"帮我发展",面向归属需求的生态支持

在教师专业成长的自我决定动机调节中,来自同行的肯定、学术共同体的交流

① 何茜茜,俞慧文.基于具身认知理论的教师专业培训[J].思想政治课教学,2021(1):78-80.

② 陈霞.以教师学习为中心的教师培训课程重构路向[J].教育发展研究,2017(18):58-64.

等是认同调节的重要动力源。专业共同体为教师提供学习和分享实践的支持，以及在行业内部尊重互信的关怀氛围，可以有效提高教师对教育教学实践的理解、对学校工作的认识、对专业组织的认同以及对同事合作关系的信任感和归属感。不过，越来越多的教师专业共同体的互动实践发现，教师互帮互助的共同体学习也会出现多平台、多层次等问题，而过于复杂、重叠的互动层次性会造成教师专业成长过程中的工学矛盾和工作压力。此时，需要为教师构建一个层次清晰、错落有致的专业学习生态支持系统，将教师的直接学习、课堂中的学习、学校中的学习和学校外的学习合理嵌套或衔接，从愿景上、组织上、支持条件上满足"帮"教师实现专业发展的行动需求。

（三）"我要发展"，面向自主需求的自主发展

罗杰斯(Carl Ransom Rogers)在批判教育权力问题时曾经指出："教育系统中没有完整的人的位置，只有他们的知识分子的位置。"其实，这种现象在当今教师专业成长和教师队伍建设中仍然毫不夸张地存在着。教师们总是被动地等待给定性的、功能理性的、操作技术模式标准化的专业成长政策、策略和指导等。[①] 教师的专业成长自主需求可以体现在自主性和自主权两方面：自主性体现为指向内在的自主，自主权则体现为指向外在的自主。目前，教师专业成长的自主需求较高，但是自主需求实现所需的自主性和自主权相对缺乏。因此，需要从增强教师专业成长自主性和赋予教师专业成长自主权两方面来改变"要我发展"的被动状态，实现"我要发展"的自主状态。主要策略可以包括提升对教师专业性的信任，注重每一位教师的个性发展，挖掘每一位教师的专业优势和教学特长，以及适当关注教师的心理状态、情绪状态和生活状态等。

本章基于三阶段、五要素、双动机的教师专业成长模型，以上海教师为例进行本土实证分析。研究发现，教师对培训内容和方式的需求具有明显的学科特征、阶段需求差异；教师专业成长动力机制是一个动态变化的连续体，外部动机和内部动机调节过程有差异，这取决于教师个体的自我决定意识，不同发展阶段教师的专业成长动力机制存在一定的共性特征；教师学习是身体与环境互动中脑身心的共同作用，教师学习的发生遵循具身认知路径，教师学习的过程顺应关

---

① ［美］卡尔·罗杰斯.论人的成长[M].石孟磊，邹丹，张瑶瑶，译.北京：世界图书出版公司，2015.

联路径,教师学习的结果实现深度意义建构;不同发展阶段教师的学科教学表现不同,反映出各自的教学水平和教学风格。教师专业成长支持体系建构的核心任务是明确教师专业成长的内在机理,对不同成长阶段教师的独特成长特点、成长规律、成长影响因素有清晰的认识,以激活动机为起点,以甄别需求为根本,以关联学习为途径,并基于这些认识设计有针对性的教师专业成长支持策略,从而实现精准培养的愿景。

第六章

实践策略：促进教师专业成长路径推进

【本章导图】

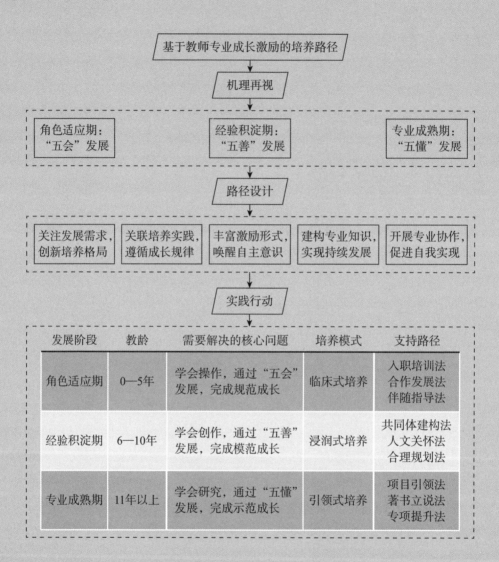

基于教师专业成长激励的培养路径

↓

机理再视

| 角色适应期："五会"发展 | 经验积淀期："五善"发展 | 专业成熟期："五懂"发展 |

↓

路径设计

| 关注发展需求，创新培养格局 | 关联培养实践，遵循成长规律 | 丰富激励形式，唤醒自主意识 | 建构专业知识，实现持续发展 | 开展专业协作，促进自我实现 |

↓

实践行动

发展阶段	教龄	需要解决的核心问题	培养模式	支持路径
角色适应期	0—5年	学会操作，通过"五会"发展，完成规范成长	临床式培养	入职培训法 合作发展法 伴随指导法
经验积淀期	6—10年	学会创作，通过"五善"发展，完成模范成长	浸润式培养	共同体建构法 人文关怀法 合理规划法
专业成熟期	11年以上	学会研究，通过"五懂"发展，完成示范成长	引领式培养	项目引领法 著书立说法 专项提升法

一般而言,教师教育体系既是整个教师队伍建设的骨干支撑,也是高质量教师培养的基本依靠。我国教师教育事业的快速发展和各级各类教育质量的不断提升,在很大程度上是因为构建了一个相对独立而又完整的教师教育体系。从概念上说,教师教育是在终身教育的思想指导下,按照教师专业成长的不同阶段,对教师进行职前培养、入职教育和职后培训等工作的统称。近年来,尽管不同时期出台的教育政策对教师教育体系的界定并非完全一致,但是国家致力于构建高水平的、开放灵活的教师教育体系的追求一直没有发生变化。作为一项系统的工程,要构建高质量的教师教育体系,除了以师范院校为主体的教师职前教育改革创新外,还需要充分发挥我国各级各类教育培训体系的重要价值,通过教师职后培训理念与路径的创新,帮助教师贯彻终身学习的理念,促进教师专业素养在实践领域的持续性提升。本章关注的主要问题是职后阶段的教师教育变革,基本的设想是通过教师成长动机、教师发展需求、教师学习特点、教师成长规律等关键问题的梳理,明晰教师专业成长机理,在此基础上明确新时代教师专业成长应该坚持的基本理念和基本思路,建构富有阶段性特征的、指向明确的、促进教师专业成长的实践路径。

第一节　机 理 再 视

综合前文关于教师专业成长的相关论述,结合构建的教师专业成长模型,基于理论模型和实证调查的结论,围绕不同发展阶段教师专业成长的总体特征,对"五会—五善—五懂"教师专业成长机理进行再审视,形成整体实践框架的依据。

一、角色适应期:"五会"发展

一般而言,入职 5 年以内的教师处于角色适应期。从现有的研究看,也有大量的观点认为,教师入职前 5 年还可以划分为两个阶段:其一是入职前 2 年的新教师阶段;其二是入职 2—5 年的职初教师阶段。笔者认为,从当前的情况看,随着教师职前教育体系的不断完善和新教师入职培训质量的不断提升,入职 0—5 年的教师作为职初教师的共性特征在不断显现。因而,本研究将入职 0—5 年的教师作为一种类型进行归类和分析,致力于分析这一时期教师的共性特征和专业成长特点。

根据笔者的调查分析,角色适应期的教师在专业成长五个要素上呈现出"五会"特征。

(1) 职业认同会适应。角色适应期的教师对职业的理解主要是职前教育形成的理论认识,以及自己作为学生从自身生活和授课教师身上获得的简单的直观体验。这一时期,他们对教师职业的理解往往是单一的、模糊的和感性的。这一时期的教育信念呈现出两极分化的状态(一部分自我追求,一部分随波逐流),在观念上相对比较包容、多元化。比较值得欣慰的是,大多数刚入职的教师有着比较浓厚的职业情感,对教师职业的价值有较高的认同。这一时期的教师能克服不善人际交往、自我封闭的弱点,打开自己,积极调整,适应教师身份。

(2)学科专业会设计。角色适应期的教师对学科专业的理解和把握主要基于之前的学科学习和自身的知识积累。针对性的职前培训往往关注的是教师的普遍性技能,但是对学科知识的涉及往往不多,这容易导致该发展阶段的教师学科专业功底不够扎实。另外一个值得注意的问题是,当前青年教师的学历越来越高,研究生占有一定比例,有一定的知识基础,但是师范生和非师范生存在差异,专业知识不是能否成为优秀教师的决定性因素。无论是师范生还是非师范生,都有可能跻身于优秀教师的行列。优秀的职初教师更加了解自身专业的优势和不足,能在后来的教育教学过程中不断锤炼和更新自我。这一时期的教师熟悉学科,熟知教材,会开展各种各样的教育教学活动设计。

(3)教学能力会上课。刚入职的教师在许多方面都面临问题,其中最为突出的是教学方面的实践性问题,如学生纪律如何管理、课堂教学如何组织、学生作业如何批改等。不仅如此,这一时期的教师还特别希望通过自己在教学上的优良表现,获得学校、同事和家长的认可。总体而言,这一时期的教师其教学能力由于缺少实践的积淀,往往存在普遍欠缺的现象,这是影响教师专业成长的关键性问题。这一时期能否顺利度过对教师而言至关重要。有的教师多年之后依然停留在适应阶段,甚至退出教师职业;有的教师则顺利度过这一阶段,朝着成熟阶段进步。这一时期的教师熟知上课的基本范式、环节和流程,会有效管理课堂,调动学生,教学效果良好。

(4)师生关系会沟通。刚入职的教师往往有着比较深厚的教育专业理论积淀,他们对现代教育所倡导的以人为本等理念有较好的理解,在现实之中普遍能树立"学生第一"的价值观。这一时期的教师普遍比较年轻,对新生事物充满好奇,对学生的问题和错误能给予理解与包容,因此,他们与学生之间的关系往往比较融洽。但值得注意的是,这一时期的教师构建师生关系的技术还不成熟,其所依赖的更多是自己的内在热情和工作使命。这一时期的教师会与学生有效对话沟通,在学生面前有一定权威,会有效组织各类学生活动。

(5) 专业学习会学习。大部分角色适应期的教师积极进取、与时俱进,但是也容易受挫。优秀的教师有自我职业追求,自我要求高,工作态度(包括对学生、家长、同事的态度)积极上进,愿意尝试,不怕试错。同时,在面对同样的发展平台,优秀的教师更倾向自己争取机会并努力把握机会,因此获得了学校、区域的重视,从而有更多展示及锻炼的平台。此外,普遍看来,角色适应期的教师学习能力强,接受新知识、新理念的能力强,有创新能力,有执行力,信息处理能力强。这一时期优秀的教师在此基础上,还有抗压能力、耐挫能力、寻求帮助的能力、独立思考能力、自身学习反思能力,能做到学以致用。这一时期的教师积极参与各种教学研究活动,会通过反思完善自己的教育教学,形成一定的专业学习和研究能力。

基于上述分析,角色适应期的教师专业成长的核心任务在于能克服职业转化的心理影响,努力提升自己的教育教学实践能力,能真正站上讲台,承担起作为一名教师的职责和使命,最终胜任教学。这一时期教师专业成长的导向和支持体系也应以实践为主,着重围绕教师学科教学能力的提升以及学生组织管理等实践性任务的完成来进行设计。正如伯顿所言,这一时期的教师需要直接的监督,需要强化教学技能。

二、经验积淀期:"五善"发展

入职 6—10 年的教师开始进入职业的经验积淀期,在很多的研究中,这一时期也被称作教师建构安全期。这一时期的教师逐渐建立起自己的教学风格,形成稳定的教学能力,因而在专业领域有了一定的安全感。以此为基础,这一时期的教师具备了在教学上走向优秀的可能。

根据笔者的调查分析,经验积淀期的教师在专业成长五个要素上呈现出"五善"特征。

(1) 职业认同善进取。随着教育教学实践活动的开展和经验的积累,他们对教学工作的理解已经逐渐从职业初期的感性理解走向理性理解,并在实践中建构自己对教学工作的理性认知,不再盲目认同教科书或者"师傅"口中的工作表述,开始形成自己对教育工作的独特认知。这种理性认知有助于教师全面认识教育工作,但应该警惕的是,这一时期的教师由于外部的压力和实践中技术的逐渐熟练,容易引发对职业的消极情绪,进而形成职业发展的倦怠感。这一时期的教师要调整自己的职业境界,从满足会教书到追求教好书,自愿、持续地提高自己的教育教学品质。

（2）学科专业善创作。经验积淀期的教师一般已经经历了一轮或者多轮的学科教学，对整个学科的内容体系和教学要求有了相对清晰与科学的把握。此时的教师在学科专业上已经呈现出比较成熟和稳定的状态，他们对自己的特长、爱好、性格有了科学的认识和理性的分析，在实践中倾向任教自己喜欢的年级、班级和学科。这一时期的教师善于根据自己对学科的认识与理解，改造和重组教学过程与内容，使其更适合学生的学习。

（3）教学能力善驾驭。经验积淀期的教师已经能熟练掌握和科学选择有效的教学方法，对教学设计、课堂管理、教学组织、教学评价等有清晰的认识，处理教学工作得心应手，在教学活动中普遍感到舒适。有了这种舒适感和实践层面的技术保障，他们既能有效化解教学过程中出现的各类问题，也能及时关注和回应学生在教学中的现实需要。但是，这一时期也是教师整体专业成长的重要分化时期，有的教师对专业成长持续保持"饥渴"状态，在教学工作中一直有向上的追求；有的教师则会感觉教师工作乏味无趣，在专业成长中表现出一成不变的消极状态；也有的教师会表现出想要迁入其他学校、改变任教学科或任教年级的趋势。这一时期的教师能同时兼顾教案执行和学生听课情况，善于即时生成最佳教学过程，取得最优教学效果。

（4）师生关系善引领。经验积淀期的教师仍然重视构建和谐的师生关系，他们能灵活处理教学和管理过程中可能与学生发生的各类意外情况。但是，与职业生涯初期相比，这一时期的教师在师生关系的处理上主要凭借的不再是职业的激情和自身的性格，他们能从根本上认识到师生关系对教学工作开展的重要价值，能充分运用自己的经验和方法构建良好的师生关系。这一时期的教师在学生心目中具有较高威望，善于引领学生的学业和人格发展。

（5）专业学习善钻研。经验积淀期的教师因为年龄的增长以及外部经济、生活、家庭等压力的持续增加，主动学习的积极性相较于职业初期有所下降，不少教师在教学定型和熟练程度提升之后，在专业学习上呈现出消极倦怠的状态。但是，这一时期教师的学习需求与职业生涯初期相比有了较大改变，如不再拘泥于以教学能力这一核心问题来建构自己的学习，希望学校能整合资源，通过培训、展示等为他们多维度的专业成长提供机会。这一时期的教师具有较强的教育研究能力和敏锐的专业视野，善于通过课题研究形成研究性工作习惯，具备一定的专业学术水平。

基于上述分析,经验积淀期是教师职业生涯的一个重要分水岭,这一阶段教师的教学能力和其他实践能力不断提升,其对职业的承诺和责任感也在不断提升。但是,由于这一阶段是生命成长的特殊时期,各方面的压力陡增,教师通常会认为这一时期是个人职业生活改变的最后机会,很多教师会在继续职业或者改变职业之间徘徊不定。因此,这一时期教师专业成长的核心任务在于尽可能帮助教师减轻外部压力,提升教师职业生涯的幸福感,同时要通过丰富的专业成长平台,帮助教师消除职业倦怠,形成和保持持久的专业成长激情,能真正在讲台上"站得住""站得稳""站得久",形成教学专长。随着教师职业生涯的积淀,这一时期的教师对学校的管理氛围和整体文化有了自身的独特要求,在专业成长中的自我思考和设计意识也逐渐形成。因此,这一时期的教师专业成长支持策略需要尽可能通过合作的方式呈现,外部的支持和监督需要通过展现、辨析、倾听、问题解决和商讨等方式进行。

三、专业成熟期:"五懂"发展

入职 11 年以上的教师进入专业成熟期。这一时期的教师在专业生活的各方面都有相当的深度,也具有很高的能力,对自己的教学任务和其他方面的教书育人工作感到胸有成竹。此外,这一时期的教师已经能很好地审视、驾驭甚至改变自己,他们已经不再将转变视作自身的威胁,而是将其视作职业生涯的主要过程。

根据笔者的调查分析,专业成熟期的教师在专业成长五要素上呈现出"五懂"特征。

(1) 职业认同懂职业。专业成熟期的教师经过多年的积淀,对教育事业的价值与意义有了清晰的判断,能从内心深处认可自身所从事的工作,普遍形成了较为坚定的职业情感。这一时期的教师不再单纯地将教育工作视作一种谋生的职业,而是认可这一职业的独特价值,维护这一职业应有的社会地位,并且愿意为这一职业价值的持续体现提供自己的努力。这一时期的教师已经普遍形成了应有的职业理想和职业信念,这是支撑他们在专业成长领域继续有所建树的重要内在精神动力。这一时期的教师在教学实践中不断加深对职业生涯意义、价值的认识和境界提升,做到专业自觉,在理解教师工作意义的基础上形成职业精神和理想抱负。

(2) 学科专业懂学科。专业成熟期的教师逐渐摆脱经验积淀期可能产生的麻木和满足心理,在学科专业领域继续探索、成长,对学科教学和专业成长的理解更加透彻,教学实施、监控、反思能力持续提升。同时,他们普遍通过课题研究等方式提升自己的学科教学能力,在不断的自我反思建构中提升学科教学能力,逐渐成为业内知名的"专家"和"学者"①,致力于树立自己在学科教学领域的权威地位。这一时期的教师对学科的认识与理解是一切学科研究和实践的逻辑起点,正确认识、把握学科功能与核心素养,据此落实培养学科素养。

(3)教学能力懂课堂。专业成熟期的教师在教学上已经达到了高境界,他们能清晰准确地把握教学的重点、难点,对教学目标有清晰明确的设计,对学生在学习中的疑问和困难有准确的预设。与此同时,他们对课堂教学的整体驾驭能力很强,甚至不需要通过专门的课堂管理策略就能很好地管控课堂。这种经验和智慧的不断积累,以及由此衍生的教师教学能力的提升和品牌的打造,有助于从根本上提升教学质量。调查发现,专业成熟期的教师尽管在教学能力和水平上已经提升到了一个很高的层面,但是他们对现代信息技术的运用能力相对而言有所欠缺,如何灵活掌握基于信息技术的教学能力是这一时期教师的普遍需求。这一时期的教师能把握课堂教学改革的重心,对教材融会贯通,善于用接近学生经验的方式讲解给学生听,使学生能听懂并转化为自己的经验,实现学生在课堂里主动、合作、愉快学习。

(4)师生关系懂学生。专业成熟期的教师因为教学、专业领域的权威性逐渐凸显,再加上年龄的不断增长,他们与学生之间的"代沟"逐渐显现,年轻教师与学生交往中的独特优势在这一群体中逐渐消失,这给和谐稳定的师生关系构建带来了一定的不利影响。但是,从另外一个角度看,由于这一阶段教师在专业领域的权威较高和年龄的普遍较大,使得教师即使不在师生关系的构建上进行主动的努力,学生也容易被教师的专业能力所吸引,这种吸引带来的信任有助于良好师生关系的构建。此外,从心理学研究的视角看,随着教师年龄的增长,他们对学生犯错误的包容性在不断增强,这也同样有助于这一阶段教师在师生关系层面的建设和维护。这一时期的教师时时处处把学生当作与自己一样的生命体对待,走进学生的内心世界,具备较强的学情分析能力,做到懂学生。

(5)专业学习懂发展。专业成熟期的教师呈现出两方面的重要特征。其一,

---

① 申继亮,费广洪,李黎.关于中学教师成长阶段的研究[J].天津师范大学学报(基础教育版),2002(3):1-4.

经历了教师发展高原期后，这一时期的教师在实践中能深刻感觉到自身存在的缺点，对专业成长呈现出"不满足感"。他们认为自己在面对学生时已经不自觉地倾向采用非正式或者固定化的方式，创新性不足，与时代的结合性不足，因此希望能获得教学创新方面的刺激和引导。其二，对于这一时期的教师专业学习，教师普遍倾向的不再是单打独斗的学习方式，而是愿意在集体中分享自己的学习收获，愿意通过在团队中扮演"重要他人"的角色来体现自己的专业价值。这一时期的教师明白自己的发展路径，可以对自己成长中的一些关键事件进行自我诊断或评价自己的发展。

从教师职业生涯的周期和规律看，专业成熟期的教师已经达到其教育生命的巅峰。对其个人而言，教师能结合自身的经验和智慧，全身心地投入教学工作中，得心应手地开展工作。对整个教师团队的发展而言，这一时期的教师是宝贵的专业成长财富，他们会致力于建立自己在社会和学校教育生活中的应有价值与地位，在教师团队的专业成长中施展自己的独特能力，渴望在学校整体教师队伍中成为有价值的一员。这一时期的教师专业成长应该努力帮助教师在更高的层面上实现自我价值，在自我"站好讲台"的基础上，彰显教学主张，发挥对教师团队发展的引领作用。对于这一时期的教师，要尊重和认可他们的专业积淀、专业经验，多倾听和鼓励其发展，多为其价值的体现提供机会和资源。

第二节　路　径　设　计

教育研究核心的使命不在于发现问题，而在于通过实践领域的变革解决问题。笔者梳理了关于教师培养路径的相关研究，尤其对教师职后培养三方面的关键性问题进行了归因分析。尽管在具体表现上呈现出不同的差异性，但是这些问题归根到底是对教师专业成长规律认知的不足和行为的不匹配。鉴于此，要真正提升教师职后培养的成效，必须树立起"完整的人""具体的人"的意识，充分尊重教师成长发展的阶段性特征。基于这些阶段性特征的把握，设计有针对性的促进教师专业成长的培养路径，推动教师职后培养在理念与方式上的转型。

从当前国内教师队伍建设和教师职后培养的相关研究看，随着教育改革和教育研究的深入，这一领域的研究成果越来越多，研究的内容和方法也比较丰富，特别是很多研究者开始从多学科的视角开展教师职后培养的理念和方法论问题，在研究的方法上也呈现出从单一思辨到丰富多元的趋势。但是,就研究的整体质量而言,呈现出成果缺少有效整合、对实践变革的指导价值不够明显等问题。① 很多研究坐而论道,泛泛而谈,缺少相应的实证调查作为基础,难以真正生成变革教师职后培养实践体系的"教育生产力"②。从这个角度出发,真正有效的教师职后培训变革必须要建立在对教师队伍建设和发展整体情况的精准把握上,既要做好宏观层面的顶层设计,确定基本的战略方针,也要聚焦不同阶段教师专业成长的实际需要,在战术层面进行破解和剖析,形成具有可操作性的教师职后培养路径。笔者认为,有效的教师职后培养应该体现出以下五方面的总体要求。

一、关注发展需求,创新培养格局

教师的专业成长是一个前后关联的系统工程,但是由于在培养主体、培养目标、培养内容等维度上的差异性,现有的教师培养机制存在职前职后相割裂甚至相背离的情况。基于这一现实问题带来的教师培养困境,由英、美等国家提出的教师职前职后培养一体化理念越来越受到重视,并被认为是给教师培养模式的变革创新提供了新思路。③ 教师职前职后教育的割裂,不仅背离了终身教育的理念,还影响了教师专业成长的实践成效。因此,依据教师专业成长的自身规律,对教师职前、入职和职后教育各环节进行全方位的规划,建构各环节相互衔接、既有侧重又紧密联系的教师教育体系就显得非常重要且必要了。④ 通过教师职前教育内容和职后成长需求的匹配程度可以发现,上海教师在职前教育中接受到的专业培训内容与职后专业成长需求之间存在一定程度的断层。

首先,在职前教育中非常重视学科教育知识和教育教学方法的培养,教师在职后对这些方面的需求水平有所下降。因此,在进行教师职后培训的过程中,没有必要重复进行理论和信念的灌输,这些内容教师在职前教育阶段就已经学习过了,应该针对职前教育中有所缺失且教师需求程度又较高的教学实践内容进行培训。

其次,从教师所参加的培训主题与需求的匹配程度看,培训主题依旧是以学科

① 朱旭东,周钧.教师专业发展研究述评[J].中国教育学刊,2007(1):68-73.

② 吴永军.我国教师专业化研究:成绩、局限、展望[J].课程·教材·教法,2007(10):64-70.

③ 郭慧香.教师教育改革视阈下的教师职前职后一体化发展研究[J].亚太教育,2016(17):248-249.

④ 李其龙,陈永明.教师教育课程的国际比较[M].北京:教育科学出版社,2002.

教学知识和教育教学方法为主,而教师对这些方面的需求水平显著低于这些主题在培训中的比例。但是,教师对于21世纪教学技能方面,比如教学与评价能力、使用ICT教学、跨学科教学的技能、多元文化下的教学等的需求显著高于现阶段这些主题在教师培训中的比例。促进教师专业成长的培训工作应根植于教师实际教学需求,应让教师在培训中具有获得感,而不是将培训视为晋升的阶梯,要构建适应于时代发展和不同成长阶段教师发展需要的培养路径体系。

二、关联培养实践,遵循成长规律

中小学教师的专业成长,最为重要的表征是教学实践领域的发展与提升。但是,就教育事业本身而言,它是一项兼具科学性、艺术性和技术性的工作,其开展既需要教学有相应的实践能力作为保障,也需要教师有一定的理论素养作为支撑。因此,对教师而言,如何在专业成长过程中实现理论与实践的有机融合和协同发展,是任何教师都需要面对的重要问题。

在现实中,教师的理论素养在教师走向"卓越"的过程中发挥着不可忽视的关键性引领作用已经成为共识。但是一方面,教师理论素养在整个中小学教师核心素养体系中是一个较为明显的短板;[①]另一方面,如何促使并增进教育理论与实践知识走向融合[②],是我国当前教师职后培养的突出问题。中小学教师要适应教学变革和教育发展,需要具备双重专业素养,一方面对本学科的专业知识有较为深入的研究与理解,有扎实的学科素养;另一方面要有丰富的教学实践经历,对本学科的实践活动相当熟悉。这种理论与实践的追求贯穿教师专业成长的全过程,其比重和特点在不同发展阶段应该有所不同与侧重。从本研究的结果看,教师对自身在专业知识方面上的准备水平认同度高,而对教学实践方面的认同度相对较低,尤其是0—2年教龄的新教师。因此,对于不同成长阶段的教师,职后培训应具备针对性,要与教师的实践需求和所处的成长阶段一一对应,培养计划不能一概而论。

对于新入职的教师,尽管也有一定的中小学实习经历,但是还没有真正一个人独立承担过一个班级或两个班级的教学,他们更加关注的是能否控制住课程教学进度和学生课堂氛围。对这些教师来说,必要的课堂观摩和导师带教是必不可少

---

① 卢丽华.中小学教师教育理论素养培育:理论基础与策略创新[J].现代教育管理,2020(6):62-68.

② 周仕德、李荟芹、刘翠青.职前教师教育理论与实践知识由割裂迈向融合:追溯、存因与路径[J].扬州大学学报(高教研究版),2019(5):45-50.

的,但是导师带教不应沦为一种形式,而应切实给予新教师指导与建议。学校应制定导师带教的文本规范,这样不仅有利于新教师的成长,还有利于新老教师之间建立良好的专业协作。通过入职教育后,3—5年教龄的教师比新教师有更好的控班能力,这一时期的关键不再是教师角色的适应,而是专业能力的适应,因此教学实践重点就落在了学科领域的教学能力方面。如何上好一门课和如何有效率地上好一门课是该成长阶段教师最核心的问题。针对这部分教师,普通的课堂观摩已经无法满足他们的实践需求,教育行政部门可以通过筛选一些中小学名师的示范课,让这一时期的教师去观摩,打破专业成长瓶颈。

5年以上教龄的教师在多年的教学实践中已经形成了自己的教学方式,随着所教学生人数的不断增加,他们也逐渐呈现出和医生一样的特点,对那些经常遇到的实践问题已经掌握得非常娴熟,能自行应对,但是对一些特殊学生或者比较有个性的学生,往往会想另辟蹊径地解决问题。如何因材施教和如何让每个学生跟上教学进度是该阶段教师最核心的问题。对于这部分教师,可以适当地进行个性化教学的理论学习,同时进行一些研讨,和不同的教师多多交流,更好地优化教学方法。

诚然,每位教师专业成长的速度是不一样的,有些教师在教学实践中会很快成长起来,而有些教师则需要更多的时间和帮助。这就需要学校时刻关注教师的成长,制定相应的教师专业成长档案袋,里面包含教师个人制定的长期和短期发展目标、预期的教学成果、教师的考核情况、学生的评价等,全面掌握教师的发展程度。如果教师已经达到某一阶段的水平,就可以进入下一阶段的培养和发展,维持专业成长的动态性和灵活性。

三、丰富激励形式,唤醒自主意识

近年来,国家愈发关注发掘主体潜力,使教师成为专业学习的主动体验者、专业成长的自觉建构者。尤其是上海这种拥有优秀教育资源的地方,从学校、区域到市级,不同成长阶段的教师都能参与各种专业学习活动。但是,活动的质量问题也日渐凸显,主要表现在教师参与活动的自主性不够、活动主题与专业成长需求不匹配、内容与实际教育教学的衔接不一致等。质量与投入是成正比的,教师参加专业学习活动需要投入一定的时间,而不是沦为一种形式。不少教师在进行专业学习活动的同时还要进行课程教学,学校并没有因教师参加专业学习活动而减少他们的教学工作量,这在无形中影响了教师专业学习的效果。除了减少不必要的活动外,学校和教育部门还可以将教师学习研修纳入教师工作量范畴,即明确教师学习、促进自身专业成长的各项活动也是教师工作的一部分的理念,对每位教师需要参加专业学习活动的时间进行统筹,给需要较多时间参加专业学习活动的教师减少教学工作量,避免工学矛盾。

影响质量的另外一个重要因素就是激励。从调查结果来看,教师在经济和非经济方面获得的激励非常少,缺乏专业成长的激励措施是教师所感受到主要障碍之一。首先,学校和教育部门应给予教师专业成长一定的物质支持,可以将其列入他们的绩效工资中。因为参加专业学习活动的教师中有些是追求高层次发展型,有些是消极应付型,如何将后者对待专业学习活动的态度扭转过来,最直接的方式就是给予教师绩效奖励。比如,区域和学校通过协商,为获得高一层次学历(位)证书的教师提供全额经费支持,并认定教师"360学时教师培训"中的部分学分。

学校和教育部门给予最少的就是非经济方面的支持,比如,减少教学量,获得休假、进修假等。教师的天职是教书育人,主阵地在课堂上,需要随时应对不同的学生状况,专业学习活动对大部分教师而言是渴望的,但是碍于工作实际,有时不得不放弃。从目前学校教育教学计划安排来看,每位教师都有既定的课表,给教师额外的进修假或者临时计划外的专业活动,对学校管理者而言,就会影响学校的教学进度。但是,学校教务部门可以统筹协调,比如,减少教学工作量是具有很强操作性的,每个学校在每个学期派几位教师参加专业学习活动时,这几位教师在该学期的教学工作量减半,这些减半的教学工作量由其他教师承担,到了下一学期再换其他教师去参加专业学习活动,保证工作量的公平。又如,将教育部规定的"360学时教师培训"作为教师工作的一部分,每年教师参加专业学习的时间纳入教师年度工作量范畴,以学校为单位,组织教师填写专业学习年度计划,学校统筹安排,把学习与成长的理念贯穿"360学时教师培训"全过程。

此外,激励问题与教师参加培训的动机有关。教师参加培训的一个重要原因是为了获得培训学分,保障教师资格定期注册,满足职称评聘条件。教师通过参加这些专业学习活动,可以获得职业晋升方面的加分。除了上述给予教师一定的外部激励外,教师培训不应被获取学分捆绑,而应让教师将其视为学习和改进教育教学的福利。教师之所以被专业学习内容所吸引,是因为它提供了教师在日常教育教学中所面临问题的解决策略和举措。因此,推进教师持续的专业成长需要制定一套切合教师发展需求的方案,激发教师主动参与、深度体验、自主改进的意愿。

四、建构专业知识，实现持续发展

专业学习与支持活动的方式和有效性之间存在紧密的联系。从 TALIS 2018 数据分析中可以发现，上海现有的专业学习活动主要有带教/互相观摩/指导、课程/工作坊、教育研讨会这三种形式，总体来看形式比较单一和分散，不利于教师对某一主题的深入理解。有研究表明，建构式的、长周期的专业学习活动能有效提升教师的效能感、工作热情和满意度，并且降低他们的心理压力。在建构式的、长周期的专业成长活动中，培训者与教师之间的互动形式多样且频繁，培训者能为教师搭建脚手架和提供工具包。但是，现有的教师专业学习活动大部分以短期为主，也缺乏活动后的跟踪指导，这样既无法保证专业学习活动的效果，又不利于学校统筹教师的教学安排。学校和教育管理部门应给教师提供长周期的专业学习活动，重点不在于时间越长越好，而在于能否在一定的时间内为教师提供系统的教育教学所需的知识与技能。这样可以让参加活动的教师系统地进行学习，同时培训者也可以设计更加精细和深入的培养计划，根据教师在教育教学实践中出现的新情况、新问题，提供有针对性的帮助，从而显著提升学习效果。

五、开展专业协作，促进自我实现

随着"互联网＋教育"的推进，教师专业学习活动也不应局限于线下学习，可以将视野转向网络平台，节约教师的时间成本。从研究结果来看，无论是哪种成长阶段的教师，都有超过 50.0% 的教师参与了专门为专业学习设立的社交网络，这是非常令人欣慰的数据。对 0—5 年教龄的教师而言，可以进一步建立他们与资深教师的社交网络，这样不仅能为角色适应期的教师提供更加全面的帮助和指导，还能在人际交往和心理适应上为这一时期的教师提供行之有效的建议。11 年以上教龄的教师对与教学相关的信息和通信技术的需求较高，这样也可以帮助这一时期的教师从青年教师身上学习这方面的知识与技能。而且，角色适应期教师与专业成熟期教师开展学习交流的平台并不限于一所学校，可以联通几所学校甚至更大的网络，扩大交流的范围和途径，共同组建一个良好的学习共同体。

富兰和哈格里夫斯认为，合作的环境可以减少教师的无助感和不确定性。当教师的专业成长是一种集体行为时，教师会更加重视专业的建议，更积极地学习专业知识与技能。因此，当教师有机会参与合作式学习和探究时，就会产生一种能被教师们广泛分享的教学智慧，同时也能对学校的变革起到一定的推动作用。促进教师之间的专业协作，打破教师之间的时空距离，通过学习共同体或专业团队的建立，为教师的专业成长效果增色。

首先，学校领导既要形成教师专业协作的意识，又要引导和组织教师开展团队活动。教师领导者应该担当五种不同的角色：专业知识的学习者、学生发展的引领者、家校有效沟通的合作者、课堂教学深度变革的践行者、学习共同体的建构者。在团队建设的初期，选择几位优秀的教师领导者进行培训，然后有效地指引教师开展学习共同体的活动，调动教师参与的积极性。其次，教师的团队活动一般是在同年级或同学科的基础上进行的，教师会越来越偏向单打独斗，此时要让教师意识到专业协作可以减轻自己和他人的工作负担。通过分享教学资源，可以提高教师的专业技能。不仅要在同一学科、同一班级的教师之间密切合作，还要在不同年级、不同学科、不同教龄以及学校领导与一线教师之间开展团队协作，主动将教育教学实践中遇到的问题摆出来，供大家分析讨论，共同商议解决对策，形成行为改进共识。

第三节　实践行动

上述五个维度体现了针对教师不同阶段需求和特征的教师专业成长支持体系的总体设计路径。教师专业成长是一个具体的、实践性的活动，除了整体层面的设计外，还需要具体的实践推进策略。按照笔者对教师专业成长三个阶段的设计，本研究建构了涵盖临床式培养模式、浸润式培养模式和引领式培养模式的教师培养路径体系，分别对应与满足角色适应期教师、经验积淀期教师和专业成熟期教师。

一、临床式培养：站上讲台会教书

根据前文的调查和论述，角色适应期教师从群体特征上看，往往呈现出如下几方面的共同特点。其一，从人格特征上看，角色适应期教师容易拉近与学生的距离，具有可塑性，身体素质也比较好。有主动、迫切解决问题的愿望，勇于尝试，坚持不懈，有责任感，并且有举一反三的悟性。调查数据显示，这一时期的教师表现出更加积极的人格特质，如聪慧性、稳定性、有恒性及自律性。其二，从专业成长上看，角色适应期教师的教育信念呈现出两极分化的状态，一部分是自我追求，也有一部分是随波逐流。在观念上相对比较包容、多元化，对教育事业比较有感情，但是这种感情不稳定，容易受到外界影响。他们具备了一定的专业知识储备，但是理论与实践之间的距离是其适应教学的障碍,对教学和管理技术与经验的渴望是这一时期教师在专业成长上的显著特征。其三,从生活特征上看,这一时期教师面临的生活压力普遍较少,普遍兴趣广泛,学习和生活热情较高,大都会有一些能促进身心健康和提升人文素养的爱好。

从上述特点出发,角色适应期教师在专业成长上的核心需求在于专业技能的提升。比如:这一时期教师在管理班级、处理人际关系(家校关系、同事关系等)方面的经验不足,特别需要针对具体问题的策略与方法的指导;经验交流与同伴学习的机会不多,如与其他地区、学校的教师进行经验交流和分享的机会,跨区或跨校的教材教法分析和交流的机会;学科教学的针对性指导不够,在专业上希望得到实践层面的指导,以更好地把控课堂,胜任教学。同时,随着时间转化而形成的迷茫心理,呼唤这一时期教师专业成长意识和能力的提升。

基于上述分析,对于角色适应期教师,应该采用临床式培养模式。临床是一个源自医学的概念,是指直接接触病人,对病人进行实际观察,并在这种观察和体验中提升疾病处理能力。教师职后培养的临床模式倡导角色适应期教师在实践环节中通过自我实践来感知教育、感知教学、感知学生,提升教学和管理实践能力,最终提升专业素养。

角色适应期教师的临床式培养模式在具体实践中可以采取以下几种方法。

(一)入职培训法

在现代职业体系中,入职培训几乎是任何职业入职前的必经工作。对教师而言,入职阶段是其"关注生存"的阶段,这一时期他们在学校教育中建构的教育理想可能会面临严峻的教育现实的挑战。[1] 这一时期教师能否很好地适应角色转变,一方面决定了他们能否继续留在教学岗位,另一方面也会对其教育教学效果和专业成长的成效造成影响。[2] 入职培训是指进入组织之前或者之初参加的培训,按照科南特(James Bryant Conant)的理解,教师的入职培训意在专门向初任教师提供至少为期一年的系统而持续性的帮助[3],这一帮助有助于教师快速适

① Veenman S. Perceived problems of beginning teachers[J]. Review of Educational Research,1984(2):143-178.

② 宋一婷.小学初任教师职业适应现状调查研究——基于上海市6位初任教师的访谈[J].吉林教育,2016(32):5-7.

③ [美]科南特.科南特教育论著选[M].陈友松,译.北京:人民教育出版社,1988.

应角色,为即将到来的教育生活做好准备。从 2012 年开始,上海市实施了中小学、幼儿园见习教师规范化培训制度,对新入职教师进行为期一年的针对性培训,有效提升了教师的岗位适应度,形成了有助于角色适应期教师专业成长的外部政策保障。对学校而言,也应该认识到教师入职培训的重要价值,通过校本层面的设计,更好地满足本校青年教师的成长需要,通过有效的入职培训,为其专业成长奠定基础。

【案例】

上海市 H 区某小学教师入职培训课程设计

学校作为见习教师规范化培训基地,在深入学习、领会、研究的基础上,在培训理念和方案的顶层设计上做出了前后相关的两个重要决策:决策一是围绕"见习培训"的四个维度设计相应的配套课程,将"课程菜单能否满足见习教师的综合学习和个性学习需要,课程内容与实施方式能否得到见习教师的认同和具有足够的吸引力"作为设计的价值取向;决策二是对课程的运作进行时间统筹和制度保障,以真正建立起见习培训工作的长效机制。

根据对见习培训工作的总体认识和相关决策,学校对见习培训课程进行了如下设计。

课程特点 课程名称	对应"见习培训"维度	价值取向	研发与 实施团队
GSA 微课程	职业感悟与师德修养	1. 培养职业认同,提升师德修养; 2. 满足手册填写需求	专家导师团队
学科基本功培训课程	1. 课堂经历与教学实践; 2. 教研与专业发展	1. 了解专业基础知识; 2. 学会专业基本技能	学科导师团队
基于问题解决的班主任管理工作案例培训课程	班主任工作与育德体验	1. 学会解决在班级管理中出现的若干问题; 2. 在互动中共同生成实践智慧	班主任导师团队

第一,编写课程实施纲要。学校将"基于问题解决的班主任管理工作案例培训课程"作为校长领衔的重点开发课程进行了前期酝酿和思考,拟定了课程实施纲

要,而后作为范例提供给各课程负责人学习借鉴,要求各课程负责人依据课程性质,从"课程实施背景、课程目标、课程内容、课程实施的途径与方法、课程设置与学分认定、课程考核要求、课程资源、课程参考文献、课时安排"九方面规范编写课程实施纲要,并交给领导小组审核。

第二,形成课程内容框架。课程实施纲要经审核通过后,课程负责人要组织团队教师一同商讨研究,确定课程内容,形成课程框架。比如,GSA 微课程的菜单如下。

内容	
如何调适心理	如何掌握沟通技巧
如何制订个人规划和参培计划	如何阅读书籍和撰写读书心得
如何撰写培训总结	如何进行拓展型科目设计
如何撰写职业生涯体验随笔	如何练好"三笔字"
如何帮助学困生	如何制作课件

第三,设计授课形式体例。学校和课程研发团队不仅对课程的大纲与内容进行了顶层设计,还根据课程的不同性质,对课程的具体实施,尤其在授课体例和形式两方面进行了量身定制,具体内容如下。

课程名称 \ 授课特点	授课体例	授课形式
GSA 微课程	1. 我的故事; 2. 我的建议	以讲为主
学科基本功培训课程	1. 讲清怎么做; 2. 示范怎么做; 3. 模仿怎么做	讲练结合
基于问题解决的班主任管理工作案例培训课程	1. 情境模拟,揭示问题; 2. 小组合作,讨论问题; 3. 提炼操作,解决问题	演—思—习

（二）合作发展法

教师职业自诞生以来，其作为"人类的生存方式"似乎就已经逐渐定型。在社会普遍的认知中，教师不是以群体的方式存在，而是作为"独当一面"的个体存在。因而，在长期的教师专业成长实践中，"个人主义"文化盛行，在这种文化导向下，教师被认为既羞于与同事合作，也不愿意接受同事批评。[①] 但是，现代教育的复杂性给教师专业成长带来了更多层面的要求，很多任务如果缺少教师之间的合作是难以有效完成的。因此，基于教师共同价值观而形成的教师合作文化和合作组织建设就显得尤为重要，这种组织既可以是教师基于成长需要形成的非正式组织，也可以是学校和教育行政部门基于对教师专业状态、发展需求的研判而建立的正式组织。[②] 特别是对角色适应期的职初教师而言，如果他们在专业成长中的困惑得不到其他成员的有效引导，他们的教学技能得不到优秀教师的手把手指点，其专业成长的有效性将大打折扣。因此，对于角色适应期教师，建构有利于其专业成长的合作组织非常重要。通常而言，这种组织可以通过师徒带教、学科团队等共性组织的方式呈现，其结构既可以是单一的，也可以是多维度的。

【案例】

上海市J区某小学青年教师成长团队建设

学校倡导基于微笑理念打造开放、共享、多元、互动的教师群体文化。虽然对这些职初教师而言，他们是一个亟须发展的群体，与此同时，他们又不仅仅只是弱势群体。在学校教师群体中，他们积极的、乐观的、负责的态度和精神也往往是学校教师文化的重要力量。因此，他们的发展还必须依托学校文化的发展来共同进步，而这种文化就体现在不同教师团队的创建上。

其一，师徒带教。学校为每一位职初教师都安排了一位师傅，负责指导他们的教育教学实践，这些师傅都是学有专长、经验丰富的骨干教师。师傅除了每天为徒弟进行家常课示范外，每周还必须听两节徒弟的随堂课，通过日常高频次的互动，切实加强对徒弟教育教学细节和基本策略的指导。学校的职初教师在工作反思中

---

① 姜新生.从个人主义到自然合作：教师文化的理性建构[J].教师教育研究，2010(3)：5-9，15.

② 杨明全.革新的课程实践者——教师参与课程变革研究[M].上海：上海科技教育出版社，2003.

这样写道:"师傅搀扶我走过这蹒跚学步的一年,我在教育教学上遇到的任何疑惑和困难都能在师傅那里找到满意的答复。'师傅'一词所代表的已经不仅仅是在教育教学中给过我帮助的带教老师,更是我的知心朋友。"

其二,组建青年同质组。青年同质组是教龄为1—3年的职初教师自主组成的青年教师团体。他们既有着共同的目标追求,也有着发展道路上相同的或者不相同的困惑和体验。因此,青年同质组的成立,为他们提供了分享、交流和更开放的交流时空。同时,为了切实围绕职初教师的共性需求,青年同质组制订了活动计划,设计每个月的专题交流活动,邀请学校名师讲自己成长的心路历程,邀请优秀班主任讲与家长沟通的技术,还会不定期地进行内部的教学交流和评课,真正发挥同伴互帮互助、共同发展的作用。

其三,组建多元结构的学校教师研究团队。职初教师在熟悉工作岗位的基础上,也需要有更宽广的平台。因此,多元结构的学校教师研究团队成为职初教师发展的重要平台。学校语、数、英等学科每周开设"与专家面对面对话"的讲座,邀请市、区级教育专家和教学名师一起互动,讨论学科建设与发展的基本问题。在团队结构上,学校非常注重青年教师参与学习和展示的机会,既不断吸收职初教师加入研究团队,也不断搭建职初教师教育教学交流的平台。专家的点拨和启发,对职初教师的教育理念和具体策略上的冲击是巨大的。

(三)伴随指导法

教师专业成长归根到底是一种实践领域的变革,特别是对角色适应期教师而言,如何快速、有效地提升教育教学能力和课堂驾驭能力,这是关系到其能否适应岗位并顺利实现专业成长的先决性条件。教师实践领域的能力提升,往往不能仅凭专题培训、自主学习等路径就能实现,教师必须在真正的现实场域中不断体会教育教学的精髓。因此,促进青年教师教育教学能力的提升必然应该基于现实的教学和管理场域。从学校的角度出发,应该从三方面入手。第一,强化教育教学常规的落实。学校要根据教学流程,对青年教师备课、上课和作业批改等问题提出规范性要求,除了必要的教学内容和环节设计外,还包括板书、教学语言、教学动作等方面,以此帮助职初教师克服语言不规范、教学姿势无序等问题。对于职初教师的作业批改和教学质量,则有针对性地通过指导、检查与质量反馈来共同进行评估和建议。第二,加强听课与教学展示。学校可以对职初教师提出先模仿再上路的培养思路,如有的学校规定角色适应期教师每天必须先听一节师傅的课,学习师傅的教学设计与教学实施,然后自己再上课。通过模仿并反思,快速提高对教学流程和教学控制的适应度。同时,作为职初教师,每学期必须定期承担公开课教学任务。学校也可以通过举办各类教学评比和展示活动,提升职初教师教材解读、教学设计、教学实施的基本能力,以展示带培训,提高教师的教学意识和教学能力。第三,注重对日常工作的反思,如有的学校规定,职初教师每月必须向教研组组长递交一篇相对满意和成熟的教案,并附详细的教学反思。教研组组长结合职初教师的教学表现和反思,进行点评和反馈,提出自己的理解和看法,以帮助职初教师掌握反思的视野和方法。同时,这种及时反馈、反思也有助于学校全面了解职初教师的发展状态,为后期分类管理、分类发展提供支撑。

【案例】

上海市 Y 区某小学青年教师"临床修行"建设内容

学校为切实加强青年教师教育教学规范,提升青年教师教书育人的能力,对任职 5 年内的职初教师开展"临床修行"的探索与思考,通过精英教师团队的"望、闻、问、切"系列带教活动,促进职初教师岗位成才。

1. 每周组织 2 至 3 次随堂听课与评课活动

随堂听课活动的侧重点落在职初教师课堂教学的规范上,关注以下几方面:(1)教学内容是否熟悉、条理清晰、注重启发;(2)教学语言是否通俗易懂、简练明快、规范准确;(3)板书布局是否合理、图文准确、清晰美观;(4)教态是否自然大方、和蔼可亲、富有感染力。

随堂听课后,学校将从备课指导、课前准备、课堂教学、课后总结等多方面对职初教师展开培训与指导,督促青年教师撰写教学反思,形成富有个性化的教育札记。

2. 每月组织 1 次专题学习交流活动

针对职初教师每月随堂听课中发现的课堂教学的突出问题或共性问题、班级管理问题、家校沟通问题等展开专题学习交流活动,做到培训内容从实际问题中来,切实帮助青年教师解决教育教学常规问题。

学校将邀请市、区级专家与校内优秀教师进行联合打造,以校内教师资源为主,邀请学校资深教师、有特长的教师、优秀模范教师、骨干教师、党员示范教师从规范教案、教学组织策略、学段知识要点、单元设计、综合活动、提问策略、作业与命题能力、课堂用语、朗读能力、板书的书写与设计、班级管理、家校沟通等常规问题对职初教师进行手把手辅导,形成百问百答机制,以提升职初教师的教育教学能力。

3. 每学期组织 1 次公开交流展示活动

每学期从创智课堂、教学设计、课件制作、微课录制、云课堂、班级管理微情景剧等主题中选取一个主题进行公开交流展示。

学校教师既可以从创智课堂和教学设计中感受到职初教师的活力与努力、进步与闪光点,以及属于职初教师的新思路,又可以从课件制作、微课录制和云课堂中向职初教师学习教育信息技术,还可以对职初教师的课堂教学提出中肯的教学建议,针对班级管理微情景剧中的问题为职初教师出谋划策,传授丰富的班级管理经验和家校沟通经验。

二、浸润式培养:站稳讲台教好书

入职 6—10 年的教师迎来了专业成长的经验积淀期。这一时期的教师也同样呈现出特色化的群体特征。其一,从生存的外部环境而言,这一时期的教师普遍开始进入结婚生子的年龄,上有老下有小的局面开始形成,生活中的压力陡增,必然给专业成长的时间和精力投入带来不利影响。其二,从专业成长的实践看,这一时期的教师往往已经积累了比较成熟的教学方法经验,教学成效也随着时间的推移不断提升,有的教师甚至在教学成效上反超了自己入职带教的师傅。正如卡伦·霍尼(Karen Horner)团队的研究发现,26—55 岁之间的教师中,28—36 岁是教学有效性均值的高峰时期;[1]戈贝尔(Barbara Goebel)和卡申(Valjean Cashen)的研究也认为,中青年教师在教学技能方面的表现要优于老年教师。[2] 这种教学上的优越感可能会引发教师的自满情绪,导致他们对教学活动和专业成长"挑战性"的认知危机,一部分教师满足现实,不再有很强的成长动机,也有一部分教师能保持专业成长的积极性,但是需要学校和教育主管部门给予更多的平台与支持。其三,从教师的职业心态看,这个时期的教师对教育教学工作的认知已经跳出了职业初期的那种激情澎湃,他们更趋向用一种理性、综合的视角来看待教育教学工作。这种认知的稳定性有助于他们加深对自身职业的理解,但是理性背后蕴含的职业生

① Horner K L, Murray H G, Rushton J P. Relation between aging and rated teaching effectiveness of academic psychologists[J]. Psychology and Aging, 1989(2):226-229.

② Goebel B L, Cashen V M. Age, sex, and attractiveness as factors in student ratings of teachers: A developmental study[J]. Journal of Educational Psychology, 1979(5):646-653.

涯"高原反应"、职务职称晋升困难、职业定位困惑纠结等①，也会给其专业成长造成障碍。

基于上述分析，经验积淀期教师专业成长核心的使命在于通过合理干预，帮助教师消除专业成长中的倦怠情绪，满足其职业成长的多维度需要，持续激发和保持其专业成长的信心与动力。围绕这一核心目标，本研究提出经验积淀期教师的浸润式培养模式，其核心是通过组建志同道合的专业学习共同体，强化教师的人文关怀，探索共同体成员都感兴趣的教育教学实践难题，激发中青年教师的实践创新活力，配以科学的教师成长规划和成长平台建设，帮助教师形成具有个人和相应学习共同体的学科研究特色、课程建设主张、教学设计智慧、教学评价策略等。

经验积淀期教师的浸润式培养模式在具体实践中可以采取以下几种方法。

（一）共同体建构法

教师专业成长的共同体是一种基于学习型理论和以专业成长为导向的共同体。1958 年，马奇（James March）和西蒙（Herbert Simon）首先提出了学习型组织的概念，学习型组织建设成为组织行为学、心理学、社会学等共同关注的话题。② 1990 年，彼得·圣吉（Peter Senge）在《第五项修炼——学习型组织的艺术与实务》中对学习型组织进行了系统性研究。总体而言，学习型组织以系统思考、组织学习为制度性手段，强调建构共同愿景、改善心智模式、不断支持自我超越，进而实现在复杂环境中的个体与群体的成长。③ 这一理念与当下教师专业成长的使命与价值要求存在高度的契合，因此，从学习型组织的理念出发建构教师专业学习、专业成长共同体，成为加强教师队伍建设、促进教师专业成长的重要路径。

教师专业共同体要以教师的自愿合作为前提，以共同愿景为基础，以分享和合作为核心，通过正式或者非正式的制度、章程、理念等，将教师联结在一起。对经验积淀期教师而言，通过组建学习共同体，能激发每一位教师的团队意识和在场意

①　杨菊仙.地方本科院校专任教师职业中期危机及应对策略[J].现代大学教育,2016(4)：94-101.

②　孙耀乾.学习型组织理论视野中高校教师继续教育研究[J].中国成人教育,2013(11)：105-107.

③　温恒福,张萍.学习型组织的实质、特征与建设策略[J].学习与探索,2014(2):53-58.

识,有效消除个体发展中的倦怠情绪。团队建设中个体经验技术的分享,能进一步加深教师对职业的理解,促进新知识、新技能的形成,这对进一步塑造教师的专业形象有直接的价值。对学校而言,要通过调研准确把握教师的成长状态,通过共同价值观的制定,建构起教师专业成长组织的精神召唤,通过学科、项目、课题等载体,以系统规划构筑教师发展基石,以心智改善作为教师发展的内在动力,以组织承诺强化心理契约,以协同发展实现价值追求。① 在融合对教师个性特征的理解与尊重的基础上,推动不同类型教师专业成长共同体的建构,这是激发和保障经验积淀期教师专业成长积极性、有效性的重要举措。

【案例】

上海市 H 区某小学教师专业发展"共同价值观声明"

我们关注师生的校园生活质量,倡导平等的人际氛围,让师生快乐、幸福每一天。

我们坚持在管理好学校的问题上,每一位教职工都有权利发表意见。

我们关心一切新的事物,求变创新,追求卓越发展。

我们倡导师生的主动发展,强调多元学习和实践,培养具有生命灵性的个体。

我们懂得与各种社会资源广泛合作,以开放的姿态增强自身的办学影响力。

我们热爱所从事的每一项工作,崇尚终身学习,勇于承担责任,追求工作的高质量,使自己成为团队中不可或缺的一分子。

我们将学校制度视为行为的基本准则,将维护有序的校园环境视为己任。

我们始终牢记学生是课堂的主人,所采用的一切教学策略方式都是基于学生的兴趣、基础、能力和情感,让学生体验学习的成功与快乐。

我们尊重每个学生的个性特点,积极创设让他们自由表达的空间,培养其积极向上的独立人格。

我们时刻关注一言一行对学生的影响,让他们在关爱中健康成长。

我们相信团队的力量,善于分享和交流,以宽容之心待人,以感恩之心处世。

我们提供丰富多彩的学校课程,满足学生不同的学习需求,让他们在自由选择中人人拥有一张个性化的课程学习菜单。

---

① 钟建林.学习型组织视野下教师专业发展共同体建设研究[J].教育理论与实践,2020(20):25 - 28.

我们开发富有学校特色的课程内容,使之成为办学的名片。

(二) 人文关怀法

倡导对教师的人文关怀,既是以人为本理念在学校教育中的直接体现,也是稳定教师队伍、促进教师专业成长的内在要求。从概念上说,人文关怀是以人文精神为思想核心,以尊重人、丰富人、发展人、完善人,以及促进人的全面发展为内在尺度的一种价值取向[①],追求的核心使命在于培养人的自足意识和主观能动性,让人的精神和生命自由健康成长。正如前文所言,进入职业生涯经验积淀期的教师,其所生存的家庭环境、社会环境等都发生了很大的变化,所面临的外部压力,特别是家庭层面的压力,远远超过职业生涯初期。这种外部压力与内部专业成长的困惑交织之后,就会在很大程度上加剧教师的职业倦怠感,进而影响其专业成长程度与水平。因此,这一时期对教师开展积极的人文关怀非常有必要。从理论上说,学校对教师的人文关怀应该以实现人的价值为根本旨归,要以促进教师珍爱生命、健康生活、彰显主体、回归实践、实现发展为重心。[②] 大量的实证研究也充分表明,学校的人文关怀程度与教师的专业成效呈现出明显的正相关关系。从实践上说,学校对教师的人文关怀可以体现在不同的层面上。首先,是制度层面的创设,包括学校的管理制度、校长的管理风格等,都应该体现出鲜明的民主化、人本化倾向,提升教师对学校整体建设与发展的认同感。其次,是外部环境的建设。学校要打造有利于教师开展工作的、温馨的、舒适的工作场域,建设卫生服务站、心理咨询中心、文化活动室等硬件环境,开展有利于教师身心健康的各类活动。再次,是具体问题的解决。学校要关注每一位教师,了解教师的实际生活和工作需求,特别是要及时掌握他们的现实困难,有条件的话要想办法帮助教师解决工作生活中的实际问题,提升教师教育生活的幸福度和获得感。最后,是发展平台的搭建。教师的人文关怀是一种手段,不是最终的目的。人文关怀的核心价值在于激发教师的生命情态,提升其专业成长的积极性。因此,对教师的人文关怀除了制度创设、环境建设、问题解决、平台搭建外,还应该凸显"促进成长"的导向。通过教师专业支持平台的创建,让教师在各类平台中不断展示自我、释放自我、发展自我,最终以高质量的发展成就高质量的人生。

---

① 贾凤姿.关于增强高校思想政治理论课教学人文关怀的思考[J].思想理论教育导刊,2012(9):62-64.

② 周明星.中学教师人文关怀体系的构建[J].教学与管理,2018(10):5-8.

【案例】

上海市 J 区某中学建设教师精神家园

学校领导提出,教师生命的三分之一是在学校度过的,学校应该给予教师更多的人文关怀,紧紧围绕社会主义核心价值观,营造主流文化风气,努力把校园建设为教师的精神家园。

1. 开办"东方讲坛",举行午间文化茶座,注重一个"引"字

鉴于社会价值取向的多元化、文化背景的差异性、教师个体自身发展目标的多样性,近年来,学校开办由市委宣传部审批的"东方讲坛",开展午间文化茶座。创设轻松、愉悦、和谐的环境,教师围绕主题,畅所欲言,内容有印象派绘画欣赏、看云识天气、上海方言的文化内涵、邮票的收集和鉴赏、我眼中的邓丽君、着装打扮的技巧、圆舞曲的鉴赏方法、舞蹈带给我的乐趣、营养与减肥、教子文化等,形成人文、科技、体艺三个系列的教工午间休闲课程。一开始的目的是把部分教师从午间课堂布置作业中拉出来,"解放"学生。逐渐地,这部分教师尝到了甜头,认为是自己在事务中"解放"了自己。这项工作由工会主持,工会小组组织,教工自主参与。让参加者在品味咖啡的同时享受文化美餐,走进经典,拓宽知识面和文化视野,提升人文素养。午间文化茶座既是人际交往的平台,又以人性化的方式促进教师队伍建设,成为校园文化中一道亮丽的风景线。

2. 组建"教工社团",举办各类教工兴趣爱好展示活动,注重一个"活"字

学校开辟专门场地举办"翰墨沙龙"活动,倡导全校教师学习写字。先是语文教研组内每周三、四中午练习毛笔字,后来不断有其他学科的教师加入,规模不断扩大,时间也变成了每天中午,既满足了学校教师的业余爱好,又锻炼了教学基本功。虽然每次只有短短 40 分钟,教师的收获却很多,不仅使大家的书法水平得到了提升,还增添了大家练字的积极性。目前,已由一般的书写活动演变为母语文字的教养课程,培养了汉字书写能力,增进了热爱汉字情感,提升了民族精神品格。学校教工共有轮滑社、太极拳社、羽毛球社、乒乓球社、钢琴社、合唱团等,自建社团十余个,每周自教、自学、自锻、自管,积极健康,生机勃勃。这些活动的效果重在一个"活"字,"活"思维,"活"身心,"活"人际,"活"氛围。教师每日的工作是平凡的、琐碎的,有很多焦虑和烦恼,由于开展了这些活动,从而改善了精神状态。教师精神状态的改变、完善、提升,不仅有利于自身生命质量的提高,更重要的是,学校有了用优质的精神氛围来孵化青少年美好生命之花的前提。

（三）合理规划法

教师工作环境的复杂多变性和其发展路径、目标的多元性,凸显了对教师进行专业成长规划的客观必要性和重要性。实际上,在近年来的教师专业成长过程中,强调教师的自我职业生涯规划越来越成为一个重要的思路。有研究指出,教师的规划合理与否能直接影响其专业成长的成效。对教师个体而言,其专业成长的核心内涵主要体现在四方面:一是直接驱动,即教师的内在发展需求;二是最终目标,即教师职业尊重的获得与内化;三是主要任务,即促进教师成长为幸福的人;四是基本方式,即教师职业愿景的设想与规划。[①] 实际上,对教师而言,在任何发展阶段中进行合理的规划都是必要的,其中经验积淀期教师进行科学合理的规划尤为重要,原因如下。一方面,从学校管理的角度看,学校管理者的一个重要使命就是促进教师发展,而促进教师发展依赖于有效的教师发展规划。教师发展规划不是随便规划,更不是胡乱规划,而是需要建立在对教师性格特征、教学能力、综合素养等的综合分析和研判的基础上,结合学校教师队伍建设的整体定位进行规划。入职6—10年的教师的上述特征已经基本显现,学校对这部分教师的了解已经比较深刻和全面,这就能有效提升教师发展规划中的针对性和科学性。另一方面,从教师个人的角度看,教师对自我的规划不是盲目的,也需要深刻了解自我的实际情况。进入经验积淀期的教师,他们对自我职业的认知经过时间的积淀和实践的积累已经趋向于系统化、稳定化,职业生涯初期的激情开始逐渐消退,使得他们能以一种更加全面和理性的视角看待自我专业成长问题,在这种状态下开展的教师发展规划显然会更加科学和合理。

基于上述分析,无论是学校还是教师,都应该注重在生涯成长的经验积淀期做好教师发展的科学规划。这种规划一般包括三个维度:第一,是学校层面,要根据区域教师队伍建设的现实需要和学校教师队伍的整体情况,制定本校的教师发展阶段性目标,做好教师成长需求调研,形成学校教师发展的整体框架设计和分层分类培养的基本机制;第二,是教研组或者年级组层面,要注重通过团队引领的方式促进教师专业成长,通过集体研判分析不同教师的专业成长状态,依据学科属性或年段特征,组织教师开展制订和实践计划的种种行为;第三,是教师个体层面,教师

---

① 韦油亮,张晓玲.浅谈教师专业发展规划的内涵与内容要素[J].大庆社会科学,2017(3):153-154.

要在学校整体队伍建设目标的基础上,通过对自我的全面认知,分析定位自我的阶段性发展目标和总体性发展目标,设计符合自身实际情况的专业成长路径,并根据这些规划改善自我的专业成长行为,以真正实现专业成长的种种假设,打造发展的持久内生力量。[①]

【案例】

上海市 F 区某小学"阶梯设计、晋级考核"的校本研修模式

学校通过制度设计与榜样激发"推着"教师向前发展,通过目标引导与发展支持等让教师清楚发展什么、如何发展,探索实践了"阶梯设计、晋级考核"的校本研修模式。依据教师专业素养和能力划分教师专业发展的阶梯类型,分析各阶梯教师的专业特征和专业需求,对应各阶梯教师的专业发展需求,设计模块相同、内容不同的具有递进性的研修安排。研修模块包括德育管理、课程领导、课堂教学、人文艺术素养、科研信息素养,每个模块又分为不同的专题。不同阶梯水平的教师,其每个模块下同一个专题的研修内容是不同的。同时,在国家职称晋级、工资晋级的宏观制度下,设计学校专业发展培训的晋级制度,并形成学校师资队伍管理机制,促进教师成为有梦想的人。

例如,课堂教学模块下的"作业设计与批改"专题,新手教师首先要学会规范批改;成熟教师不仅要规范批改,还要学会基于课程标准设计作业;骨干教师要在此基础上学习从作业结构、作业数量、作业难度等方面入手,设计有效的作业;品牌教师不仅要关注有效,还要学习怎样将作业设计得有趣,让学生学得轻松。以课堂教学模块为例,不同级别教师的校本研修内容如下。

级别	教学设计	课堂教学	作业设计与批改	辅导与讲评	命题设计
新手教师	教学设计格式规范、环节完整	规范课堂	规范批改	整理错题,讲评作业	针对性的单项命题
成熟教师	教学设计内容符合课程标准	有效课堂	作业设计符合课程标准	跟踪辅导学习有困难的学生	设计单元命题
骨干教师	教学设计重点和难点的突破有创新	有趣有效的课堂	作业设计有效	辅导优秀学生学业质量的提升	设计综合性命题

① 宓莹.教师专业发展规划师:校长的使命[J].上海教育科研,2016(5):66-68.

（续表）

级别	教学设计	课堂教学	作业设计与批改	辅导与讲评	命题设计
品牌教师	教学设计有个性特色	有主张的课堂	作业设计有趣有效	辅导尖子生参加区级比赛	参与镇级以上命题

此外,学校对应各阶梯教师发展目标,依据教师在实际工作中遇到的困难和问题,提出了每个层次的教师应该完成的校本研修行动事件,让教师在做事中学会做事。以课堂教学模块为例,不同级别教师的校本研修行动事件如下。

级别	教学设计	课堂教学	作业设计与批改	辅导与讲评	命题设计
新手教师	上交一份规范的教学设计	上一堂规范的课	接受作业批改检查,成绩优秀	完成一本错题集	完成一次单项命题
成熟教师	上交一份基于标准的教学设计	上一堂有效的课	上交一份基于标准的作业设计	完成学习困难学生的辅导档案	完成一次单元命题
骨干教师	上交一份自主备课的教学设计	上一堂有趣有效的课	上交一份有创意的作业设计	完成学有余力学生的辅导档案	完成综合性命题
品牌教师	上交一份优秀的教学设计	上一堂有主张的课	完成作业设计的总结体会	辅导学生参加区级比赛	参与一次镇级以上命题

三、引领式培养:站好讲台领发展

一般而言,入职11年以上的教师进入专业成长的成熟期。这一时期的教师普遍而言对教学活动感到熟悉和舒适,他们能很好地理解教学环境,对学生的学习需求和学科的教学要求有比较科学的把握,能较为科学合理地处理教学中绝大部分的突发事件,在学生管理、学科教学、人际交往等领域都体现出"专业"甚至"专家"标准,对待日常工作达到了游刃有余的境地。这一时期的教师往往已经发展成为学校教师队伍的骨干力量,既是学校教学质量的保障,也是学校办学知名度和品牌提升的保障。但是从另外一个角度出发,这一时期的教师随着年龄的增长,其教学和管理思维行为模式逐渐呈现出相对固化的特征,新思想、新技术、新方法的运用对他们来说并非易事,让他们从思想观念层面认识教学变革的价值也需要付出更多的努力。有研究表明,如果处理不当,这部分教师甚至会成为学校推进教学改革的掣肘者和学校民主氛围中的不同声音。[①] 此外,由于这部分教师的专业能力较强,学校在对待这部分教师时往往也会想当然地认为他们能做好自我发展的设计与实施,相信他们能在教学、管理和自我成长中独当一面,因而很多学校在管理实践中没有给予这部分教师足够的关注和支持。一方面导致这部分教师引领其他教师发展和学校变革的价值没有得到充分发挥;另一方面也容易导致这部分教师自身专业成长的停滞甚至倒退。

基于上述分析,专业成熟期的教师专业成长在目标设计上应该凸显两方面的价值导向:一方面要充分发挥他们在专业成长中积淀的经验和技能的价值,通过引领作用的发挥,实现区域或者学校教师队伍整体素养的提升;另一方面也要聚焦教育和时代发展的新要求,帮助他们改变职业生涯中形成的某些既定认识,形成与教育变革相适应的新的教育教学理念和方法,提升其对未来教育的适应性。由此,引领式的发展模式应该成为专业成熟期教师专业成长的重要路径,这一路径可以由以下三个维度的支持策略构成。

(一)项目引领法

从学校整体改革发展的角度看,要实现学校办学质量的不断提升,必须有一支团结、稳定的高素质教师队伍。从学校发展过程中具体问题的解决看,则需要依托相应的项目,在不断的集体攻关中破解问题,推动发展。项目管理是一个来自管理学领域并在企业管理、工程管理等过程中被广泛运用的概念。在企业管理或者工程管理领域,不同职能部门的成员因为某一个项目而组成团队,项目经理则是项目团队的领导者,他所肩负的责任就是领导他的团队准时、优质地完成全部工作,在不超出预算的情况下实现项目目标。项目管理者不仅仅是项目执行者,其参与项目的需求确定、项目选择、计划直至收尾的全过程,并在时间、成本、质量、风险、合同、采购、人力资源等各方面对项目进行全方位管理,因此项目管理者可以帮助企业处理需要跨领域解决的复杂问题,并实现更高的运营效率。项目管理者在有限的资源约束下,运用系统的观点、方法和理论,对项目涉及的全部工作进行有效管理,即从项目的投资决策开始到项目结束的全过程进行计划、组织、指挥、协调、控制和评价,以实现项目的目标。企业中的"项目"是指企业中各项有始有终的工作或事务。把项目管理的理念引入学校管理、教育管理领域,也能体现出学校改革发

① 严荣琴.初中成熟期教师专业发展的问题与对策研究[D].上海:华东师范大学,2017.

展中集体攻关的重要价值。学校的项目可以对共性的教师发展问题、教学问题、课题研究等进行组建,在这一过程中,项目管理者、引领者的确定非常关键。专业成长中的成熟期教师完全可以承担起项目引领的重要价值,因此,可以通过项目引领的方法,充分发挥成熟期教师的价值,让成熟期教师成为学校其他教师成长发展的"重要他人"。从专业成长的视角看,重要他人是指对教师发展有重要影响的个人或群体。[①] 相较于"普通同伴"的角色,"重要他人"更能在团队合作中主动奉献自我的专业智慧,更加主动地引领团队进步,成为众人信赖的专业成长引领者。在带领团队进行项目攻关的过程中,成熟期教师的专业成长经验得到丰富,团队引领价值得到彰显,不仅自我成长能达到一个新的境界,还能有效带动其他教师,形成团队共同发展的良好局面,从而为学校教师队伍的整体变革与提升奠定基础。

【案例】

上海市 H 区某初中打造"明师孵化基地"

学校创新教师发展机制,优化梯度分层培育,努力为全体教师打造"明师孵化基地",按照不同教师的职业生涯发展情况将教师分为五大类型,并依据"明师"培育侧重点将发展机制细化为:见习型——职业体验园;职初型——教研实验室;成长型——专业 PK 台;提升型——智慧萌芽坊;突破型——创新领跑区。五大类型环环相扣,循序渐进,为教师们提供不同梯度、不同侧重和不同形式的发展平台。根据每位教师的"生涯所处期"寻找他们的"最佳发展区",确保科学、全面、有效地提升教师专业素养,增加教师的发展动力,激发教师的发展潜能,为学校的不断建设提供可持续的人才资源。

1. 助力提升效能,开发智慧萌芽坊

在对学校比较成熟、脱颖而出的提升型教师的培养过程中,学校设立了三个智慧萌芽坊,分别为"青年班主任工作坊""探究课工作坊""教科研工作坊"。提升型教师能在不同侧重的工作坊中感受智慧火花的碰撞,增强对自身教学及德育的反思,更好地提高工作效能,以智慧引领发展。

如在"探究课工作坊"中,教师们针对探究型课程的授课方式进行智慧改良,由原本一位教师负责一个班级的"一对一"探究课,改善为每位教师认领探究课进程中自己最为擅长的一个环节,实行教师轮班授课制,再由其余教师进行集体观摩,

---

① 彭云.重要他人:教师专业发展的促进者[J].当代教育科学,2012(15):20-22.

从而保障了各班探究性学习进度的一致和学习质量的统一。同时,智慧带领学生团队开发探究课题,以探究课题答辩会、探究课题成果汇报会等不同形式完善探究过程,还编撰出版了"明课程"系列自编读本《创见 XM——我是小小研究家》,与更多教师分享智慧成果。

又如"青年班主任工作坊"会不定期地开设班主任事务系列讲坛,针对班主任日常事务中的共性问题,给青年班主任传授经验,帮助他们进一步增添工作艺术,解决工作中的棘手问题,从而更好地适应班主任角色。

2. 加强突破示范,拓宽创新领跑区

学校不断尝试发挥突破型教师的创新示范作用,设立专家工作室,以突破型教师为领衔,带领广大教师传承学校创造教育、延续激情课堂发展,并与市、区级及更高领域教育团队开展教育交流,在对区级优秀教师起到示范辐射作用的同时把准教育方向,带领团队更科学、专业地发展。在专家工作室的引导下,所有突破型教师均全程参与了"明课程"建设,并带领课程建设团队一同智慧开发了以"明课程"为主的新型课程体系,赋予了创造教育新的内涵和途径,确定与明晰了核心素养校本化实施的两大路径。不同学科专家工作室的建设,不仅使突破型教师的示范意识与能力得到了普遍提高,还进一步提升了突破型教师的层次,让他们学会站在更高位的角度思考教育教学,成为新课程改革的领跑者。

(二)著书立说法

成熟期教师对其他教师的成长引领和对自我专业成长的反思提升,不仅仅体现在实践领域,也应该体现在理论的建构和分享上。因此,对成熟期教师而言,如何通过课题和论文的研究,以著书立说的方式追求专业成长的新境界,这也是一个重要的现实问题。近年来,我国各级各类教育都在经历一场包括目标、体制、机制、内容、方法等在内的基于现实而指向未来的重大变革,在这个变革过程中,教育工作者的专业素养问题受到越来越多的重视。学界普遍认为,当今时代的教育工作者要胜任教书育人工作的需要,要达成立德树人的教育根本任务,除了应该具备传统所界定的专业特性外,还必须拥有一种"扩展的专业特性",即有能力通过较为系统的自我研究和对他人相关经验的研究,通过实践中对有关理论的检验和创生,实现专业上的自我发展。基于这样的认识,参与教育科研活动日益成为他们的一项常规活动,"教师成为研究者"不仅已经成为一种学界的共识,还已经成为教师实现专业成长的有效方式。然而,在教师开展教育科研活动逐渐被重视和认可的同时,学界也开始出现一些对"中小学教育科研""教师教育科研"特别是非专业理论工作者开展教育科研活动的不同认识,这些不同的认识直指非专业理论工作者教育科研的规范及中小学教师探索教育规律的能力。[①] 在笔者看来,这样的质疑是有根据的,而其中最为根本的原因就在于,很多学校管理者、教育研究者乃至一线中小学教师本身对"教师成为研究者"这一命题的理解存在偏差。现实中,教师对自身工作的对象、内容、要求、规则等最为熟悉,也最有利于探索形成工作的规律和总结。如果缺少必要的科研知识和能力,不仅对教师个人的成长来说是一种困境,对整个教师队伍素质的提升、教师教育研究理论体系的完善等也是一种很大的损失。但是,教师开展教育研究,特别是要取得有价值的教育研究成果,必须根植于教育实践,也必须有相应的实践经验作为基础。因此,一线教师的教育研究活动本质上是一种实践性、微观性、行动性和草根性研究,研究的核心任务是为了解决实践领域的问题。[②] 从教师发展的阶段特征而言,尽管不同发展时期的教师都应该承担一定的研究和思考任务,但是职业初期的教师缺乏实践经验,开展的研究因缺少实践的支撑而往往不够"接地气";经验积淀期的教师尽管具备了相应的实践积累,但由于外部的生活和生存压力较大,在很大程度上侵蚀了教师开展研究的时间和精力,因而,这一时期的教师普遍缺少静下心来开展研究的激情与动力。反观专业成熟期教师,他们不仅具备了丰富的实践经验,还普遍具备了相应的时间和精力保障,学校为其提供的各类平台和发展保障机制也比较完善,因此,这一时期正是其开展研究的"黄金时期"。对这一时期的教师而言,开展教育研究活动,著书立说,不仅能解决自身的职称晋升等现实问题,不断打造自身的专业品牌和专业声誉,实现专业成长的再提升,还能通过这样的方式更加广泛地传播和辐射自己的专业成长经验,带动更广泛层面的教师专业成长,让自己的专业积累更具价值且更有意义。

【案例】

上海市知名教师教育 G 专家总结在职教师撰写学科教学论

　　能教好书的教师从原创教学走到学科研究,花几年时间写一本自己的学科教学论,走上学科教学高地,对自己所教学段学科的功能(定位研究)、课标(研读)、教

---

①　郑金洲.教师教育科研三十年的变迁进程[J].上海教育科研,2008(10):13-15,27.
②　刘涛.教师成为研究者:急需澄清的三个问题[J].教育发展研究,2012(12):58-63.

材(横向比较、纵向比较、国际比较)、教法(案例)、学法(指导)、评价(考试)等开展研究与实践,形成自己的见解与观点,得到同行认可,在学科教学界有一定的知名度、话语权和影响力。

学段学科教学论的基本框架如下:

1. 学段学科功能定位研究(学科功能与年龄特点交叉);

2. 学段学科的课标研读(基于标准的教学);

3. 教材比较研究(横向、纵向、国际比较);

4. 教法及其课堂教案评析(教与学的关系分析);

5. 学生学习及其学法指导(主体性学习能力培育);

6. 学科的考核与评价(学科学业综合评价)。

长达十几、二十几年的课堂经历,在资深教师的教学经验中包含的丰富的课堂感、教材感、学生感,这些正是撰写学科教学论的重要素材。

（三）专项提升法

所谓专项提升法,是指针对不断变化发展的教育环境和教学需求,对专业成熟期教师的专业能力、素养进行再提升、不断突破的过程。这一时期的教师在知识、技能、情感等领域基本上已经达到了成熟状态,但是未能及时掌握与时代发展和教育变革相适应的一些新的教学技能。因为这种发展模式与时代变革的脱节,所以专业成熟期的教师也往往会在专业成长的过程中产生新的危机。如果这一阶段的教师在专业成长中不断挑战常规,力求课堂突破,专业成长往往会有质的飞跃,从而形成自己的教学主张乃至成为学科专家。

2020 年的疫情使举国上下陷入一场"没有硝烟的战争",也给教育活动带来了很大的不利影响,师生无法按时返校,原有的以面对面为主、以班级为单位的教学模式被打破,信息技术的运用成为教学活动开展的关键甚至唯一载体。大量的实证调查显示,在信息技术的运用上,青年教师的优势非常明显,他们相较于专业成熟期教师,对信息技术的理解和掌握更加得心应手,对依托信息技术开展教学变革的内心接纳和认可程度更高。因此,着眼于教育事业的可持续发展,对成熟期教师而言,要通过信息化教学技能等专项技术提升的方式,培养他们对未来学校、未来教育的适应性。进入新世纪以来,信息技术的广泛运用深刻改变了人们的生产、生活和思维方式,也给教育的变革与发展带来了新的机遇和挑战。在这样的背景下,学界开始关注未来教育的可能存在状态,"未来学校"逐渐成为教育研究的重要领域。从某种程度上说，"未来学校"并非一个严谨的学术概念，而是一个与时俱进的教育话题[①]，是人们对不同于传统的学校样态的多种期待。[②] 未来学校具有三个维度的主要特征。第一，未来学校是时空环境不断拓展的学校。由于信息技术的广泛运用，未来学校将不再单纯地表现为封闭空间下的静态教学，固定班级、固定课表的传统教学组织形式面临重组的可能，虚拟与现实的结合、人机与环境的融合、静态与动态的结合将大大拓展未来学校的存在形态。第二，未来学校是培养未来人才的学校。无论是当下的学校还是未来的学校，育人始终都是其核心问题和存在的核心价值。未来学校要培养适应未来社会的新型人才，这种人才指向学习者的德性、知识性、主体性、智能性、高阶思维性的发展。为此，学校将更多地采用项目化学习的方式为学生提供指向问题情境的个性化教育。第三，未来学校是以信息技术为支撑的学校。未来学校的建设与发展需要基于学校教育的发展核心创新使用人工智能技术，信息技术成为教学的重要支撑，信息素养成为教师、学生的必备素养。由此可以认为，专业成熟期不是教师专业成长的终极阶段，教师专业成长是一个延续性过程。特别是对成熟期教师而言，不断实现常规教学实践突破，利用适合自身发展的专项，不断反思提升，来不断适应未来教学，形成自己对教育教学的独特理解，最终形成自己认可并可以示范辐射的一套教学模式，这是他们在专业成长过程中必须从思想和行动上予以克服的重要问题。

【案例】

上海市 B 区特级教师专业成长个案访谈

在一所小学举办的全市课例研讨会上，执教教师精心设计了一节方程课，目的是通过问题情境的变化，引导学生理解方程的概念。课堂采取小组合作的学习方式，教学设计颇有梯度，但课堂上并没有体现出小组合作学习的优势，而且整个课堂主要以教师教授为主，学生参与面不宽，教师在预设方面存在一些问题。这位教师课堂上的一些问题激发了 A 教师改进教学的设想，他在之后的 3 天时间里，不断揣摩教材，反复推敲学生在这样的设计中会面临什么问题，如何突破。经过长达十多个小时的备课后，他与同事反复推敲细节，并对课堂中的每个细节了然于心，然

① 曹培杰.未来学校的兴起、挑战及发展趋势——基于"互联网＋"教育的学校结构性变革[J].中国电化教育，2017(7):9-13.
② 王枬.未来学校的时空变革[J].全球教育展望，2019(2):64-72.

后选择区内的一所小学试教,检验自己的教学设想。A 教师在备课过程中强调突破现有方程教学,在问题设计、教学内容相互整合,以及究竟要向学生传达什么样的数学思想,让学生接受怎样的思维训练,教学环节前后之间如何连贯,学生会如何应对教师提出的问题,会有多少可能的回答,如何引导学生掌握方程的本质,问题之间是否有梯度、有关联性等方面都进行了细致的推演。据 A 教师说,这样的课要备好,不但需要很长时间的准备,而且需要不断推倒重来,反复斟酌。这种基于对常规教学的不满,或者因对听课中看到的教学不足而激发的这种教学突破,是 A 教师不断改进教学的原因,这与国外学者提出的突破常规的专长发展路径是一致的。

A 教师看到他所设计的教学和课堂活动能体现出对学生数学思维发展的有效影响,能体现出对学生数学高阶思维的培养,能促进学生整体上的进步,在激发学生的深度讨论中,师生之间实现教学相长。这种突破课堂常规的激情,在 A 教师的一系列教学设计、试教、检验想法、不断修正中得到强化。在 A 教师看来,教学设计的突破是可以做到的,而真正要突破的是教学设计能激发学生的学习,能培养学生的思维和数学素养,能让学生在课堂中深入领会数学概念的本质,因为课堂上学生思维的发展才是检验教学的真正标准。在 A 教师的课堂中,可以看到其对课堂的突破不仅仅体现在教学理念上,还体现在课堂行为中,体现在教学改进能否提升学生思维上。这种基于学生思维提升的课堂突破,促使 A 教师不断探索教学设计和教学活动。正是在不断探索中,A 教师的教学主张得到持续积累。

教师专业成长是一个前后相继的历史过程,既需要教师职前教育知识体系和理论体系的积累,也需要教师入职教育和职后培训的针对性培养。本章基于教师培养问题归因分析,基于实证调查和综合研判,提出建构适合教师专业成长阶段特征的培养路径。

总而言之,有效的教师职后培养路径应该体现出五方面的总体特征:连通职前与职后培养内容,关注教师专业成长需求;实现理论与实践的联结,制定有针对性的专业成长方案;制定教师发展激励措施,提高教师参与的积极性;采用建构式、持续性的专业学习活动方式;创造多元化的教师交流平台,促进专业协作。在这种共性的研究基础上,本章提出了针对角色适应期教师的临床式培养、经验积淀期教师的浸润式培养、专业成熟期教师的引领式培养三大教师职后培养模式,并基于上海师资队伍建设实践,就每一种培养模式所要解决的核心问题及可以采用的支持路径进行了阐述,见表6-1。

表6-1　基于教师发展阶段特征的培养路径

发展阶段	年限	需要解决的核心问题	发展模式	支持路径
角色适应期	0—5年	学会操作,通过"五会"成长,完成规范发展,具体包括角色的转变和岗位的适应,教学管理实践能力的提升	临床式培养	入职培训法 合作发展法 伴随指导法
经验积淀期	6—10年	学会创作,通过"五善"成长,完成模范发展,具体包括教学管理实践经验的有效积累,多元化发展需求的满足,职业倦怠的克服	浸润式培养	共同体建构法 人文关怀法 合理规划法
专业成熟期	11年以上	学会研究,通过"五懂"成长,完成示范发展,具体包括专业经验的有效积累和辐射,专业品牌的打造,专项技能的提升	引领式培养	项目引领法 著书立说法 专项提升法

参 考 文 献

一、中文文献

学术著作：

[1] 陈世清.经济学的形而上学[M].北京:中国时代经济出版社,2010.

[2] 陈向明,等.搭建实践与理论之桥——教师实践性知识研究[M].北京:教育科学出版社,2011.

[3] 崔友兴.中小学教师专业发展动力论[M].成都:西南交通大学出版社,2018.

[4] [德]O·F.博尔诺夫.教育人类学[M].李其龙,等译.上海:华东师范大学出版社,1999.

[5] [法]皮埃尔·布迪厄,[美]华康德.实践与反思:反思社会学会导引[M].李猛,李康,译.北京:中央编译出版社,1998.

[6] 范国睿.教育生态学[M].北京:人民教育出版社,2000.

[7] 顾明远.教育大辞典(增订合编本)[M].上海:上海教育出版社,1998.

[8] 黄显华,朱嘉颖.一个都不能少:个别差异的处理[M].上海:上海科技教育出版社,2003.

[9] 教育部师范教育司.教师专业化的理论与实践[M].2版.北京:人民教育出版社,2003.

[10] 李其龙,陈永明.教师教育课程的国际比较[M].北京:教育科学出版社,2002.

[11] 连榕.教师职业生涯发展[M].北京:中国轻工业出版社,2008.

[12] [美]卡尔·罗杰斯.论人的成长[M].石孟磊,邹丹,张瑶瑶,译.北京:世界图书出版公司,2015.

[13] [美]卡尔·帕顿,大卫·沙维奇.政策分析和规划的初步方法[M].孙兰芝,胡启生,等译.北京:华夏出版社,2001.

[14] [美]科南特.科南特教育论著选[M].陈友松,译.北京:人民教育出版

社,1988.

[15][美]克莱因,等.教师能力标准——面对面、在线及混合情境[M].顾小清,译.上海:华东师范大学出版社,2007.

[16][美]马斯洛.人性能达到的境界[M].马良诚,等译.西安:陕西师范大学出版社,2010.

[17][美]梅雷迪斯·M.高尔,沃尔特·R.博格,乔伊斯·J.高尔.教育研究方法导论[M].许庆豫,等译.南京:江苏教育出版社,2009.

[18][美]伊斯雷尔·谢弗勒.人类的潜能——一项教育哲学的研究[M].石中英,涂元玲,译.上海:华东师范大学出版社,2006.

[19][美]约翰·B.彼格斯,凯文·F.科利斯.学习质量评价:SOLO分类理论(可观察的学习成果结构)[M].高凌飚,张洪岩,译.北京:人民教育出版社,2010.

[20]彭聃龄.普通心理学(修订版)[M].北京:北京师范大学出版社,2002.

[21][日]上寺久雄.教师的心灵与风貌[M].赵天民,赵一奇,额尔敦,译.北京:春秋出版社,1989.

[22]上海市教师专业发展工程领导小组.优秀团队是这样炼成的[M].上海:上海教育出版社,2018.

[23]申继亮.教师人力资源开发与管理[M].北京:北京师范大学出版社,2006.

[24]吴文侃,杨汉清.比较教育学[M].北京:人民教育出版社,1999.

[25]吴志宏,陈韶峰,汤林春.教育政策与教育法规[M].上海:华东师范大学出版社,2003.

[26]奚从清.角色论:个人与社会的互动[M].杭州:浙江大学出版社,2010.

[27]杨明全.革新的课程实践者——教师参与课程变革研究[M].上海:上海科技教育出版社,2003.

[28]叶澜,白益明,王枬,等.教师角色与教师发展新探[M].北京:教育科学出版社,2001.

[29]叶澜."新基础教育"论:关于当代中国学校变革的探究与认识[M].北京:教育科学出版社,2006.

[30]叶澜.教育概论[M].北京:人民教育出版社,1991.

[31]张华.课程与教学论[M].上海:上海教育出版社,2000.

[32]张维仪.教师教育——改革与发展热点问题透视[M].南京:南京师范大

学出版社,2000.

[33]赵昌木.教师成长论[M].兰州:甘肃教育出版社,2004.

[34]中国法制出版社.中华人民共和国教育法 中华人民共和国义务教育法 中华人民共和国教师法[M].北京:中国法制出版社,2021.

[35]朱旭东.教师专业发展理论研究[M].北京:北京师范大学出版社,2011.

[36][英]霍恩比.牛津高阶英汉双解词典[M].王玉章,等译.7版.北京:商务印书馆,2009.

[37][英]迈克尔·波兰尼.科学、信仰与社会[M].王靖华,译.南京:南京大学出版社,2004.

学术期刊:

[1]暴占光,张向葵.自我决定认知动机理论研究概述[J].东北师大学报,2005(6):142-147.

[2]蔡华."初中起点,免费定向"小学教师培养制度价值融通的可能路径探析[J].当代教育论坛,2018(2):9-15.

[3]曹培杰.未来学校的兴起、挑战及发展趋势——基于"互联网+"教育的学校结构性变革[J].中国电化教育,2017(7):9-13.

[4]车伟艳.教师课程决策:教师专业发展的内在机理[J].集美大学学报(教育科学版),2011(2):7-9.

[5]陈晨,单福利.基于职业生涯周期的教师发展[J].教育现代化,2019(24):116-118,128.

[6]陈桂生.现代师生关系的价值定位[J].教育学术月刊,2008(1):11.

[7]陈静安.英国中小学教师培训特点及其启示[J].继续教育研究,2015(5):123-125.

[8]陈铭.国外中小学教师在职培训现状、经验与启示[J].中小学教师培训,1997(1):58.

[9]陈鹏.后见习期教师专业发展困境与支持策略[J].上海教育科研,2020(9):63-67.

[10]陈如平.建设教育强国的鸿篇巨制——对习近平在全国教育大会讲话的全面解读[J].中小学管理,2018(10):5-7.

[11]陈帅,徐士元.高校教师师德他律与自律的互动机理[J].中国大学教学,

2019(4):87-91.

[12] 陈薇.叙事:教师专业发展的途径——从实践—反思取向的角度[J].科教导刊(中旬刊),2011(24):25,44.

[13] 陈霞.以教师学习为中心的教师培训课程重构路向[J].教育发展研究,2017(18):58-64.

[14] 陈晓彤,武丽志.国内中小学教师培训模式研究综述(2010—2019)[J].中国成人教育,2020(10):74-78.

[15] 程妍涛,顾荣芳.21世纪以来国内外教师专业发展阶段研究述评[J].教育导刊,2017(11):17-22.

[16] 崔秀兰,姜君.英国教师专业标准评价指标及价值取向的变迁[J].黑龙江高教研究,2019(4):63-69.

[17] 崔杨,蒋亦华.中小学教师专业成长的阶段划分及相应标准建构[J].湖南师范大学教育科学学报,2020(3):80-86.

[18] 邓凡.更大的自由和主导权——新加坡新"教师成长模式"及其启示[J].全球教育展望,2012(9):72-76,26.

[19] 杜晓利.富有生命力的文献研究法[J].上海教育科研,2013(10):1.

[20] 范士龙,孙扬.法国教师"培训—研修"模式转变研究[J].比较教育研究,2019(5):69-75.

[21] 高鹏,杨兆山.2012年英国教师标准研究[J].外国教育研究,2014(1):112-120.

[22] 关松林.发达国家中小学教师培训的经验与启示——以美国、英国、日本为例[J].教育研究,2015(12):124-128.

[23] 郭慧香.教师教育改革视阈下的教师职前职后一体化发展研究[J].亚太教育,2016(17):248-249.

[24] 郭少英,朱成科."教师素养"与"教师专业素养"诸概念辨[J].河北师范大学学报(教育科学版),2013(10):67-71.

[25] 郭元捷.给新入职教师的发展建议[J].人民教育,2011(17):29-31.

[26] 韩素兰,王红娟.需求·目标·课程·师资·方式五维互动——中小学骨干教师培训模式实践研究[J].保定学院学报,2014(1):122-126.

[27] 韩喜平,李帅.习近平关于新时代教师职业重要论述的价值意蕴[J].福建

师范大学学报(哲学社会科学版),2020(1):9-16.

[28]何茜茜,俞慧文.基于具身认知理论的教师专业培训[J].思想政治课教学,2021(1):78-80.

[29]洪早清.教师专业成长认同、养成、生发[J].课程·教材·教法,2013(12):99-105.

[30]胡万年,叶浩生.中国心理学界具身认知研究进展[J].自然辩证法通讯,2013(6):111-115,124,128.

[31]胡伟.我国教师专业标准研究:聚焦、反思与展望[J].当代教育科学,2018(2):44-47.

[32]虎宁,司树鹏.城乡义务教育师资配置均衡发展存在的问题及对策[J].宁夏师范学院学报,2011(4):128-133.

[33]黄嘉莉,桑国元.成果导向视角下台湾教师教育评估制度的发展[J].教师教育研究,2020(4):58-65.

[34]黄树生.以教学为中心的教师"专业标准"解读——与英美国家教师专业标准比较[J].江苏教育,2018(18):72-74.

[35]黄晓娜.发达国家中小学教师培训课程的经验与启示[J].东北师大学报(哲学社会科学版),2019(3):164-169.

[36]贾凤姿.关于增强高校思想政治理论课教学人文关怀的思考[J].思想理论教育导刊,2012(9):62-64.

[37]贾亮亭,张秋杰.教师专业发展与教师专业成长的差异及促成策略探究[J].教育导刊,2012(10):65-68.

[38]姜新生.从个人主义到自然合作:教师文化的理性建构[J].教师教育研究,2010(3):5-9,15.

[39]姜勇,柳佳炜.论教育研究方法论要摆脱唯实证主义的三个"崇拜"——兼谈坚持运用马克思主义辩证方法论开展教育研究[J].教育发展研究,2018(12):12-20.

[40]蒋竞莹.教师专业化及教师专业发展综述[J].教育探索,2004(4):104-105.

[41]靳玉乐,陶丽.反思取向教师专业发展的理念与策略[J].教师教育学报,2015(1):8-14.

[42] 靳玉乐,王磊.理智取向教师专业发展的理念与策略[J].教师教育学报,2014(6):24-31.

[43] 康晓伟.发达国家教师专业标准的构成要素研究综述[J].教育学术月刊,2011(6):60-63.

[44] 雷蕾,钟文芳.浅谈美国教师专业发展学校(PDS)——美国教师专业发展的新型模式[J].现代教育科学,2010(6):124-126.

[45] 黎婉勤.教师资格考试改革:价值诉求及政策建议[J].河北师范大学学报(教育科学版),2017(3):88-93.

[46] 李飞.基于马斯洛需要层次理论的中学教师教学发展策略[J].教学与管理,2015(3):67-69.

[47] 李惠龙,庞晖.海外孔子学院汉语教师深度培训模式建构及实践——以克利夫兰州立大学孔子学院为例[J].云南师范大学学报(对外汉语教学与研究版),2018(5):27-34.

[48] 李慧方,罗生全.论微课促进教师专业发展的实践机理[J].教育理论与实践,2014(35):27-29.

[49] 李瑾瑜.我国教师教育体系重构的应然逻辑与实践路向——专访中国高等教育学会副会长管培俊[J].教师发展研究,2019(4):1-17.

[50] 李树培,魏非.教师培训需求分析的误区辨析及实践探索[J].北京教育学院学报,2018(3):18-22.

[51] 李太平,刘燕楠.教育研究的转向:从理论理性到实践理性——兼谈教育理论与教育实践的关系[J].教育研究,2014(3):4-10,74.

[52] 李巍,郭平.教师培训的本体性功能及其内在机理[J].继续教育研究,2020(4):50-54.

[53] 李新翠.区县教师培训课程体系现状及反思[J].中国教育学刊,2019(2):76-81.

[54] 李秀霞.新时代教师专业发展研究[J].宁夏大学学报(人文社会科学版),2018(6):174-181.

[55] 李育球.论教师专业学习深度化新路径[J].教师教育研究,2019(3):26-30.

[56] 梁军萍.过程理论视域下的教师素养[J].教学与管理,2013(6):39-41.

[57] 林崇德.教师素质的构成及其培养途径[J].中小学教师培训,1998(C1):10-14.

[58] 林桦.自我决定理论——动机理论的新进展[J].湖南科技学院学报,2008(3):72-73.

[59] 刘丹.从芬兰的基础教育看其教师教育大学化发展[J].教育与教学研究,2010(4):41-43.

[60] 刘河燕.教师专业化的内涵、实质及标准[J].西南民族大学学报(人文社科版),2005(5):380-382.

[61] 刘骥,马怡然,康海花.教师教练式职后培训效果的元分析研究[J].教育发展研究,2020(8):71-77.

[62] 刘军豪.幼儿园教师专业发展理论取向的分立与融合[J].基础教育研究,2019(21):29-31.

[63] 刘利平.个人经历在教师专业发展中的价值[J].天津市教科院学报,2010(6):57-59.

[64] 刘宁,赵孝悌,高月丽,等.国外教师的素质构成及提高方式[J].西安文理学院学报(社会科学版),2007(3):64-67.

[65] 刘绍怀,王菊.谈教师专业成长及教学能力的提升[J].中国高等教育,2011(Z2):44-45.

[66] 刘涛.教师成为研究者:急需澄清的三个问题[J].教育发展研究,2012(12):58-63.

[67] 龙宝新.论国外教师培训的时代性特征[J].中小学教师培训,2015(11):70-74.

[68] 龙宝新.论教师专业成长力[J].教育发展研究,2011(8):39-46.

[69] 卢丽华.中小学教师教育理论素养培育:理论基础与策略创新[J].现代教育管理,2020(6):62-68.

[70] 卢乃桂,钟亚妮.国际视野中的教师专业发展[J].比较教育研究,2006(2):71-76.

[71] 芦咏莉,栾子童,乔森.国外教师动机理论及研究[J].比较教育研究,2012(6):67-71.

[72] 马焕灵.校长领导力促进教师专业发展的机理与策略[J].中国教育学刊,

2011(3):41-43.

[73] 马玉宾,熊梅.教师文化的变革与教师合作文化的重建[J].东北师大学报(哲学社会科学版),2007(4):148-154.

[74] 毛齐明,蔡宏武.教师学习机制的社会建构主义诠释[J].华东师范大学学报(教育科学版),2012(2):19-25.

[75] 孟繁胜,林佳怡.近十年教师培训模式设计理念及其实践原则[J].中国多媒体与网络教学学报(上旬刊),2020(8):157-161.

[76] 宓莹.教师专业发展规划师:校长的使命[J].上海教育科研,2016(5):66-68.

[77] 牛实华,白晶.多元智能理论与教师素养形成[J].继续教育研究,2011(4):59-60.

[78] 潘慧春.影响教师成长的内部因素分析[J].湖北第二师范学院学报,2009(11):106-107.

[79] 潘贤权,连榕,李亚真.新手—熟手—专家型教师教学动机特点研究[J].教学与管理,2005(18):23-24.

[80] 彭红琴.从"课本"到"生本"——教师的教学专业成长[J].中国教师,2012(9):53-55.

[81] 彭云.重要他人:教师专业发展的促进者[J].当代教育科学,2012(15):20-22.

[82] 曲铁华,龚旭凌.新中国成立70年中小学教师培训政策的回顾与展望[J].河北师范大学学报(教育科学版),2019(3):49-55.

[83] 曲正伟.我国教师培训课程资源建设的现存问题及政策框架[J].教育科学研究,2019(1):76-80.

[84] 任胜洪,吴红.论新课程改革中参与式教师培训的价值取向[J].职业时空,2007(22):67-68.

[85] 任胜洪,张翔.改革开放以来我国中小学教师培养制度的变迁[J].教学与管理,2013(36):43-45.

[86] 单新涛,李志朋,龚映丽.从课程改革看全科型小学教师培养:意义与挑战[J].北京教育学院学报,2014(5):10-13.

[87] 申继亮,费广洪,李黎.关于中学教师成长阶段的研究[J].天津师范大学

学报(基础教育版),2002(3):1-4.

[88]申燕,吴琳娜,张景焕.优秀教师成长历程的质性研究[J].当代教育科学, 2009(6):25-29,35.

[89]石君齐,叶菊艳.论"实践—引导—反思"取向的高校教师专业发展路径 [J].教师教育研究,2017(6):81-87.

[90]史文生.构建"双元结构教师小组"教师培养模式[J].教育研究,2017 (12):147-149.

[91]司长娥.师生关系教育功能的解读[J].基础教育研究,2013(1):3-5.

[92]宋广文,都荣胜.专家型教师的研究及其对教师成长的启示[J].当代教育 科学,2003(1):26-29.

[93]宋崔.质性研究的范式属性辨[J].全球教育展望,2018(6):56-66.

[94]宋时春.美国全科型小学教师培养理念与制度设计——以荣林斯学院为 例[J].比较教育研究,2017(2):105-111.

[95]宋一婷.小学初任教师职业适应现状调查研究——基于上海市6位初任 教师的访谈[J].吉林教育,2016(32):5-7.

[96]粟艾华.关于教师成长的研究综述[J].科教文汇(中旬刊),2013(2): 29-30.

[97]孙耀乾.学习型组织理论视野中高校教师继续教育研究[J].中国成人教 育,2013(11):105-107.

[98]孙泽文.课程内容的构成要素、组织原则及其结构研究[J].辽宁教育, 2013(5):25-28.

[99]索磊."临床实践"教师培养模式的困境与突破[J].教育评论,2019(11): 111-116.

[100]滕飞.反向设计:教师培训课程开发的有效路径[J].中小学教师培训, 2019(8):11-15.

[101]田慧生.教师专业成长的核心内涵[J].中国民族教育,2009(3):1.

[102]田里.发展中国家教师动机研究现状与策略推荐[J].外国教育研究, 2014(4):30-40.

[103]王姣姣.教师培训课程研究的新视角——以11份"国培计划"课程方案 为例[J].教育理论与实践,2015(14):35-37.

[104] 王坤.教师专业发展的社会生态环境及其构成[J].贵州社会科学,2014(6):129－131.

[105] 王帅.教师个体间知识隐藏发生机理及多维矫正[J].南京师大学报(社会科学版),2020(1):55－67.

[106] 王思遥.教育实证研究的理论依据、争议与去向[J].大学教育科学,2020(5):12－17.

[107] 王薇.德国中小学教师培养制度特点探析[J].基础教育课程,2020(Z1):108－113.

[108] 王晓莉.教师专业发展的内涵与历史发展[J].教育发展研究,2011(18):38－47.

[109] 王晓倩.具身认知视角下教师职后培训的困境与超越[J].当代继续教育,2019(4):35－41.

[110] 王亚军.新加坡如何培养 21 世纪教师——新加坡教师教育制度研究[J].中小学教师培训,2019(1):73－78.

[111] 王彦.影响教师成长的四个要素的探究[J].现代教育技术装备,2020(10):62－64.

[112] 王意如.教师职后培训的模式与效能[J].上海课程教学研究,2017(6):36－40.

[113] 王友缘,张民选.增进相互了解 分享教育经验——第三届中美省州教育厅长对话会综述[J].教育研究,2015(8):158－159.

[114] 王钰巧,方征.从 TALIS(2013)解密芬兰教师教育一体化的经验与启示[J].外国中小学教育,2016(5):44－48.

[115] 王枬.未来学校的时空变革[J].全球教育展望,2019(2):64－72.

[116] 王兆璟.论有意义的教育研究[J].教育研究,2008(7):39－43.

[117] 韦油亮,张晓玲.浅谈教师专业发展规划的内涵与内容要素[J].大庆社会科学,2017(3):153－154.

[118] 魏戈.教师教育一体化的芬兰经验[J].外国中小学教育,2019(1):44－51.

[119] 温恒福,张萍.学习型组织的实质、特征与建设策略[J].学习与探索,2014(2):53－58.

[120] 翁伟斌.教师培训走向何方——对教师培训的审视[J].上海师范大学学报(哲学社会科学版),2020(3):73-82.

[121] 巫娜,杨登伟.加拿大教师专业标准的价值取向变迁及启示[J].外国中小学教育,2017(11):65-70,80.

[122] 吴永军.我国教师专业化研究:成绩、局限、展望[J].课程·教材·教法,2007(10):64-70.

[123] 吴宗劲,饶从满.教师培养课程对职前教师从教准备度的贡献研究——基于效能期待的视角[J].教育学报,2018(2):78-88.

[124] 夏惠贤.四十载教改磨一剑 孜孜以求领路人——读《口述教改——地区实验或研究纪事》有感[J].教育发展研究,2016(12):80-84.

[125] 肖军.教育研究中的文献法:争论、属性及价值[J].当代教育理论与实践,2018(4):152-156.

[126] 肖丽萍.国内外教师专业发展研究评述[J].中国教育学刊,2002(5):57-60.

[127] 肖思汉,[美]德利马.基于视频的学习过程分析:为什么? 如何做?[J].华东师范大学学报(教育科学版),2017(5):55-71,160.

[128] 肖正德.论生态取向教师学习内容的层级设计[J].教育研究,2011(12):73-76.

[129] 谢瑞琦,洪伟.具身认知视域下的思想政治教育方式研究[J].科教导刊(下旬),2017(6):65-68.

[130] 徐雄伟.国际比较视野中的在职教师培训模式探索[J].外国中小学教育,2013(5):32-36.

[131] 徐章韬,王光明.教育实践活动对教师核心素养与能力作用机理研究[J].基础教育,2019(4):5-12.

[132] 荀渊.新时代基础教育教师队伍建设的目标、内容与路径——基于《中国教育现代化2035》教师队伍建设内容的分析[J].教师教育研究,2019(2):8-14.

[133] 严从根.教育理论生活和教育实践生活的共生——施特劳斯学派的教育理论和教育实践观[J].比较教育研究,2020(7):43-50.

[134] 杨洁,郭婧,陈鹏.基于专业发展的 CPL-EG 教师评价维度初探[J].上海师资培训,2019(6):14-16,30.

[135] 杨洁.能力本位:当代教师专业标准建设的基石[J].教育研究,2014(10):79-85.

[136] 杨菊仙.地方本科院校专任教师职业中期危机及应对策略[J].现代大学教育,2016(4):94-101.

[137] 杨骞,溪海燕.教师学习的应然分析[J].新课程研究(教师教育),2007(10):3-6.

[138] 杨庆媛.教师专业发展路径的上海经验[J].长春师范大学学报,2019(5):130-133.

[139] 姚淼.发达国家中小学教师在职进修的特点及启示[J].教学与管理,2010(36):157-158.

[140] 叶浩生.具身认知:认知心理学的新取向[J].心理科学进展,2010(5):705-710.

[141] 殷凤.教师专业发展阶段特征及诊断路径分析[J].现代中小学教育,2012(3):43-45.

[142] 殷世东.生态取向教师专业发展的阻隔与运作[J].教师教育研究,2014(5):36-41.

[143] 余新.教师培训的本质、功能和专业化走向[J].教育科学研究,2010(12):41-44.

[144] 虞伟庚.合作行动计划——芬兰在职教师教育实践模式[J].外国中小学教育,2011(5):15-18.

[145] 袁振国.实证研究是教育学走向科学的必要途径[J].华东师范大学学报(教育科学版),2017(3):4-17,168.

[146] 岳欣云."迷失"与"回归"——试论教师自我意识对教师生命发展的作用[J].当代教育科学,2006(8):11-14.

[147] 曾鸣.英国《杰出教师标准》述评[J].外国教育研究,2013(2):57-63.

[148] 詹青龙,顾小清.信息技术教师培训的新思维[J].中国电化教育,2007(7):13-17.

[149] 张嘉.TPACK理论下综合实践活动教师培训课程体系的构建[J].教学与管理,2020(27):54-56.

[150] 张建平.文化学视野中的教师专业成长[J].教学与管理,2008(6):

26 - 28.

[151] 张建云.新时代的内涵阐释[J].学术界,2018(9):18 - 26.

[152] 张奎明.国外建构主义教师教育改革研究[J].外国教育研究,2007(2):
81 - 85.

[153] 张民选,夏惠贤,孔令帅.让教师成为教育知识的发现者和建构者——来
自上海的经验[J].全球教育展望,2015(7):77 - 88.

[154] 张鹏君.教师资格认证制度下师范生培养的困境与超越[J].当代教育科
学,2019(9):67 - 72.

[155] 张文.美国在职教师的专业成长与发展[J].黑龙江教育学院学报,2010
(9):47 - 49.

[156] 张贤金,吴新建.促进教师深度学习:教师培训课程设计转轨[J].福建教
育学院学报,2016(8):69 - 71,128.

[157] 张燕,程良宏.教师的深度学习如何深入:学习要素的视角[J].当代教育
科学,2019(8):45 - 51.

[158] 张治国.美国四大全国性教师专业标准的比较及其对我国的借鉴意义
[J].外国教育研究,2009(10):34 - 38.

[159] 赵昌木,徐继存.教师成长的个人因素探析[J].临沂师范学院学报,2004
(4):62 - 67.

[160] 赵新云.论促进初任教师专业发展的学校管理策略[J].教学与管理,
2006(15):18 - 19.

[161] 赵兴龙.互联网时代乡村教师深度培训模式[J].电化教育研究,2018
(4):86 - 92.

[162] 赵英.系统论视角下的我国教师教育体系优化的三条路径[J].山西师大
学报(社会科学版),2020(6):112 - 117.

[163] 赵玉岐.对教师专业成长核心内涵的再认识[J].品牌(理论月刊),2011
(Z2):69.

[164] 郑金洲.教师教育科研三十年的变迁进程[J].上海教育科研,2008(10):
13 - 15,27.

[165] 郑艳,张燕,张占朝.促进农村教师专业成长的路径探析[J].教育理论与
实践,2014(23):31 - 32.

[166] 郑志辉.教师专业发展阶段的 PCK 考察与教师 PCK 发展[J].华南师范大学学报(社会科学版),2019(3):65-70.

[167] 钟建林.学习型组织视野下教师专业发展共同体建设研究[J].教育理论与实践,2020(20):25-28.

[168] 钟启泉,胡惠闵.我国教师教育课程标准的建构[J].全球教育展望,2005(1):36-39.

[169] 钟祖荣,张莉娜.教师专业发展阶段的调查研究及其对职后教师教育的启示[J].教师教育研究,2012(6):20-25,40.

[170] 周明星.中学教师人文关怀体系的构建[J].教学与管理,2018(10):5-8.

[171] 周仕德,李荟芹,刘翠青.职前教师教育理论与实践知识由割裂迈向融合:追溯、存因与路径[J].扬州大学学报(高教研究版),2019(5):45-50.

[172] 周思勇.表征:教师专业发展存在的问题[J].当代教育科学,2013(8):21-24.

[173] 周增为.学习与超越:教师发展之道[J].现代教学,2016(Z3):1.

[174] 朱伟,王跃平.生态取向的教师专业发展的四种路径[J].教育理论与实践,2012(20):24-27.

[175] 朱为鸿."三位一体"、"三优一享":领袖教师培养模式[J].江苏高教,2014(1):113-115.

[176] 朱小虎,张民选.教师专业发展的可能路径——基于 TALIS 2013 上海和芬兰的比较分析[J].中国教育学刊,2017(9):1-8.

[177] 朱旭东,周钧.教师专业发展研究述评[J].中国教育学刊,2007(1):68-73.

[178] 祝怀新,刘晓楠.新加坡教师专业化发展保障制度评析[J].教师教育研究,2004(6):70-74.

学位论文:

[1] 杜静.英国教师在职教育发展研究[D].重庆:西南大学,2007.

[2] 贺敬雯.教师愿景与教师发展的关系研究[D].长春:东北师范大学,2014.

[3] 蹇世琼.生命历程理论视域下教师认同发展轨迹及其影响因素研究[D].长春:东北师范大学,2013.

[4] 金文.基于 Nvivo 的课堂视频分析[D].上海:华东师范大学,2012.

[5]孙福海.关于教师学习的理论与调查研究[D].广州:华南师范大学,2005.

[6]王荐.特级教师成长特征及影响因素研究——以江苏省生物学特级教师为例[D].上海:华东师范大学,2017.

[7]严荣琴.初中成熟期教师专业发展的问题与对策研究[D].上海:华东师范大学,2017.

[8]张佳.中小学名教师培养模式研究——以上海市双名工程为例[D].上海:上海师范大学,2018.

报纸:

[1]付炜.上海基础教育师资何以国际领先[N].中国教师报,2020-09-16(15).

[2]习近平.全面贯彻党的教育方针 努力把我国基础教育越办越好[N].人民日报,2016-09-10(1).

[3]张志勇.深刻认识加强教师队伍建设的战略内涵[N].中国教育报,2018-02-13(3).

[4]钟启泉.教师研修的挑战[N].光明日报,2013-05-22(16).

二、外文文献

学术著作:

[1] Bussis A M, Chittenden E A, Amarel M. Beyond surface curriculum: An interview study of teachers' understandings[M]. Boulder CO: Westview Press, 1976.

[2] Fullan M, Hargreaves A. Teacher development and educational change[M]. London and Washington DC: Falmer Press, 1992.

[3] Grimmett P P, Neufeld J. Teacher development and the struggle for authenticity: Professional growth and restructuring in the context of change[M]. New York: Teachers College Press, 1994.

[4] Guskey T R, Huberman M. Professional development in education: New paradigms and practices[M]. New York: Teachers College Press, 1995.

[5] Hargreaves A, Fullan M G. Understanding teacher development[M]. New York: Teachers College Press, 1992.

[6] Hoyle E, Megarry J. World yearbook of education 1980: Professional

development of teachers[M]. New York：Nichols Publishing Company，1980.

[7] Pink W T，Hyde A A. Effective staff development for school change [M]. Norwood NJ：Ablex Publishing Coporation，1992.

[8] Schleicher A. Preparing teachers and developing school leaders for the 21st century：Lessons from around the world[M]. Paris：OECD Publishing，2012.

[9] Shaules J. Language，culture，and the embodied mind[M]. Singapore：Springer，2019.

[10] Sikes P J，Woods L M P. Teacher careers：Crises and continuities [M]. London：Falmer Press，1985.

学术期刊：

[1] Armour K M，Duncombe R. Teachers' continuing professional development in primary physical education：Lessons from present and past to inform the future[J]. Physical Education and Sport Pedagogy，2004(1)：3 - 21.

[2] Blazar D，Kraft M A. Exploring mechanisms of effective teacher coaching：A tale of two cohorts from a randomized experiment[J]. Educational Evaluation and Policy Analysis，2015(4)：542 - 566.

[3] Clark A M. The qualitative-quantitative debate：Moving from positivism and confrontation to post-positivism and reconciliation[J]. Journal of Advanced Nursing，1998(6)：1242 - 1249.

[4] Darling - Hammond L，Wei R C，Andree A，et al. Professional learning in the learning profession [R]. Washington，DC：National Staff Development Council，2009.

[5] Deci E L，Ryan R M. Intrinsic motivation to teach：Possibilities and obstacles in our colleges and universities[J]. New Directions for Teaching and Learning，1982(10)：27 - 35.

[6] Deci E L，Olafsen A H，Ryan R M. Self - determination theory in work organizations：The state of a science[J]. Annual Review of Organizational Psychology and Organizational Behavior，2017(4)：19 - 43.

[7] Fenwick T J. Teacher learning and professional growth plans：Implementation of a provincial policy[J]. Journal of Curriculum and Supervision，

2004(3):259 – 282.

[8] Fuller F F. Concerns of teachers: A developmental conceptualization [J]. American Educational Research Journal, 1969(2):207 – 226.

[9] Goebel B L, Cashen V M. Age, sex, and attractiveness as factors in student ratings of teachers: A developmental study[J]. Journal of Educational Psychology, 1979(5):646 – 653.

[10] Harré R. Vigotsky and artificial intelligence: What could cognitive psychology possibly be about? [J]. Midwest Studies in Philosophy, 1990(15):389 – 399.

[11] Holzberger D, Philipp A, Kunter M. How teachers' self – efficacy is related to instructional quality: A longitudinal analysis[J]. Journal of Educational Psychology, 2013(3):774 – 786.

[12] Horner K L, Murray H G, Rushton J P. Relation between aging and rated teaching effectiveness of academic psychologists[J]. Psychology and Aging, 1989(2):226 – 229.

[13] Huberman M. Burnout in teaching careers[J]. European Education, 1993(3):47 – 69.

[14] Katz L G. Developmental stages of preschool teachers [J]. The Elementary School Journal, 1972(1):50 – 54.

[15] Maslow A H. Toward a humanistic psychology[J]. ETC: A Review of General Semantics, 1956(14):10 – 22.

[16] Mulholland J, Wallace J. Teacher induction and elementary science teaching: Enhancing self – efficacy[J]. Teaching and Teacher Education, 2001 (2):243 – 261.

[17] Ramey S L, Crowell N A, Ramey C T, et al. The dosage of professional development for early childhood professionals: How the amount and density of professional development may influence its effectiveness[J]. Advances in Early Education and Day Care, 2011(15):11 – 32.

[18] Ryan R M, Deci E L. Self – determination theory and the facilitation of intrinsic motivation, social development, and well-being [J]. American

Psychologist，2000(1):68 - 78.

[19] Sahlberg P. The fourth way of Finland[J]. Journal of Educational Change，2011(2):173 - 185.

[20] Simon M A，Schifter D. Towards a constructivist perspective: An intervention study of mathematics teacher development[J]. Educational Studies in Mathematics，1991(4):309 - 331.

[21] Veenman S. Perceived problems of beginning teachers[J]. Review of Educational Research，1984(2):143 - 178.

[22] Wang M，Zheng X. Embodied cognition and curriculum construction [J]. Educational Philosophy and Theory，2018(3): 217 - 228.

[23] Watt H M G，Richardson P W，Wilkins K. Profiles of professional engagement and career development aspirations among USA preservice teachers [J]. International Journal of Educational Research，2014(65):23 - 40.

[24] Webster-Wright A. Reframing professional development through understanding authentic professional learning [J]. Review of Educational Research，2009(2):702 - 739.

附　　录

角色适应期教师专业成长动机结构图及说明

在研究不同阶段教师专业成长内部动机特征时,从参加市级青年教师研修班的学员中选取四位样本教师进行深度访谈,让他们在访谈期间绘制个人专业成长动机结构图并进行阐释。

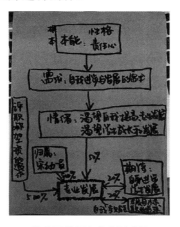

幼儿园教师专业成长动机

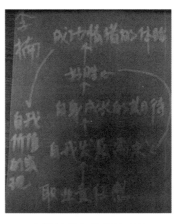

小学教师专业成长动机

初中教师专业成长动机

高中教师专业成长动机

附录图 1　角色适应期样本教师专业成长动机结构图

四位样本教师分别对手绘的专业成长动机结构图进行说明,具体如下。

幼儿园教师说:"在我看来,要想获得专业成长,需要以下几方面的因素。首先,比重最大的(50.0%)是对自我进步与发展的需求,以及对渴望自我提高和学生成长进步的情绪。其次是对自身进步和学生发展的期待(20.0%),以及对职业追求和发展目标的自我效能(20.0%)。这两个因素既是专业成长的前提,又是专业成长的目的。最后是占较小比重的评职称和工资的需求(5.0%),以及认为自己是比较优秀的示范员的归属感(5.0%)。从内容上看,这些内在动机都既有一定的相通性,又有一定的关联性。"

小学教师说:"作为一名老师,追求专业成长最基本的是对教师职业的责任感,既要对职业负责,又要对学生负责。因此,我会期待得到更多专业素养上的提升。其次,在和其他同事的相处中,由于个人的好胜心等性格因素的影响,我会对自己提出更高的自我发展需求。产生需求之后,我会给自己绘制一个美好的蓝图。我也会对自己的专业成长有期待、有想象、有美好的画面,就像我刚踏上讲台的时候遇到了很多的瓶颈,我就会开始对自己的未来有期待,期待自己能熟练把握课堂的画面,因此又会产生一定的驱动力,让我不断对自己提出进步的要求。在这个过程中,性格中的争强好胜就会驱使我努力把自己做到最好。当我收获一定成功时,就是这种对职业的自豪感和成就感激励我以后有更大的进步,最终达到自我价值的实现。"

初中教师说:"我性格简单,喜欢孩子,有一定的责任心,在此基础上选择了教师这个职业。我在专业成长过程中遇到了很多挑战,我也有信心能完成挑战,并在此基础上获得成就感,在自我提升中实现自我价值。"

高中教师说:"左侧为支撑自我专业成长的动机,右侧为如何助力自己的发展。箭头自下而上,底层为个体需要要素,上层为高位的引领要素。"

教师专业成长动机的主体叙事案例
——以入职 16 年以上的小学教师为例

访谈的样本教师是一位入职 16 年以上的小学教师(以下用 P 教师称呼),是市级骨干教师。P教师的专业成长经历及其发展的动力要素构成的叙述内容如下。

一、教学天赋

教学天分、善于与孩子交往、与生俱来的对孩子的热爱成为P教师专业成长的基础。P教师经过1年半的学习之后，就在课堂上表现出与孩子们沟通和交流的过人天分。在实习期间，所带班级比学校辅导教师所带班级在纪律方面都要好，学生学习热情很高，课堂秩序很好。这是P教师坚持认为自己能在小学数学领域做出一点成绩的原因。善于与孩子交流，能打动孩子，善于揣摩孩子的心理，对孩子有耐心，这是P教师的一个非常明显的特征。这种与孩子沟通的能力也在不断提升，成为他数学教学风格的一个重要特征。在探讨专家型教师成长或者教学专长时，教师个人的天赋常常被关注，也被很多研究所证实。在P教师的成长过程中，这种天赋对其教学理念、教学风格的形塑起着决定作用。

P教师说："从新手直接发展为专家教师，作为老师，天赋很重要。我讲课，小朋友就喜欢，我控班就是控得住。你说我聪明，不见得，但与学生一起玩、与学生交流，我是有一点天赋的。教师除了掌握本体知识外，还要学会与学生一起玩、与学生打交道，这对教师而言很重要。"

二、关注学生

从学生学习的角度，钻研教学，进行充分的课前设计，是支持P教师教学专长发展的核心。其教学风格和教学模式的形成经历一个复杂的过程，这种对教学的积极探索态度和长期的坚持最终转化为自己独有的教学理念。

P教师正式承担教学工作后，把对孩子的热爱转化在课堂中。在教学设计上，不仅关注知识，还关注学生在学习这一类知识过程中的不同想法。这种从学生学习和思维发展的立场进行教学设计，在课堂上充分暴露学生不同想法的教学实践，在P教师的整个教学专长发展中具有十分重要的作用。这种学生本位的课堂理念，在实践过程中经过不断深化和完善，已经成为P教师的主要教学特色。与经验型教师相比，P教师注重课前问题的设计，注重对学生不同思维路径的了解。P教师备课前，为了了解不同的想法，常常向家人、同事甚至会到班级中了解学生的想法，然后对这些不同的想法进行归类，形成尽可能丰富的应对方法。为了备一节课，P教师在课前要花大量时间，这种对学生学习状态和思维路径的深度分析与揣摩，已经成为P教师的一种自觉习惯。

　　P教师在课前所用的时间要比一般教师多很多,他不仅要设计教案,还要从学生学习的立场去了解他们的不同想法,以便能在课堂上灵活应对。这种深度的预设与国外研究者对专家型教师教学专长的研究结论是一致的,即专家型教师在面对问题时,会用更多的时间准备,会充分考虑各种情况。一旦在课堂中遇到问题时,专家型教师往往能灵活应对,体现出高超的实践智慧。

　　这在P教师的实践中也得到了进一步的证实。P教师在备课前,除了设计问题外,还会用大量的时间反复推敲学生在思考该问题时可能会有的想法和思路,以及如何引导、转化学生的不同想法,如何从数学思维的角度去引导学生。这种教学设计的习惯,这种穷尽学生不同想法的教学设计策略,让P教师能积累丰富的实践知识。也就是在数学课堂上,如何用适当的表征和方法,帮助学生理解知识,如何通过激励,使之具有数学思维的高度,这种基于学生立场的备课习惯,在P教师教学专长的积累中起到很大作用。学生本位的教学观念是P教师发展的核心特质。备学生,而不是单纯地备知识,把知识放在学生学习的背景中去设计,是教学专长的独特所在。这与其他领域的专长相比有明显的差异,如围棋专长,只要对围棋本身有新的思路就可以,而教学则要结合学生的学习,形成系统的引导策略。这种复杂性就是要关注学生的学习,从学生学习的进展来设计和开展教学,这是专家型教师成长的必备要素。

　　P教师说:"我们要更多地去研究学生的思维。由于学生对任何一个问题都会有很多的想法,只要我们相信学生,让学生充分表达,学生就会提出很多新奇的想法。我一直比较重视对学生思维的了解,不断思考面对这样的问题,孩子会怎么想。只有了解学生在想什么,才会使引导更有针对性。教师要对学生做一定的研究,不做这样的研究,肯定是以教为主的课,肯定是传授知识。教什么东西,不了解学生,只能教知识。我的教学有四个特点,是抓得住学生、有挑战性的问题、刺激学生、把握学生思维的脉搏。"

三、自我反思

　　不断提升反思的深度和广度,通过反思、质疑、行动,形成独立的思维,在反思与教学实践之间进行深度互动,是P教师教学专长持续提升的重要工具。

　　P教师所在的区域和学校并非教学力量很雄厚,区内专家所提供的指导也是有限的。追溯P教师最初的成长经历,可以发现,善于反思,从学生学习的角度对知识本位的教学进行改造,敢于质疑权威,并且进行积极的教学实践尝试,这种反思、质疑对 P 教师从经验型教师成长为专家型教师有明显的助推作用。在 P 教师教学专长的提升过程中,最初的 3—5 年是关键时期。在这个阶段,经过反复上课、展示、研讨,这些外在的压力强化了 P 教师反复磨课、钻研教材的意识。

其之所以在工作之初的 3 年时间内能崭露头角,教学能力迅速提升,与其持之以恒的反思意识有很大的关系。P 教师每次上课后,都要及时反思,凭着自己在课堂上对学生学习状态的观察,反思教学环节设计的合理性。P 教师还通过录像,反思自己的教学,这种反思意识已经成为一种职业习惯,对其专业成长具有重要的作用。基于课堂的自觉反思意识,使其能及时克服教学上的不足,在一个个细小问题的改进过程中,最终会促使教学行为的整体变化,这种主动的反思意识和内在的反思意识的形成,对 P 教师的成长具有重要推动作用。

对反思本身的认知,P 教师也经历了深刻的转变,从最初课后对教学环节设计是否合理、教学引导是否有效、预设是否充分等方面进行反思,逐步转变为专题性反思,围绕课堂问题,进行系统的理论学习,撰写教学案例,把反思与系统的案例研究结合起来,形成一个更为结构化的反思框架。反思的深化、结构化是 P 教师教学专长得以不断提升的重要因素。专家型教师的反思意识是在不断发展的,反思的对象、反思的路径、反思的载体等都向自动化、个性化、结构化转变。

P 教师说:"观看自己的录像课时,我会反思这个地方出了什么问题。两三次后,我就会对课堂、学生有自己的看法。我不仅会自己想,也会听其他老师的意见。有时候会遇到学生跟不上节奏,这时就要反思自己的预设。自己预设不足,要马上换一种策略,学生前知识无法激活,就需要有情境性问题去引导。专家型教师要有不断反思的能力,在实践中不断去做、去反思。工作以来,我一直在反思,反思贯穿在整个工作中。反思有不同的层次和要求:一种是表面的反思,上好课,就是课后看到学生作业出现错误时,就训斥学生,就归结为外在原因,归为学生的原因;另一种是内在的反思,通过学生的错误,反思自己的教学,这是教师日常中的反思,这种反思层次还不是很高。我的要求是要把反思的东西写出来,如写文章或写案例,要有道理,不仅要讲清楚怎么做,还要说明白为什么这么做,并进行理论学习。"

四、主动学习

主动学习的意识,以及对数学知识和学习心理学知识的系统学习,为 P 教师课堂的转变奠定了基础。P 教师始终不断地学习,在各类学习中始终能保持积极的心态，接纳不同的理论。P教师为了能弄明白一个个问题，会不断请教别人，直到把问题彻底弄明白，这种主动学习的倾向伴随着P教师的成长。

P教师早期接受的师范教育是基础的，在后期的学习中，P教师始终能吸收不同的知识，能利用各种机会，向数学教育研究的前辈学习，主动钻研，不断在自己的教学实践中学习新理念，尤其是数学认识方面的知识。P教师一直有很浓厚的兴趣，如某一类数学知识对学生的思维培养究竟具有怎样的作用，如何设计问题空间，如何切割问题，才能调动学生的思维，激发不同的思维，引导学生在问题空间中深度体验，这种知识与思维关系的探讨延续到P教师的整个教学中。小学数学中所有的知识模块都在P教师关注的范围内，他不断关注的是，这个知识可能设计的问题空间是什么，问题空间如何与学生的数学高阶思维培养相结合，如推理、联想、求异思维等。这种基于问题空间设计的专题学习几乎没有终点，每一个教学内容都可以有不同的问题设计。问题设计好，包括探讨学生的各种思考方式，如何引导学生表达相异想法，同时要经过深度数学体验活动，这种专题学习对P教师教学专长的形成具有持续的推动作用。

在P教师的教学专长发展中，可以看到这种问题空间的设计，针对的是一个个具体的知识内容，这些内容的习得过程就是认知机制。围绕学习机制，设计教学情境，引导学生主动思考，这种学习的过程也是有阶段性的。

五、持续研究

P教师始终围绕课堂中的问题进行研究，与时俱进。他对数学课堂的研究经历了一个复杂的演进过程，但其内在理念是一致的，就是要培养学生的数学思维。善于总结自己的教学实践成果，能围绕问题进行持续研究，一个个小的问题得以解决，最终才能改变课堂。学生也只有在一次次小的活动中经历体验活动之后，思维才能得到发展。

P教师说："一个人的教学理念是有阶段特点的。一开始，我可能主要是讲清楚，学生听明白。教学思路很清晰，对于教学重点、关键问题和学生难理解的内容，我采用直观的方法。目的是把这个东西讲清楚、讲明白，学生容易听懂并掌握方法，最终把题目做对了。第二阶段，我思考的是能不能给学生启发、引发学生思考和进行启发式提问。还有一点就是让学生主动学习，关注学生思维能力和品德培养。设计一个情境，抛出一个大的问题，让学生去探索和揭示其中的变化，运用规律去解决问题，这就是教学理念。理念是渐进的，而随着理念的转变，课堂会发生变化。"

六、教学信仰

P教师在不断实践的基础上，形成自己独特的教学信仰，培养学生的思维。这种思维的培养，需要教师精心组织教学，通过让学生主动学习、深度体验才能实现。教学要为学生日后的生活提供各种可能性，而不仅仅是会做题。这种教学信仰不断清晰、稳固，成为其教学专长的内在基础。

七、与共同体交流

P教师在从经验型教师向专家型教师的成长过程中，专业共同体的影响是很明显的。最初是市级专家的引导，提供交流平台；然后是参与全国性专业团体活动，进行展示交流，接受评价；最后是进入数学学科的核心群体中。这种不同风格的教学的相互影响，对P教师教学风格的丰富和发展具有重要的促进作用。P教师始终能与这些群体对话，吸收新理念，与P教师对学科本身的热爱有关，这种对学科教学的内在兴趣使P教师能抓住每次展示与交流的机会。

2—5 年教龄教师专业成长调研的访谈提纲

一、基本信息

附录表 1-1　教师专业成长调研的基本信息

执教学科		教龄	
是否是班主任		是否是师范毕业	
学历学位		专业（本科、研究生）	
职务、职称		婚姻状况	
个人获奖情况		所教学生获奖情况	

二、主要内容

1. 您见习结束后参加过哪些校、区、市级层面的培训、评比、展示活动？

2. 在见习结束后参加的培训中，您觉得哪些培训内容很有帮助？

3. 在见习结束后参加的培训中，您觉得哪些培训形式比较有效？

4. 您希望获得哪些专业成长的支持（校、区、市）？

5. 您认为见习结束后有哪些关键性的事件影响(促进或阻碍)了您的专业成长?

6. 您认为有哪些关键性的人物影响(促进或阻碍)了您的专业成长?

7. 您认为见习教师、2—5 年教龄的教师和经验型教师群体有哪些不同的专业特征?

8. 您觉得自己专业发展的内在动力处于 1—7 等级的哪一级(数字越大表示内在动力越强)? 您的内在动力主要源自哪里,受到哪些因素的影响?

9. 您是否给自己做过专业发展规划? 如果有,分阶段的发展目标是什么?

10. 目前您专业成长中有哪些困难?

11. 您想成为一名什么样的教师?

12. 您生活中有什么兴趣爱好,对您专业成长有何帮助?

上海市级骨干教师访谈提纲

1. 您个人专业成长经历是怎样的? 经历了几个阶段?

2. 您印象最深刻的、对您专业成长有一定重大意义的考核评价事件或者活动是什么?

3. 您从事教师职业以来经历过哪些类型的评价? 哪类评价对您专业成长最有效?

4. 这些评价的具体内容是什么? 评价方式是什么? 评价主体有哪些?

5. 这些评价对您形成个人教学风格或者提升专业素养有什么样的影响作用?

6. 您觉得谁作为评价主体来考核评价您,您最信服? 校外专家、教研员、校长、教研组组长?

7. 同事等评价主体分别对您专业成长起到什么样的作用? 家长和学生的评价对您的发展产生过积极作用吗?

8. 从您个人专业成长的经历来看,对不同发展阶段的教师有必要采用不同方式的培养吗? 如果有,大概可以分为哪些类型?

9. 您觉得目前教师专业成长的外部环境怎么样? 如果建立一种评价生态或者评价文化,可以将哪些方面作为切入点?

课堂观察评价量表

课程主题		授课教师 （代码）		评课专家 （签字）			
评分维度		分数等级				评分	
维度	要素	低(1,2)	中(3,4,5)	高(6,7)	评分	评分说明	
教师对学生的态度与行为	教师与学生交流的氛围	师生关系疏离、情感冷淡，教师对学生的正面评价较少	教师关注部分学生，有时会对部分学生进行正面评价和积极交流	教师与大多数学生建立相互支持关系，情感交流和正面沟通较多			
	教师对学生需求的敏感度	教师漠视或很少关注学生的学习需求，没有有效帮助学生解决问题	教师有时关注学生的学习需求，尝试帮助学生解决问题	教师一直关注学生的学习需求，总是有效帮助学生解决问题			
	教师对学生的尊重	教师很少鼓励学生提出想法和观点，不鼓励学生间的同伴互动，对学生不友善	教师有时鼓励学生提出想法和观点，偶尔鼓励学生间的同伴互动，对学生较友善	教师总是鼓励学生提出想法和观点，经常给学生同伴互动创造机会，对学生非常友善			
教师对学科的态度与行为	教师的学科知识结构	教师本体性知识水平欠佳，课程内容信息宏观、零散、无序	教师本体性知识水平一般，课程内容有时聚焦且成系统，但相关的举例范围狭窄	教师本体性知识水平较高，能系统地组织学生对课程内容进行有意义学习和深入理解			
	教师的学科知识视野	教师很少将课程内容与现实世界相联系，很少介绍新旧知识背景之间的联系	教师偶尔将课程内容与现实世界相联系，有时介绍新旧知识背景之间的联系	教师总是将课程内容与现实世界相联系，帮助学生理解新旧知识之间的发展关系，加深学生理解			
	教师对学生课程认知水平的判断	教师欠缺把握课程内容深度与学生课程认知水平关系的能力	教师有时会关注到课程内容深度与学生课程认知水平的适宜程度	教师能有效判断并及时调整课程内容深度与学生课程认知水平的适宜程度			

维度	要素	低(1,2)	中(3,4,5)	高(6,7)	评分	评分说明
教师对教学的态度与行为	教师的教学基本功	教师的教学语言、板书、体态、信息化水平等基本功欠佳	教师的教学语言、板书、体态、信息化水平等基本功一般	教师的教学语言、板书、体态、信息化水平等基本功优秀		
	教师的教学策略	教师的教学目标不清晰，教学模式和教学材料单一	教师的教学目标清晰，但不能让学生充分了解目标；有时运用多种教学策略和多样化教学材料，但是每种方法和材料浅尝辄止	教师的教学目标清晰，并能让学生充分了解目标；经常运用多种教学策略和多样化教学材料，并且保证学生一直运用这些方法和材料完成学习		
	教师的教学互动与评价反馈	课堂以教师讲授为主，很少进行讨论和互动；教师对学生的回答和提问反馈较少，无继续跟进，敷衍了事	课堂以教师讲授为主，偶尔进行讨论和互动；教师对学生的回答和提问偶尔给予扩展性跟进，反馈的深度不够	教师经常鼓励和引导学生进行深度讨论和互动；经常对学生的回答和提问进行深入跟进与反馈，并鼓励学生进行更深层次的思考		
	教师的课堂管理与教学效率	教师对学生课堂行为管理不力，用惩罚性行为控制课堂；对教学时间的分配不合理，无法在课时内完成教学任务	教师管理学生课堂行为的方法有时有效、有时无效；教学时间分配合理，但遇干扰时，难以保证在课时内完成教学任务	教师总是能有效化解学生的不良课堂行为；教学时间分配合理，且能运用多种方法化解教学干扰，保证学生学习时间和教学效率最大化		
学生对课堂的参与	学生的学习状态	学生对教师授课不感兴趣，也不愿意参与，心不在焉	学生在教师的引导下，被动参与，参与情况不一，有些学生愿意主动参与课堂学习	绝大多数学生在教师的引导下，表现出强烈的课堂学习兴趣和课堂参与积极性		
	学生的学习效果	学生课堂学习效果差，无法跟随教师的授课节奏或准确回答教师的提问	学生课堂学习效果一般，能跟随教师的授课节奏或准确回答教师的提问，但是缺少对课程内容的深度理解，很少能提出自己的见解	学生课堂学习效果好，能运用课堂教学材料，准确回答教师的提问，并分享学习所得和自己的想法		

251

课堂教学水平分析表

课程主题		评审专家(签字)	
教师课堂教学水平、特点和总体感受			
教师 A			
教师 B			
教师 C			
教师 D			
不同发展阶段教师课堂教学水平总体点评			

后　记

新时代孕育新使命,新使命呼唤新作为,以优质师资培养建设一流教育强国,进而助力中华民族伟大复兴的历史使命重任在肩。自 20 世纪 80 年代以来,中国基础教育领域的变革引起了国际教育界的广泛关注,持续性的国际大规模测试的结果将世界的目光引向中国①,由此延伸出中西基础教育交流的新命题,以及我国在这种交流过程中从被动向主动的逐渐转型。在这种关注、交流和转型中,教师队伍建设始终是一个重要的命题。2004 年起,我有幸从事教师教育研究与实践工作,先后在教育行政部门和市级教师培训机构任职。在长期为教师专业成长服务的过程中,一些问题逐步形成并萦绕于心:教师成长的内在机理是怎样的? 如何建构富有实效性和针对性的培养路径?

为了得到问题的有效答案,我于 2014 年再次追随恩师夏惠贤教授,按照"比较—理论—建模—分析—应用"的思路,完成了"国际比较—学理阐思—机理透视—实证分析—路径推进"的研究内容。诚然,整个研究过程非常艰辛,需要逼迫自己潜心学习、静心思考、用心总结,让自己吸收、沉淀、萃取、升华。这个过程是一个接受专业训练的过程,是一个革新知识体系的过程,是一个提升自我的过程。我需要这个经历,因为经历是人生最好的养分,就像风雨会让种子发芽,时间的洗礼和沉淀让柔弱的牧草也可以坚韧不拔、饱含营养一样。

本书融合多种理论,阐释成长规律。将成长阶段理论、需求理论和学习理论相融合,形成教师的成长与培养重在识别教师需求、认识教师动机、尊重教师主体学习规律的理论思考,作为探究教师职后成长机理的切入点,逐一解释"教师学什么""教师为什么学""教师如何学"的规律性问题。同时,立足成长机理,探索实践路径。教师专业成长支持路径建构的核心任务就是明确教师专业成长的内在机理,对不同发展阶段教师的成长特点、成长规律、成长影响因素有清晰的认识。通过对

---

① 夏惠贤.四十载教改磨一剑 孜孜以求领路人——读《口述教改——地区实验或研究纪事》有感[J].教育发展研究,2016(12):80-84.

教师成长机理的研究,构建教师专业成长模型,以此为依据,设计适合不同教师职业生涯过程中的成长支持路径,将理论思考在教师培养的实践中落地生根,并且通过调查与实践,探寻"如何支持教师学习"的实践性问题。本书是上海市哲学社会科学规划教育学一般项目"教师职后成长机理及培养体系研究"(项目编号:A1701)的研究成果之一,也是本人在上海师范大学攻读博士学位论文的主要研究内容。

在研究过程中,我得到了许多贵人的提携指导和无私帮助。除了恩师夏惠贤教授的悉心指导外,我还得到了张民选教授、胡国勇教授、王洁教授、丁笑炯教授和孔令帅教授的精心指点。感谢郭婧博士、徐瑾劼博士、杨伊博士、陈鹏师妹、徐心宇师弟对本研究贡献了创设性的研究思考和智慧火花,和各位共研共学共议的日子总是那么愉快欢乐!

感激我的老领导、时任上海市教育委员会人事处处长、现任上海市人民代表大会教育科学文化卫生委员会副主任委员周景泰先生为我学术发展搭建的平台,感激时任上海市教育委员会人事处副处长、现任托幼工作处处长孙鸿女士对本研究实施的专业指导,感激我的实践导师、上海市教师教育学院党委书记周增为和浦东教育发展研究院原院长顾志跃研究员对本研究提出的创新思路。本研究过程中采用了所在工作单位开展项目的研究数据,一些成果因为没有正式发表无法注明,这些成果也是集体智慧的产物,因此我只能感谢原上海市师资培训中心的老师们!

我还要感谢一些教育实践工作者对本书中实证调查和学校案例分享的支持,包括浦东教育发展研究院、虹口区教育学院、静安区教育学院、宝山区教育学院的师训负责人,以及上海市虹口区广灵路小学、上海市杨浦区建设小学、上海市奉贤区洪庙小学、上海市向明初级中学、上海市卢湾中学、上海市市北中学提供的实践场域。

特别感谢上海教育出版社刘芳副社长、公雯雯编辑、袁玲编辑在书稿形成过程中给予的专业指导!

最后,感谢家人对我的付出,双亲长辈的期望永远是我前进的动力。感谢我的爱人、孩子对我的理解、包含、体贴和奉献,让我为了梦想,心无旁骛地专注前行。

本书书稿成型,巧逢教育部举行新闻发布会,发布《新时代基础教育强师计划》,为我们继续深耕教师成长研究与实践指明了新的方向。教师专业成长的未来研究应该因时而动,顺势而为。在这一过程中,我们对待教师的认知应该有所变化,教师不仅仅作为知识的被动接受者,而是要倡导其专业成长过程中的自主建构和探索,让教师成为教育知识的发现者和建构者。① 通过教师专业成长理念的转型和研究的开展,优化教师队伍建设的实践,形成适应未来社会发展和教育变革的高素质教师队伍,为全面实现教育强国、建构适应学生德智体美劳全面发展需要的高质量人才培养体系提供源源不断的、高质量的人力资源保障。

限于本人研究水平,疏漏及不当之处在所难免,欢迎各位批评指正。虽然书稿已完成,但"教师成长与培养"是具有持续生命力的基础研究,后续还将开展个案研究,丰富分析视角,深化应用策略,积累实践范式。及之而后知,履之而后艰! 我仍将一如既往地奋斗在为教师成长服务的路上!

杨 洁
2022 年 12 月

---

① 张民选,夏惠贤,孔令帅.让教师成为教育知识的发现者和建构者——来自上海的经验[J].全球教育展望,2015(7):77 - 78.

图书在版编目（CIP）数据

教师专业成长机理研究及培养路径建构 / 杨洁
著. —上海：上海教育出版社，2023.6
ISBN 978-7-5720-1919-7

Ⅰ.①教… Ⅱ.①杨… Ⅲ.①师资培养－研究
Ⅳ.①G451.2

中国国家版本馆CIP数据核字(2023)第097614号

总策划　刘　芳　宁彦锋
责任编辑　袁　玲
书籍设计　王　捷

教师专业成长机理研究及培养路径建构
杨　洁　著

出版发行　上海教育出版社有限公司
官　　网　www.seph.com.cn
地　　址　上海市闵行区号景路159弄C座
邮　　编　201101
印　　刷　上海颛辉印刷厂有限公司
开　　本　700×1000　1/16　印张 17
字　　数　286 千字
版　　次　2023年7月第1版
印　　次　2023年7月第1次印刷
书　　号　ISBN 978-7-5720-1919-7/G·1725
定　　价　68.00 元

如发现质量问题，读者可向本社调换　电话：021-64373213